高等职业教育船舶与海洋工程装备类专业新形态教材

船舶辅机安装与调试

主　编　李冬梅　王英乾　吴海春
副主编　王　波　王雅涛　韩彩娟
主　审　马　川

北京理工大学出版社
BEIJING INSTITUTE OF TECHNOLOGY PRESS

内 容 提 要

本书按照模块化教学要求，基于工作过程的理念，依照新教学方案编制，凭借大量高等教育实践和多年船舶修造经验积累，以船舶辅助机械安装与调试的实际工作任务为载体安排了9个教学模块20个任务，每个任务按照知识准备、任务实施、拓展知识、学生活动、练习与思考思路进行编写。

本书科学地阐明了船用泵、船用空压机、液压甲板机械、船舶制冷装置、船舶空调装置、船舶辅助锅炉、船用海水淡化装置、船舶防污染装置和船用分油机等辅机的安装、调试需要的理论、工艺技术要点和质量标准，操作性极强，使学生能更快、更顺利地适应轮机工程技术生产岗位。

本书是针对高等教育船舶动力工程技术专业编写的教材，也适用于企业员工培训、轮机修造从业人员自学参考，以及其他形式的职业教育。

版权专有　侵权必究

图书在版编目（CIP）数据

船舶辅机安装与调试 / 李冬梅，王英乾，吴海春主编. —北京：北京理工大学出版社，2021.3（2023.8重印）

ISBN 978-7-5682-9605-2

Ⅰ.①船… Ⅱ.①李… ②王… ③吴… Ⅲ.①船舶辅机－安装－高等职业教育－教材 ②船舶辅机－调试方法－高等职业教育－教材 Ⅳ.①U671.91

中国版本图书馆CIP数据核字（2021）第042443号

出版发行 / 北京理工大学出版社有限责任公司

社　　址 / 北京市丰台区四合庄路6号院

邮　　编 / 100070

电　　话 /（010）68914775（总编室）
　　　　　（010）82562903（教材售后服务热线）
　　　　　（010）68944723（其他图书服务热线）

网　　址 / http://www.bitpress.com.cn

经　　销 / 全国各地新华书店

印　　刷 / 河北鑫彩博图印刷有限公司

开　　本 / 787毫米×1092毫米　1/16

印　　张 / 17.5　　　　　　　　　　　　　责任编辑 / 阎少华

字　　数 / 469千字　　　　　　　　　　　文案编辑 / 阎少华

版　　次 / 2021年3月第1版　2023年8月第3次印刷　责任校对 / 周瑞红

定　　价 / 49.90元　　　　　　　　　　　责任印制 / 边心超

图书出现印装质量问题，请拨打售后服务热线，本社负责调换

前言

为了满足高等教育改革发展的需要，积极推行工学结合、校企合作、教学做一体化、实境教学等高校教学改革，编者结合目前船舶动力工程技术专业行业需求，依照《船舶动力工程技术专业人才培养方案》，根据生产岗位的需要与职业标准的要求，在紧密结合生产实际的基础上，与行业企业合作编写了本书。

本书集理论与实践于一体，在编写过程中，形成了如下特色：

1．内容按行动领域项目化，取材于工作实际，由企业专家和来自高校的教学名师共同参与，体现校企合作、工学结合。

2．知识结构按工作过程系统化，体现教学过程以学生为主体。

3．理论性知识总量适度、够用且反映新技术、新工艺。

4．任务引领设计具体、可操作，能方便地按岗位工作实际设计教学情境。

本书系统介绍了各种通用船舶辅机及系统的工作原理、典型结构、技术规范和行业标准，特别注重介绍了安装与调试过程中的工艺方法、步骤和操作要点。本书除绪论外共分9个模块，包括船用泵拆装、船用空压机安装与调试、液压甲板机械安装与调试、船舶制冷装置安装与调试、船舶空调装置调试、船舶辅助锅炉安装与调试、船用海水淡化装置调试、船舶防污染装置安装与调试、船用分油机安装与调试。

本书由渤海船舶职业学院的李冬梅、王英乾、吴海春担任主编，渤海造船厂集团有限公司王波、天津海运职业学院王雅涛、渤海船舶职业学院韩彩娟担任副主编，具体编写分工为：李冬梅编写绪论、模块1的任务1.1、1.2、1.3、1.5及模块2，并进行了全书的统稿工作；王英乾参与编写模块3、模块7；吴海春参与编写模块6、模块8；韩彩娟参与编写模块4、模块5；

Foreword

王雅涛参与编写模块9；王波编写模块1的任务1.4。全书由大连中远海运船务有限公司马川主审，渤海造船厂集团有限公司王波为本书提供了许多资料，并审阅了部分内容。

由于编者水平有限，书中难免存在疏漏及不足之处，敬请读者批评指正。

编　者

目录

Contents

绪 论 1

模块1 船用泵拆装 4
任务1.1 船用泵认知 4
任务1.2 拆装往复泵 8
任务1.3 拆装回转泵 19
任务1.4 拆装叶轮式泵 33
任务1.5 喷射式泵认知 52

模块2 船用空压机安装与调试 58
任务 安装调试船用空压机 58

模块3 液压甲板机械安装与调试 73
任务3.1 液压传动系统认知 73
任务3.2 安装调试舵机 99
任务3.3 安装起货机 112
任务3.4 安装调试锚绞机 125

模块4 船舶制冷装置安装与调试 137
任务4.1 拆装制冷压缩机 137
任务4.2 调试船舶制冷系统 154

模块5　船舶空调装置调试 …… 173
任务　调试船舶空调装置 …… 173

模块6　船舶辅助锅炉安装与调试 …… 189
任务6.1　安装船舶辅助锅炉 …… 189
任务6.2　调试船舶辅助锅炉 …… 203

模块7　船用海水淡化装置调试 …… 217
任务　调试海水淡化装置 …… 217

模块8　船舶防污染装置安装与调试 …… 230
任务8.1　调试船用油水分离器 …… 230
任务8.2　调试焚烧炉 …… 239
任务8.3　安装调试生活污水处理装置 …… 247

模块9　船用分油机安装与调试 …… 258
任务　安装调试船用分油机 …… 258

参考文献 …… 274

绪 论

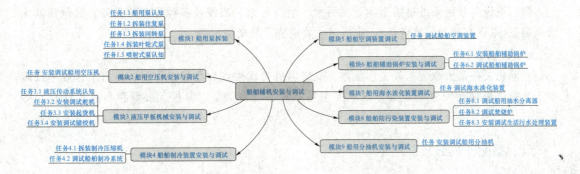

一、船舶动力装置含义及组成

船舶动力装置是为保证船舶正常营运而设置的动力设备,是各种能量的产生、传递、消耗的全部机械、设备。其是船舶的一个重要组成部分,主要任务是为船舶提供各种能量,保证船舶正常航行、作业、人员生活安全等。船舶动力装置主要由推进装置、辅助装置、管路系统、甲板机械、防污染设备和自动化设备六部分组成。

1. 推进装置

推进装置是指发出一定功率,经传动设备和轴系带动螺旋桨,推动船舶并保证以一定航速航行的设备。其是船舶动力装置中最重要的组成部分,主要包括以下组成部分:

(1)主机。主机是指提供推动船舶航行动力的机械,如柴油机、汽轮机、燃气轮机等。

(2)传动设备。传动设备的功用是隔开或接通主机传递给传动轴和推进器的功率;同时,还可以使后者达到减速、反向或减振的目的。传动设备包括离合器、减速齿轮箱和联轴器等。

(3)轴系。轴系是用来将主机的功率传递给推进器。其包括传动轴、轴承和密封件等。

(4)推进器。推进器是能量转换设备,它是将主机发出的能量转换成船舶推力的设备。其包括螺旋桨、喷水推进器、电磁推进器等。

2. 辅助装置

辅助装置是指提供除推进船舶运动所需能量外,用以保证船舶航行和人员生活需要的其他各种能量的设备。其主要包括以下组成部分:

(1)船舶电站。
(2)辅助锅炉装置。
(3)压缩空气系统。

3. 管路系统

管路系统是用来连接各种机械设备,并输送相关流体的管系。其由各种阀件、管路、泵、滤器、热交换器等组成。其主要包括以下组成部分:

(1)动力系统。动力系统是为推进装置和辅助装置服务的管路系统。其主要包括燃油系统、滑油系统、海淡水冷却系统、蒸汽系统和压缩空气系统等。

(2)辅助系统。辅助系统是为船舶平衡、稳性、人员生活和安全服务的管路系统。其主要包括压载系统、舱底水系统、消防系统、日用海淡水系统、通风系统、空调系统和冷藏系统等。

4. 甲板机械

甲板机械是为保证船舶航向、停泊、装卸货物所设置的机械设备。其主要包括舵机、锚机、绞缆机、起货机、开/关舱盖机械、吊艇机及舷梯升降机等。

5. 防污染设备

防污染设备是用来处理船上的含油污水、生活污水、油泥及各种垃圾的设备。其包括油水分离装置(附设有排油监控设备)、生活污水处理装置及焚烧炉等。

6. 自动化设备

自动化设备是为改善船员工作条件、减轻船员劳动强度和维护工作量、提高工作效率及减少人为操作失误所设置的设备。其主要包括遥控、自动调节、监控、报警和参数自动打印等设备。

二、船舶辅机含义及分类

1. 船舶辅机含义

船舶上除主机外的动力机械统称为船舶辅机。船舶辅机是船舶动力装置的重要组成部分,只有通过动力装置中各种辅助机械及其管路系统的配合才能保证船舶正常航行和安全。例如,船舶辅机中用于控制船舶航行方向的舵机,其技术状况的好坏更是直接影响船舶航行的安全,很多船舶往往因舵机失灵而发生海损事故;与货运、客运和船员工作生活条件密切相关的各种机械的正常运行,也是船舶快跑、多装、缩短航运周期不可缺少的条件。船舶辅机在船上的位置如图0-1所示。

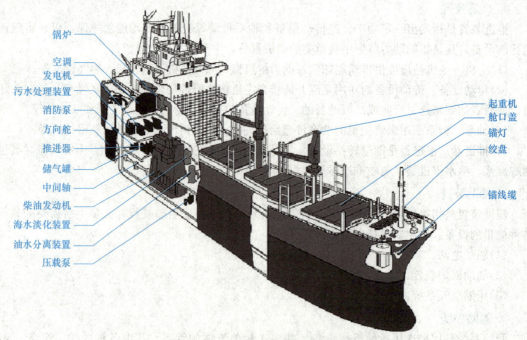

图 0-1 船舶辅机在船上的位置

2. 船舶辅机分类

（1）按用途分类：

①为船舶推进装置服务（为主机服务）：燃油输送泵、润滑油泵、海水泵、淡水泵、空气压缩机、分油机等。

②为船舶航行与安全服务：舵机、系泊设备、吊艇机、消防泵、舱底水泵、压载泵等。

③为货运服务：起货机、通风机、制冷装置、货油泵、洗舱泵等。

④为改善船员劳动和生活条件服务：制冷及空调装置、海水淡化装置、饮水泵、卫生水泵、热水循环水泵、通风机、减摇装置、船用锅炉等。

⑤为防污染服务：油水分离器、生活污水处理装置、焚烧炉、污油泵、污水泵等。

（2）按种类分类：

①船舶流体机械：船用泵、空压机。

②船舶甲板机械：船舶舵机、锚缆机、起货机。

③制冷与空调装置：制冷冷藏装置、空调装置。

④辅助装置：辅助锅炉、海水淡化装置、防污染装置。

船舶辅机大多实现自动化控制，并朝着标准化、系列化、小型化、自动化和采用电子计算机控制的方向发展。本书着重介绍各种船舶辅机及其系统的工作原理、主要类型、主要性能、典型结构、安装与调试、常见故障分析和修理，以及有关的技术规范和行业标准等。

模块 1　船用泵拆装

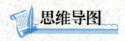

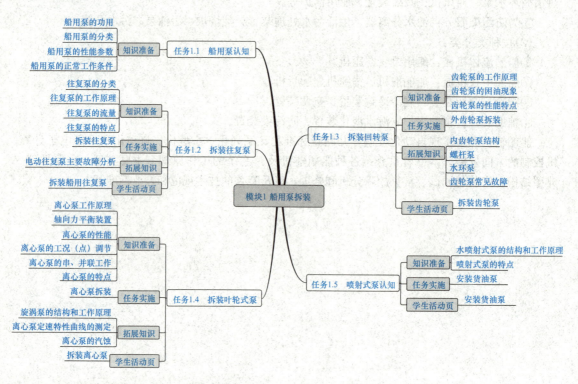

船用泵在现代船舶上有着十分广泛的应用,它是船舶辅机的重要组成部分。船用泵的拆装与调试是轮机修造人员必须掌握的基本技能。

任务 1.1　船用泵认知

接受船用泵认知的学习任务,认知船用泵的功用、分类,了解船用泵的性能、工作原理。通过本任务学习,学生需要掌握以下知识与能力。

1. 知识目标

(1)掌握船用泵的功用及分类;
(2)掌握船用泵的性能参数;
(3)了解泵能正常吸入、排出条件。

2. 能力目标

(1)能够准确区分泵的类型;
(2)能够根据不同类型泵的特点,判断泵使用的场合。

3. 素质目标
(1)具有爱岗敬业、实事求是、与人协作的优秀品质；
(2)具有先进技术的拓展能力。

知识准备

一、船用泵的功用

泵是将原动机的机械能或其他外部能量传送给液体，使液体得以输送的设备。泵主要用来输送水、油、酸碱液、乳化液、悬乳液和液态金属等液体，也可输送液气混合物及含悬浮固体物的液体。船用泵是指舰船上用以增加液体和液体物料的压力或位能使之流动的机械。

船用泵的功用是输送液体至位置较高、距离较远、压力较大处，还用于产生高压液体供液压传动使用。泵用电动机或其他原动机驱动。

船用泵的特点是要求泵在舰船摇摆和倾斜时，不可因吸入液面的波动而发生气蚀；为减少泵的占用面积和便于维修，一般采用立式结构；通流部件采用青铜、黄铜或不锈钢等材料制成，以尽可能地减少腐蚀。

船用泵在现代船舶上有着十分广泛的应用，是船舶辅助机械的重要组成部分，一般来说，一艘柴油机动力的货船，需要 36~50 台各种类型的泵，其数量占船舶机械设备总量的20%~30%。

二、船用泵的分类

(1)按泵在船上的用途可分为以下几类：

①为主动力装置服务的，有燃油供给泵、润滑油泵、燃油驳运泵、主海水泵、缸套冷却水泵、油头冷却水泵等。

②为辅助装置服务的，有辅助锅炉给水泵、制冷装置的冷却水泵、海水淡化装置的海水泵和凝水泵、舵机或其他甲板机械的液压泵等。

③为船舶安全及生活设施服务的，有舱底水泵、压载水泵、消防水泵、日用淡水泵、日用海水泵、通用泵等。

④特殊船舶专用泵。某些特殊用途的船舶，还设有为其特殊营运要求而设置的专用泵，如油船的货油泵、挖泥船的泥浆泵、打捞船的打捞泵、喷水推进船的喷水推进泵、无网渔船的捕鱼泵等。

(2)按泵的工作原理可分为以下几类：

①容积式泵。容积式泵是依靠工作部件的运动造成泵的工作容积周期性变化来向液体提供压力能并吸入和压出液体。根据运动部件的运动方式，容积式泵可分为往复泵和回转泵两类。往复泵(图 1-1)有活塞泵和柱塞泵；回转泵主要有齿轮泵、螺杆泵、叶片泵、水环泵等。

②叶轮式泵。叶轮式泵是依靠叶轮带动液体高速旋转来向液体提供速度能与压力能并吸入与

图 1-1　往复泵

排出液体。根据泵的叶轮和流道结构特点不同,又可分为离心泵(图1-2)、轴流泵、混流泵和旋涡泵等。

③喷射式泵(图1-3)。喷射式泵是依靠工作流体产生的高速射流引射需要排送的流体,通过动量交换向其提供能量并将其排出。根据所用工作流体的不同,有水喷射式泵、蒸汽喷射器和空气喷射器等。

另外,按泵轴位置可分为立式泵和卧式泵;按吸口数目可分为单吸泵和双吸泵;按驱动泵的原动机可分为电动泵、蒸汽泵和柴油机泵。一般船上都是按照泵的功能为泵命名的,如主机海水冷却泵、主机润滑油泵等。

图 1-2 离心泵

图 1-3 喷射式泵

三、船用泵的性能参数

为了表明泵的性能,以便选用和比较,通常需要使用流量、扬程、转速、功率、效率和允许吸上真空度等性能参数。在泵的铭牌和说明书上通常标出参数,泵铭牌上标注的参数是额定工况(设计工况)下的数值。泵工作时性能参数不一定等于铭牌上的标注值,可参考说明书并根据泵装置的条件计算。

(1)流量。流量是指泵在单位时间内所排送的液体量,即流量=液体量/时间,可分为体积流量和质量流量。体积流量:Q=体积/时间(m^3/s)(或 L/min、m^3/h);质量流量:G=质量/时间(kg/s)(或 kg/min、t/h)。泵铭牌上标注的是额定流量。

(2)扬程(压头)。泵的扬程又称为压头,是指单位重力液体通过泵后增加的机械能,通常用 H 表示,单位为 m(液柱)。单位重力液体的机械能又称为能头,其包括压力能、位置能和动能。因此,泵的扬程即泵使液体所增加的总能头,单位重力液体的机械能可以用所能转换的水柱高度(水头)表示。

$$H=(p_d-p_s)/(\rho g)=(p_d-p_s)/\gamma \approx p_d/\gamma \text{(m)(液柱)} \tag{1-1}$$

式中 p_d——泵的排出口处的压力(Pa);

p_s——泵的吸入口处的压力(Pa);

γ——液体重度,$\gamma=\rho g$(N/m^3)。

当吸、排液面上均为大气压力时($p_d=p_s$),即泵的扬程 H 大体上等于泵使液体提升的几何高度,故扬程 H 又常称为压头。

叶轮式泵的铭牌上标注额定扬程。工作扬程不一定等于额定扬程,工作扬程的大小取决于泵的管路工况。

容积式泵的铭牌上往往标注额定排出压力而不标注额定扬程,它是按试验标准使泵连续工作时所允许的最高压力。容积式泵工作时的实际排出压力不允许超过额定排出压力。

(3)转速。泵的转速是指泵轴每分钟的回转数,用 n 表示,单位为 r/min。大多数泵是由原动机直接传动，二者转速相同。但电动往复泵往往需经过减速，故其泵轴(曲轴)的转速比原动机要低。泵铭牌上标注的转速是指泵轴的额定转速。

(4)功率。泵的输出功率又称有效功率，是指泵在单位时间内实际传给排出液体的能量，用 P_e 表示，单位是 W 或 kW。泵的输出功率可用下式计算：

$$P_e = \rho g Q H \approx (P_d - P_s) Q \approx P_d Q (\text{W}) \tag{1-2}$$

泵的输入功率也称轴功率，是指原动机传给泵轴的功率，用 P 表示。泵铭牌上标注的功率指的是额定工况下的轴功率。

(5)效率。泵的效率(总效率)是指泵的输出功率和输入功率之比，即

$$\eta = P_e / P \tag{1-3}$$

泵的能量损失是由以下三种情况造成的：

①容积损失——由于漏泄及吸入液体中含有气体等造成的流量损失，用容积效率 η_v(实际流量 Q 与理论流量 Q_t 之比)来衡量，即

$$\eta_v = Q / Q_t \tag{1-4}$$

②水力损失——液体在泵内流动因摩擦、撞击、旋涡等水力现象造成的扬程损失，用水力效率 η_h(实际扬程 H 与理论扬程 H_t 之比)来衡量，即

$$\eta_h = H / H_t \tag{1-5}$$

③机械损失——由泵运动部件的机械摩擦所造成的能量损失，用机械效率 η_m(按理论流量和理论扬程计算的水力功率 P_h 与输入功率 P 之比)来衡量，即

$$\eta = P_h / P = \rho g Q_t H_t / P \tag{1-6}$$

由此可得

$$\eta = \frac{P_e}{P} = \frac{\rho g Q H}{\rho g Q_t H_t} \cdot \frac{\rho g Q_t H_t}{P} = \eta_v \eta_h \eta_m \tag{1-7}$$

泵铭牌上标注的效率指泵在额定工况下的总效率。

泵的配套功率是指所配原动机的额定输出功率，用 P_M 表示。

(6)允许吸上真空度。泵要能吸入液体，吸入口处应有一定真空度，但此真空度高到一定程度时，所输送液体在泵内最低压力降到其温度所对应的饱和压力 p_v 时而汽化，使泵不能正常工作。泵工作时所允许的最大吸入真空度即称为"允许吸上真空度"，用 H_s 表示，单位为 MPa。它是衡量泵吸入性能好坏的重要标志，也是管理中控制最高吸入真空度的重要依据。它主要与泵的形式、结构和工况有关。例如，泵内流道表面不光滑、流道形状不合理，泵内液体压降大，都会使泵的允许吸上真空度较小；在船上对于既定的泵而言，大气压力 p_a 降低、泵流量增大(使泵吸入腔压降增大)、液体温度增高(使饱和蒸汽压力 p_v 提高)，也会使泵的允许吸上真空度减小。

四、船用泵的正常工作条件

(1)正常吸入条件。为保证泵的正常工作吸入压力必须满足下列两点要求：

①泵必须能在吸入口形成足够低的吸入压力，其值由吸入条件决定，主要取决于吸入液面压力、吸高、吸入管路中的速度头和管路阻力等。

②泵吸入口处的实际吸入真空度不能大于泵的允许吸上真空度，从而确保泵内最低压力不低于所输送液体在其温度下所对应的饱和压力，否则液体就会汽化，使泵不能正常工作。

(2)影响泵吸入真空度的因素。

①吸入液面压力的影响。当其他条件不变，吸入液面压力越小，吸入压力就越低，即吸入条件越差。当吸入液面与大气相通时，液面压力等于大气压力。

②吸高的影响。当其他条件不变，吸高越大，吸入压力就越小。当吸入液面作用的是大气

压力时,大多数水泵的许用吸高不超过 5~6 m。

③吸入管流速及管路阻力的影响。当其他条件不变时,吸入管流速和管路阻力越大,则吸入压力越小。管路阻力包括沿程阻力和弯头、阀门、滤器等处的局部阻力。除在设计时应尽量减小管长,减少管路弯头、附件,选用适当的管径和管内流速外,使用时还应勤洗滤器,开足吸入阀门,以减小吸入管路阻力损失。

另外,被输送液体的温度、密度及惯性水头等对吸入压力也会产生影响。

(3)正常排出条件。

①泵本身能够产生的排出压力必须足够高,否则液体就排不出去。这就要求泵的密封件性能良好,承压件耐压性能良好,运动件技术状态良好,能够向液体提供足够的能量。泵的排出压力主要用于提升液体高度、克服排出液面背压和克服排出管路阻力。

②泵实际工作时的排出压力不能过高。对容积式泵,排出压力会随管路负荷增大而增大,理论上可达无限大。实际上当排出压力过高时,可能会造成原动机过载,甚至使泵的密封部件损坏或管路破裂。故规定容积式泵的排出压力不得超过额定排出压力。对于叶轮式泵和喷射式泵,排出压力的最大值是有限的。当排出压力超过额定值时,虽不会造成机械损坏,但会使流量和效率急剧下降,直至为零。因此,为保证泵正常排出,在管理时要防止排出管路上的滤器或其他元件堵塞,注意排出阀的打开程度。如排出条件不变,泵的排出压力低于正常值,则通常意味着泵的流量减小使得管路阻力降低。

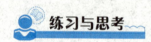

练习与思考

1. 简述泵的概念和船用泵的功用。
2. 泵的性能参数有哪些?
3. 为什么泵允许吸上真空度是衡量泵吸入性能好坏的重要标志?
4. 泵正常吸入、排出的条件是什么?
5. 泵吸、排口的压力过高或过低会出现什么状况?
6. 泵的能力损失主要有哪些?
7. 泵铭牌上标注的流量、扬程、功率等参数是什么状态下的参数?
8. 泵铭牌为什么标注排出压力?

任务 1.2 拆装往复泵

接受往复泵拆装任务工单,在实训室内,对照拆装用往复泵或仿真拆装模型,准确认识结构,并按照拆装规范对往复泵进行拆装。通过本任务学习,学生需要掌握以下知识和能力:

1. 知识目标

(1)掌握往复泵的工作原理;
(2)掌握典型往复泵结构;
(3)掌握往复泵常见故障;
(4)掌握往复泵运行管理要点。

2. 能力目标

(1)能够准确识读往复泵结构图;

(2)能够正确按照拆装规范进行往复泵拆装;
(3)能够判断、分析、排除往复泵的常见故障。

3. 素质目标

(1)在拆装往复泵的过程中培养安全操作和规范拆装意识;
(2)在拆装往复泵的过程中培养团队协作意识和爱岗敬业精神。

知识准备

一、往复泵的分类

往复泵是一种容积式泵,往复泵的分类方法有很多种,一般可按以下几种方式进行分类。

1. 按传动方式分类

(1)动力往复泵,以电动机或柴油机为原动机,通过曲柄连杆机构等带动活塞(柱塞)做往复运动。最常见的是电动往复泵。

(2)直接作用往复泵,以蒸汽、压缩空气或压力油为介质的原动机和泵的活塞直接相连做往复运动。最常见的是蒸汽往复泵。

(3)手动往复泵,依靠人力通过杠杆等作用使活塞做往复运动,如手摇试压泵。

2. 按活塞构造形式分类

(1)活塞式往复泵,泵缸内主要工作部件是活塞,如图1-4所示。

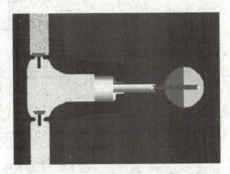

图1-4 活塞式往复泵

(2)柱塞式往复泵,泵缸内主要工作部件是柱塞,如图1-5所示。
(3)隔膜式往复泵,是依靠隔膜片来回鼓动来达到吸入和排出液体的,如图1-6所示。

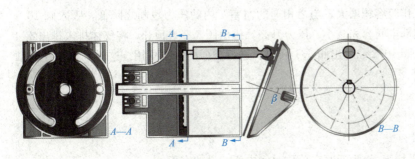

图1-5 柱塞式往复泵

图1-6 隔膜式往复泵

3. 按泵的作用方式分类

(1)单作用往复泵,吸入阀和排出阀安装在活塞(柱塞)的一侧,活塞(柱塞)往复一次,有吸入过程和排出过程各一次。

(2)双作用往复泵,活塞(柱塞)两侧都装有吸入和排出阀。活塞(柱塞)往复一次,有两次吸入过程和两次排出过程。

(3)差动泵,排出阀和吸入阀安装在活塞(柱塞)的一侧,泵的排出或吸入管路与活塞(柱塞)另一侧(即没有吸入阀和排出阀的工作室)相通。活塞(柱塞)往复一次,有一次吸入过程和两次排出过程,或两次吸入过程和一次排出过程。

4. 按泵缸位置分类

按泵缸位置分类,可分为卧式泵和立式泵两种。

5. 按泵缸数目分类

按泵缸数目分类,可分为单缸、双缸、三缸和三缸以上的多缸泵。

二、往复泵的工作原理

图1-7所示为单缸双作用往复泵的工作原理简图。它主要由活塞1、泵缸2、吸入阀10.1、10.2和排出阀5.1、5.2等部件组成。活塞1与活塞杆12由原动机经传动机构带动,在泵缸2中做直线往复运动。活塞两侧的泵缸空间称为工作腔。工作腔经吸入阀10.1、10.2与吸入管9相连通,并经排出阀5.1、5.2和排出管6相连通。吸入管伸到被输送的液面以下,其下端装有吸入滤器。排出管6则通到需要用水的处所。

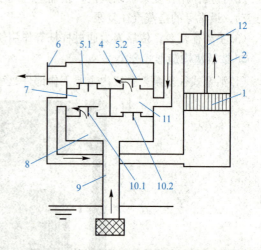

图1-7 单缸双作用往复泵的工作原理图
1—活塞;2—泵缸;3—阀箱;4—排出室;
5.1、5.2—排出阀;6—排出管;7—左室;8—吸入室;
9—吸入管;10.1、10.2—吸入阀;11—右室;12—活塞杆

活塞1在泵缸2内将泵缸分隔成上、下工作腔,分别连通阀箱3的右室11和左室7。阀箱3被两个水平隔板分为三层腔室,其中,上层为排出室4,与排出管6相通;中层又被竖隔板分为左室7和右室11;下层为吸入室8,与吸入管9相通。左室7和右室11的下部隔板上装有吸入阀10.1、10.2,上部隔板上装有排出阀5.1、5.2。

当活塞上行时,下工作腔容积增大,与之相通的左室7内的压力也随之降低,吸入阀10.1开启,与此同时,泵缸上部空间容积减小、压力升高,排出阀5.2被顶开,将气体排入排出室4内。当活塞下行时,吸入阀10.2和排出阀5.1开启,进行类似的吸排作用。这样,该泵在曲轴每转中就有两次吸排过程。

三、往复泵的流量

1. 往复泵的理论流量

往复泵的理论流量(平均流量)为活塞在单位时间内所扫过的容积。

$$Q_t = 60KA_e Sn (m^3/h) \tag{1-8}$$

式中 K——泵的作用数；
S——活塞行程(m)；
n——泵的转速(r/min)；
A_e——泵缸截面面积(m^2)，活塞两侧空间都工作的泵应取平均有效工作面积(有杆侧应减去活塞杆截面面积)。

2. 往复泵流量的不均匀性

(1)泵的瞬时流量如图1-8所示。
$$q = A_e v (m^3/h) \quad (1-9)$$

式中 v——活塞瞬时速度。
由于 $v = R\omega\sin\beta$，则
$$q = A_e R\omega\sin\beta \quad (1-10)$$

式中 R——曲柄半径；
ω——曲柄角速度；
β——曲柄转角。

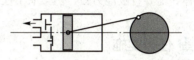

图1-8 往复泵瞬时流量

所以当曲柄转角从0°转到360°时，单作用泵的瞬时流量是很不均匀的。

(2)流量不均匀度。泵的流量不均匀度可用脉动率来表示：
流量不均匀度 $\quad\quad\quad\quad \delta = q_{max}/q_m \quad (1-11)$
脉动率 $\quad\quad\quad\quad\quad \sigma = (q_{max} - q_{min})/q_m \quad (1-12)$

式中 q_{max}、q_{min}、q_m——最大、最小和平均理论流量。
流量不均匀度、脉动率越小，说明泵的流量越均匀。

(3)改善流量不均匀度的措施。
①采用多作用泵，一般泵的作用次数越多流量越均匀，但三作用泵因曲柄之间各差120°的缘故，其瞬时流量的均匀程度比单、双、四作用泵都好。
②泵的出口安装空气室。

四、往复泵的特点

1. 自吸能力强

泵的自吸能力是指排除泵缸及吸入管路内的空气，将液体从低于泵处吸上，并开始排送液体的能力。自吸能力可由自吸高度和吸上时间来衡量。

2. 理论流量与工作压力无关

理论流量只取决于转速、泵缸尺寸和作用数。实际流量小于理论流量。

3. 额定排出压力与泵的尺寸和转速无关

额定排出压力主要取决于轴承的承载能力、密封性能、泵的强度及原动机功率。往复泵启动前必须先开排出阀。为防止排压过高导致泵损坏或过载，必须设安全阀。

4. 流量不均匀

往复泵的曲轴做匀速回转运动，经曲柄连杆机构的传动，导致活塞运动速度不均匀(与曲柄转角的正弦函数成正比)，这就使得往复泵的瞬时流量不均匀。

5. 转速不宜太快

泵的转速过高，泵阀迟滞造成的容积损失就会相对增加；泵阀撞击更为严重，引起的噪声增大，磨损也将加剧；另外，液流和运动部件的惯性力也将随之增加，从而产生液击和恶化吸入条件。所以，电动往复泵转速多在200~300 r/min以下，一般最高不超过500 r/min，高压小

流量泵最高不超过 600～700 r/min。

6. 对液体污染度敏感

排送含固体杂质的液体时，泵阀容易磨损和泄漏。如果用作舱底水泵应加吸入滤器。

7. 结构较复杂，易损件较多

易损件主要包括活塞环、泵阀、填料和轴承等。

由于往复泵具有上述特点，故在流量相同时它比其他泵显得笨重，造价较高，管理维护比较麻烦，因而在许多场合它已被离心泵所取代。但舱底水泵和油船扫舱泵等工作中容易吸入气体，需要自吸能力强，仍会采用往复泵。

任务实施

下面以 CDW25－0.35 电动双缸四作用往复泵的拆装为例进行详细介绍。

CDW25－0.35 的型号含义为：C—船用；D—电动；W—往复泵；25—额定流量（m³/h）；0.35—额定排出压力（MPa）。另外，往复泵铭牌一般还标注允许吸上真空度、曲轴转速、轴功率和总效率，如图 1-9 所示。

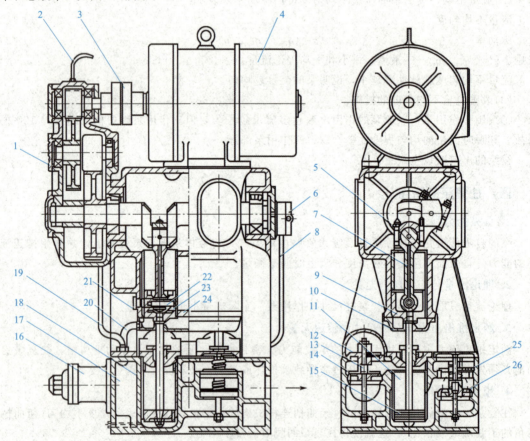

图 1-9 CDW25－0.35 电动双缸四作用往复泵结构图

1—减速器；2—油管；3—联轴器；4—电动机；5—曲轴；6—滑油泵；7—连杆；8—油管；9—十字头；
10—接油盘；11—缸套；12、25—排出阀；13—固定螺栓；14、26—吸入阀；15—活塞；16—安全阀；
17—滑油箱；18—泵缸体；19、20—油管；21—螺塞；22—十字头销；23—定位弹簧圈；24—锁紧螺栓

电动机经挠性联轴节带动齿轮减速器回转，减速器的输出轴就是曲轴，曲轴由两个互成90°的曲拐组成，这样使得两个活塞相差半个行程，曲轴旋转带动活塞往复运动，实现吸排水。

1. 拆装 CDW25－0.35 电动双缸四作用往复泵

拆装 CDW25－0.35 电动双缸四作用往复泵的步骤见表 1-1。

表 1-1 拆装 CDW25－0.35 电动双缸四作用往复泵步骤

拆装流程	步骤
拆装前准备工作	(1)技术准备。通过观看实物和图纸，熟悉结构，拟订拆装顺序。 (2)工具准备。准备好所需要的工具，包括放置零部件的工作台(或木板、橡皮垫)和小木箱。 (3)对象准备。准备好拆装用往复泵，用油性记号笔或钢字码等工具在泵壳上各部件配合处标上号码和接缝记号，以保证装配时能按照原来的顺序和位置装复
拆卸过程	(1)拧下储油箱底部的螺丝堵，将润滑油放空。再拆下润滑油系统所有的连接管路及其仪表。 (2)将电机的接线脱开，拆除固定电机的地脚螺栓和电机与减速齿轮箱连接的挠性联轴节螺栓，然后就可以将电机从曲轴箱盖上拆出。 (3)拆下固定润滑油泵的螺栓，用顶丝顶活之后再拆下润滑油泵。 (4)拆下接油盘，松开活塞杆和十字头之间的锁紧螺母及活塞杆和十字头的连接，然后旋出泵侧的堵头，拆去十字头销上的定位弹簧圈，用提环螺栓就可将十字头销轴取出，为取出连杆做好准备。 (5)取下曲轴箱有机玻璃观察孔盖，松开连杆大端螺栓，取出连杆大端下瓦，然后将曲轴转动一个适当的角度，这时就可以将连杆连同十字头一起从观察孔吊出。 (6)拆下固定减速齿轮箱的螺栓，将曲轴连同齿轮箱一起吊出，然后单独对齿轮箱进行解体清洗和检查。 (7)松去填料压盖和水缸盖上的固定螺帽，将水缸盖打开并提起，然后将活塞、活塞杆一起向上提，直到活塞全部露出时为止，最后再将泵缸盖和填料箱从活塞杆上头取出。 (8)拆去水阀箱盖上的紧固螺帽，拆下水阀箱盖，取出里面的吸水阀和排水阀。 (9)拆除固定的安全阀，进行单独解体清洗和检查。 至此，解体工作基本结束，然后可用煤油或轻柴油等将所拆下的零部件进行清洗
装配过程	(1)总装之前，先按概述中所介绍的几个部分分别进行组合，然后按下列顺序进行装配：将已组合好的吸入阀、排出阀分别装入液缸阀箱内，盖好阀箱盖。 (2)将胶木胀圈放于沸水中浸泡，待其变软后取出。将已变软的胶木胀圈取出后，迅速套装于活塞上冷却，使其搭口间隙伸张到 8 mm 左右。待胶木胀圈完全冷却后，将其装入槽中。胀圈装配完毕后，将它的对口位置错开。将装好活塞环的活塞装入事先已压入缸套的液缸里，装上缸盖。然后装上填料箱内套、填料，盖好填料压盖。 (3)把组装好的齿轮减速箱和曲轴固定在机架上。 (4)将接油盘和滑道固定在机架上，再将十字头和连杆组装好，一起装进滑道内，并装好十字头销轴。 (5)将连杆连接于曲轴上，此时应保证运转自如，但也不能太松，否则应该调整连杆轴瓦的垫片。 (6)将组装好的机架安装在水缸上，并将活塞杆与十字头接妥，然后盘车使活塞上、下往复运动几次，再将连接螺栓拧紧，并装好连杆大端螺栓的开口销。 装好齿轮润滑油泵。 (7)安装好润滑系统的油管、油压表等各部件。 (8)装好电动机，注意调整好电机轴线与减速器轴线的平行度、同轴度和相互位置，使其误差值符合国家形位公差标准的要求。 (9)装上安全阀、各处盖板，拧紧螺栓等

2. 往复泵主要部件

往复泵主要部件见表 1-2。

表 1-2 往复泵主要部件

主要零部件		图片
泵缸和缸套（图1）	泵缸与阀箱常用铸铁铸成一体。泵缸1由灰铸铁浇铸，内镶青铜缸套，可防海水腐蚀，也便于修理或更换。阀箱4分三层：底层a是吸入室，与吸入管连接；上层b是排出室，与排出管连接；中间一层c用隔板隔成两个互不相通的工作室，分别和泵缸两端的工作空间连通，吸入、排出阀分组安装在中层空间上、下层隔板的阀孔座上	图 1 往复泵的泵缸与阀箱 a—吸入室；b—排出室；c—中间腔室 1—泵缸；2—泵缸衬套；3—活塞；4—阀箱
泵阀（图2）	泵阀主要由阀盘、阀座、弹簧组成。往复泵的泵阀有吸入阀和排出阀，吸入阀与排出阀结构相同，安装方向相反，它们的作用是使泵缸工作腔交替地与吸排管接通或隔断，以完成泵的吸排过程。常见的泵阀结构形式有盘阀、锥阀、球阀、环阀等几种。 对泵阀的要求如下： （1）关闭要严； （2）关闭时撞击要轻； （3）启闭迅速及时； （4）泵阀的阻力要小	图 2 泵阀 （a）盘阀；（b）环阀 1—阀座；2—阀盘；3—弹簧；4—导向杆(套)；5—升程限制器
活塞连杆和活塞环（图3和图4）	活塞是往复泵的易损件之一。活塞有两个活塞环，它用久后因磨损而在缸内的开口间隙超过规定值，弹性下降，密封性变差，应换新。往复式舱底水泵的活塞环常用夹布胶木制成，浸水后会膨胀，新换时应先在热水中浸泡一段时间，待其变软后取出将开口撑开，等冷却后放入缸内及环槽内，检查各间隙值合适才使用。活塞杆用铬镍钛钢制成	图 3 活塞连杆　　图 4 活塞环

续表

主要零部件		图片
填料函 (图5)	往复泵一般采用软填料轴封，在活塞杆的伸出处设有填料函，填料箱内套用铸锡青铜制成，软填料一般由浸油的棉、麻纤维编制，俗称油浸盘根。软填料一般是3～4圈，排出压力越高，圈数越多，装好后应有少量滴漏，以润滑和冷却活塞杆，泄漏大时可压紧填料压盖。填料要分段，搭口错开	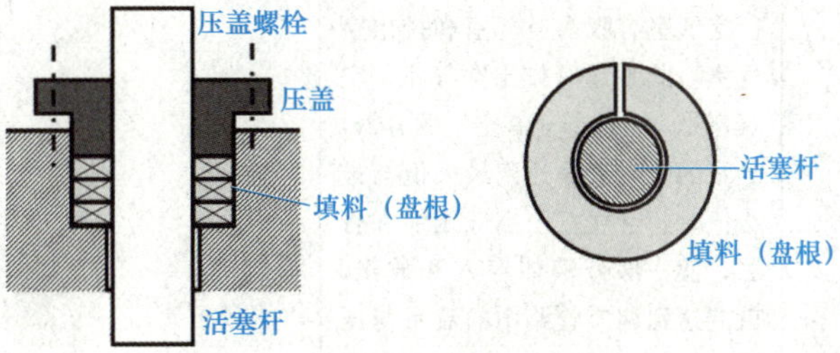 图5 填料函
润滑 (图6)	润滑主要有飞溅润滑、压力润滑。此往复泵润滑系统，由安装在曲轴左侧的随车齿轮泵供油，去各摩擦部位进行强力润滑	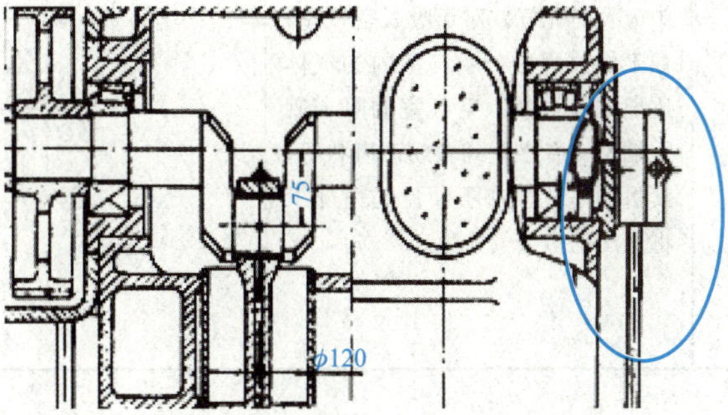 图6 润滑
安全阀 (图7)	往复泵排出腔安装有安全阀，能在排出压力过高时自动开启，使排出室和吸入室相通。安全阀开启压力应为泵的额定排出压力的1.1～1.15倍。当泵排出管路阀门全闭时，安全阀的排放压力一般应不大于泵额定压力加0.25 MPa。必要时可在泵运转时渐关排出阀，重新验证安全阀的开启压力和排放压力	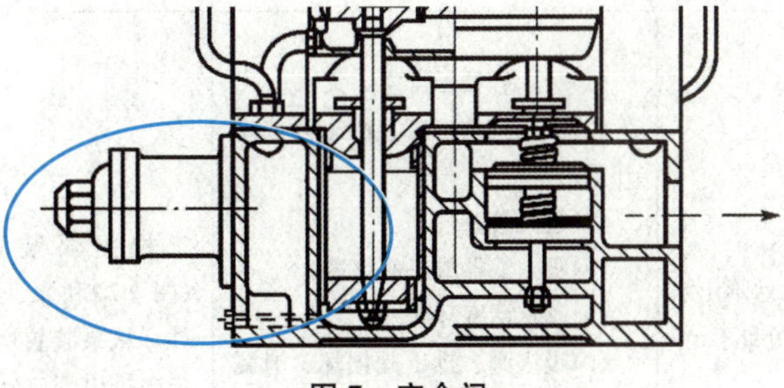 图7 安全阀

续表

主要零部件	图片
空气室 (图8)	空气室有吸入空气室和排出空气室，此泵设有排出空气室，空气室是一个内部充有空气的容器，当泵的瞬时流量达到最大值与最小值时，空气室中空气压缩和膨胀，使一部分液体存入和放出，就能达到调节管路中的流量与压力的作用，使管路中的流量与压力趋于均匀，其均匀性取决于空气室的容积与空气的存放量。空气室中的空气容积约占2/3，水占1/3。空气室高度与直径之比一般为1.4。排出空气室内气体会不断溶于水中并被带走，在工作过程中应及时充气。对于吸入空气室，在工作过程中，空气室内的气体逐渐增加，吸入空气室的吸入管下端常钻有小孔或做成锯齿状等，其目的是让泵在不断流的情况下将逸出的多余气体吸走	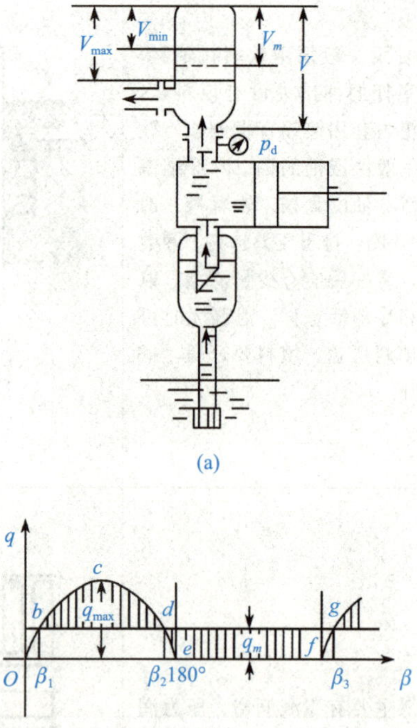 图 8　空气室

拓展知识

电动往复泵主要故障分析见表1-3。

表 1-3　电动往复泵主要故障分析

故障现象	故障原因	分析思路指导	排除方法
启动后不出水或流量不足	(1)吸入容器已排空，无水； (2)吸入或排出截止阀未开或未开足； (3)吸入管漏气； (4)吸入滤器或底阀堵塞； (5)胶木活塞环干缩； (6)吸入阀、排出阀损坏、泄漏或垫起； (7)活塞环、缸套或填料磨损严重； (8)安全阀弹簧太松或阀泄漏	根据泵装置的构成(图1-7)和泵正常吸排条件，从泵装置吸入管口逐步向排出管口分析	(1)补充水； (2)全开； (3)查明漏处消除漏气； (4)清洗滤器或排除堵物； (5)引水浸泡； (6)检查研磨、清除污物或换新； (7)换新或修复； (8)更换弹簧或检修阀

续表

故障现象	故障原因	分析思路指导	排除方法
安全阀顶开或电动机过载	(1)排出截止阀未开； (2)排出管堵塞； (3)安全阀失灵； (4)缸内落入异物卡死； (5)泵久置不用活塞因锈蚀而咬死； (6)填料或轴承太紧	造成此故障现象的原因有以下三个方面： (1)排出压力过高[第(1)、(2)两点]； (2)安全阀本身有问题[第(3)点]； (3)机械运动阻力过大[第(4)、(5)、(6)点]	(1)全开截止阀； (2)检查管路，排除堵物； (3)检查原因并校验安全阀； (4)取出异物； (5)拆出除锈； (6)调整或更换
泵发出异常声响	(1)泵缸内有敲击声：缸内掉进异物或活塞固定螺母松动； (2)缸内有摩擦声：活塞环断裂或填料过紧； (3)阀箱内有异常响声：吸排阀弹簧断裂或弹力不足，阀与升程限制器撞击； (4)传动部件间撞击：各部件配合间隙过大	从各运动件处找原因	(1)停车解体检查； (2)更换活塞环，调松填料压盖； (3)换新弹簧，减小阀升程； (4)予以调整，更换零件
填料箱泄漏	(1)填料硬化失效； (2)压盖未上紧； (3)活塞杆变形或磨损	从形成动密封的双方找原因	(1)换新填料； (2)拧紧压盖； (3)修复活塞杆
摩擦部件发热	(1)配合间隙过小； (2)润滑油不足； (3)摩擦面不清洁	从摩擦面上不能形成良好而完整的油膜来分析	(1)调整间隙； (2)补充润滑油或调整油压； (3)可以清洗后更换润滑油

学生活动页

工作任务	拆装船用往复泵					
学生姓名		班级学号		组别		任务成绩	
任务描述	接受往复泵拆装任务工单,在实训室内,对照拆装用往复泵或仿真拆装模型,准确认识结构,并按照拆装规范对往复泵进行拆装训练					
场地、设备	辅机实训室、拆装用往复泵					
工作方案	根据任务要求,确定所需要的知识、设备、工具,并对小组成员进行合理分工,制定完成往复泵拆装的详细方案					
船用往复泵拆装步骤	船用往复泵拆装步骤					
	遇到问题			解决问题		
	1.					
	2.					
	3.					
	4.					
	5.					
签字	任务完成人签字: 日期: 年 月 日 指导教师签字: 日期: 年 月 日					

练习与思考

1. 往复泵的扬程与流量有何关系？
2. 往复泵有哪些主要部件？其功能如何？
3. 往复泵泄漏部位主要在何处？其对泵的工作性能有哪些影响？
4. 往复泵为何要设空气室？
5. 减小往复泵流量不均匀性的方法主要有哪些？
6. 泵阀主要由哪几部分组成？对泵阀的要求有哪些？
7. 往复泵发生异常声响故障的原因有哪些？
8. 往复泵在拆装过程中应注意哪些事项？

任务 1.3 拆装回转泵

接受回转泵拆装任务工单，在实训室内，仔细对照实物或齿轮泵拆装仿真软件识读齿轮泵的结构图，按照拆装规范对齿轮泵进行拆解。通过本任务学习，学生要掌握以下知识和能力。

1. 知识目标

(1) 掌握齿轮泵、螺杆泵的工作原理、结构和特点；
(2) 掌握齿轮泵的困油现象、危害和预防解决措施；
(3) 掌握齿轮泵、螺杆泵的管理要点；
(4) 了解齿轮泵的常见故障。

2. 能力目标

(1) 能够准确识读齿轮泵结构图；
(2) 能够正确按照规范拆装齿轮泵。

3. 素质目标

(1) 在拆装过程中培养安全操作和规范拆装意识；
(2) 在拆装过程中培养团队协作意识，吃苦耐劳、爱岗敬业精神；
(3) 培养获取新知识、新技能的学习能力。

知识准备

回转泵属容积式泵，是通过运动部件在泵壳内的回转运动，使工作空间容积发生变化实现吸、排液体的泵。回转泵根据回转部件结构形式不同，可分为齿轮泵、螺杆泵、叶片泵和水环泵等几种。

一、齿轮泵的工作原理

齿轮泵是常见的回转式容积泵，其主要工作部件是互相啮合的齿轮。按齿轮啮合的方式可分为外齿轮泵、内齿轮泵及转子泵等；按齿轮的形式可分为直齿轮泵、斜齿轮泵及人字齿轮泵等。直齿轮泵存在困油现象；斜齿轮泵和人字齿轮泵不存在困油现象。

如图 1-10 所示，在外啮合齿轮泵中，有一对相互啮合的轮齿，齿轮由电机驱动的为主动齿轮 1，被带动的为从动齿轮 2，相互啮合的轮齿 A、B 使吸入腔与排出腔彼此隔离。当齿轮按图 1-10 所示的方向回转时，轮齿 C 退出啮合，左腔容积增大，压力降低，吸入液体。随着齿轮的回转，吸满液体的轮齿转过吸入腔沿泵体内壁转到排出腔，右腔轮齿进行啮合，容积减小，压力增大，液体从排口排出。由于轮齿始终啮合，而前、后端盖与齿轮端面，以及泵体内壁与齿顶的间隙都很小，故排出腔中压力较高的液体不会大量漏回吸入腔。普通齿轮泵反转其吸、排方向就相反。齿轮泵摩擦面较多，一般只用来排送有润滑性的油液。齿轮泵工作时吸排腔存在压力差，因此，主动、从动齿轮存在不平衡的径向力。

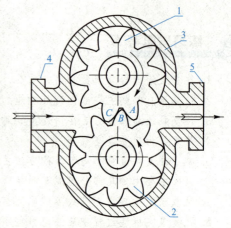

图 1-10　外啮合齿轮泵的工作原理图
1—主动齿轮；2—从动齿轮；
3—泵体；4—吸口；5—排口

二、齿轮泵的困油现象

1. 产生的原因

困油现象产生的原因可通过图 1-11 说明。外啮合齿轮泵的轮齿一般采用重叠系数 ε 大于 1 的渐开线齿形。图 1-11(a) 表示一对齿刚啮合时，前一对齿尚未脱开，于是在它们之间就形成了一个封闭容积 $V=V_a+V_b$，由于存在齿侧间隙，V_a、V_b 是相通的。当齿轮按图示方向回转时，如图 1-11(d) 所示，V_a 逐渐减小，V_b 逐渐增大，它们的总容积 V 先逐渐减小，当转到图 1-11(b) 所示的对称位置时为最小；再继续回转，V 逐渐增大，到前一对齿将脱开啮合的瞬间[图 1-11(c)]V 最大。由此可见，在部分时间内相邻两对轮齿同时处于啮合状态，它们与端盖之间形成的封闭空间容积先减小然后增大，这就是齿轮泵的困油现象。

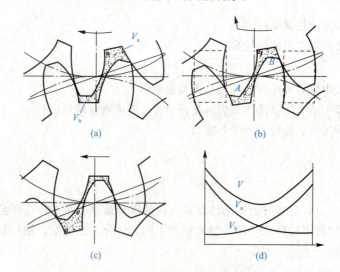

图 1-11　齿轮泵困油现象示意

2. 困油现象造成的危害

困油现象会降低齿轮泵工作性能和使用寿命，主要表现在以下几个方面：

(1)当封闭容积减小时,留在封闭空间中的油液被挤压,压力急剧上升(可达排出压力的10倍以上),使齿轮、轴和轴承受到很大的径向力,同时,油液将从零件密封面的缝隙中被强行挤出,造成油液发热,促使油液变质,产生噪声和振动,增加功率损失,从而降低轴承寿命。

(2)当封闭容积增大时,封闭空间的压力将会下降,使溶于油中的气体析出而产生气泡,这些气泡被带到吸入腔,不但妨碍油液进入齿间,而且随压力升高又会消失,结果导致容积效率的降低和振动噪声的加剧。

这就是困油现象对齿轮泵的工作性能和使用寿命的危害。

3. 消除困油现象的方法

目前普遍采用开卸荷槽的办法来消除困油现象,具体有以下三种方法:

(1)在泵的端盖内侧开卸荷槽法。

①对称卸荷槽法。在与齿轮端面接触的两端盖内侧,各挖两个对称于节点(节圆的交点)的矩形凹槽(即卸荷槽),位置如图 1-11(b)的虚线所示。各卸荷槽的内边缘正好与封闭容积 V 最小时两对啮合齿的啮合点 A、B 相接,这时封闭容积和任何一个卸荷槽都不通。当封闭容积减小到最小值前,它通过右边的卸荷槽与排出腔始终相通,以便将多余的油液排出;而当封闭容积又逐渐增大时,它又通过左边卸荷槽与吸入腔相通,使油液得以补充。

②非对称卸荷槽法。中、高压齿轮泵齿侧间隙很小,当齿轮转过图 1-11(b)所示的位置时,容积 V_a 仍在继续减小,其中压力仍会升高,挤出油液产生的噪声和振动还是较大。为了更好地解决这个问题,可使同一端盖上的两个卸荷槽一起向吸入侧移过适当距离,这样就延长了 V_a 与排出腔相通的时间。当然,这同时也会推迟 V_b 与吸入腔相通的时间。由于齿侧间隙较小,V_b 中的真空度会稍有增大,但是影响很轻微。

③单卸荷槽法。单卸荷槽法只在排油侧开设偏向中心线的卸荷槽,使封闭容积存在期间始终与排油卸荷槽相通,而当封闭容积与吸入腔相通时正好脱离卸荷槽。采用非对称卸荷槽和单卸荷槽的齿轮泵噪声更低,对容积效率影响并不大,但泵不允许反转使用。

(2)在从动齿轮上钻泄压孔。在从动齿轮每一个齿顶齿根上钻泄压孔,从动轴上切出两条月牙形沟槽。

(3)采用斜齿轮泵或人字齿轮泵则不会产生困油现象。

三、齿轮泵的性能特点

(1)齿轮泵有一定的自吸能力,所以齿轮润滑油泵可装的润滑油液面高。但其自吸能力不如往复泵。另外,齿轮泵摩擦面多,为防止启动时发生干磨损,泵内应有一定的存油。

(2)理论流量仅取决于工作部件的尺寸和转速,与排出压力无关。

(3)流量连续,但有脉动。外啮合齿轮泵流量脉动率大,噪声较大,内啮合齿轮泵流量脉动率较小,噪声也较小。

(4)额定排出压力与工作部件尺寸、转速无关,主要取决于泵的密封性能和轴承承载能力。为了防止泵在超过额定工作压力的情况下工作,一般应设安全阀。

(5)转速较高,一般为 1 500 r/min 左右。高于 3 000 r/min 或低于 300 r/min 都会使容积效率下降。

(6)效率受密封间隙、吸排压力、温度、转速影响较大。

(7)适用于排送不含固体颗粒并具有润滑性的油类,因为其摩擦面较多。

(8)结构简单、管理方便。

任务实施

1. 外齿轮泵结构

外齿轮泵结构如图 1-12 所示。

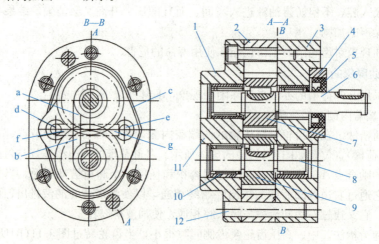

图 1-12　CB—B 型外齿轮泵的结构图
1—后盖；2—泵体；3—前盖；4—轴封套；5—油封；6—主动转轴；
7—主动齿轮；8—从动转轴；9—从动齿轮；10—滚针轴承；11—闷盖；12—定位销

在图 1-11 所示外齿轮泵中，互相啮合的主动齿轮 7 和从动齿轮 9 分别用键安装在平行的主动转轴 6 和从动转轴 8 上，而轴 6、8 的两端则由滚针轴承 10 支承。齿轮的齿顶和端面分别被泵体 2 和前、后端盖 3、1 所包围。吸、排口 d、e 设在后盖 1 的轴向侧。泵体 2 上铣有油槽 c，将端面漏油引回吸入腔，可降低泵体与端盖间油压力，防止外泄。部分端面油可进入各轴承腔帮助润滑，漏往轴承腔的油又可经前、后端盖上铣有的油槽 a、b 吸回吸入腔。3 只闷盖 11 和油封 5 可防止轴承腔漏入空气或向外漏油。

2. 外齿轮泵拆装步骤

外齿轮泵拆装步骤见表 1-4。

表 1-4　外齿轮泵拆装步骤

拆装流程	拆装步骤
拆装要求	(1)选取的工具、量具的种类和规格正确；选用软铅丝直径合适，正确装配主动齿轮、从动齿轮。 (2)将拆下的螺帽、螺栓、键、垫圈等小零件按照顺序排好。 (3)要按次序进行拆装，不能盲目乱拆乱装。 (4)要合理使用专用工具，不能蛮干。 (5)必须保持接合面、配合面及光加工面的清洁，不能碰伤或损坏。 (6)必须保护好机械密封动、静环的摩擦面光洁度，拆装时应特别小心，不能敲击，严防划伤，最好按顺序用绳子串好后用纸包好。 (7)防止异物污染齿轮和进入泵壳。 (8)零部件及工、量具的使用、清洁、保养和放置方法正确

续表

拆装流程	拆装步骤
拆卸前的准备工作	(1)技术准备。通过观看实物和图纸，熟悉结构，拟订拆装顺序。 (2)工具准备。准备好所需要的工具、量具和铅丝，包括放置齿轮泵零部件的工作台(或木板)和小木箱。 (3)对象准备。即通过一系列工作将被拆对象——齿轮泵准备好，用油性记号笔或钢字码等工具在泵壳上各部件配合处标上号码和接缝记号，以保证装配时能按原来的顺序和位置装复
齿轮泵的拆解步骤	(1)确认电动机电源已切断，并在启动开关处悬挂"严禁合闸"或类似的警告牌。 (2)关闭泵油管路上的吸排截止阀。 (3)将电动机的接线脱开(脱开后的接线头应做好接线记号)，将弹性联轴节拆下，拆除电动机底脚螺栓，与电动机一起移走。 (4)用拉马卸下泵轴端的联轴节及键。 (5)拆下轴封压盖、销钉、静密封环。 (6)拧下泵两侧端盖上的紧固螺栓，拆下定位销和两侧端盖。 (7)拆下轴上的动密封环、密封圈、弹簧座和弹簧。 (8)将安全阀按顺序拆出。 (9)将主动齿轮、从动齿轮、轴承及右端盖板取出。注意将主动齿轮、从动齿轮与对应位置做好记号。 (10)将主动齿轮、从动齿轮及相关联动部件解体。 (11)用煤油或轻柴油将所有拆下的零件进行清洗并放于容器内妥善保管，以备检查和测量
齿轮泵的装复步骤	(1)将主动齿轮、从动齿轮组装在主、从动轴上。 (2)将啮合良好的主动齿轮、从动齿轮的两轴左侧纸垫、盖板和轴承装复轴上，装入泵体中，装复端盖，上紧螺栓。 (3)在轴的右端套上纸垫、盖板装入轴承。 (4)在主动轴的右端(电动机端)依次装复弹簧、弹簧座、密封圈和动密封环(本机没有)。 (5)装复端盖，上紧螺栓，转动主动轴手感良好。 (6)将轴封静环装在轴封压盖上，用销子固定，套入主动轴，确认良好，压盖压紧(本机没有)。 (7)依次装复安全阀体、弹簧、弹簧座、封盖、调节螺杆、锁紧螺帽，装妥闷头。 (8)装复联轴节。 (9)将电动机装复固定，与泵轴找正，对接好联轴节。 (10)将泵吸、排管路接通，复查轴线。转动灵活，拧上吸排口上的螺塞

3. 外齿轮泵主要零部件

外齿轮泵主要零部件见表1-5。

表1-5 外齿轮泵主要零部件

主要零部件	图片
齿轮 (图1)	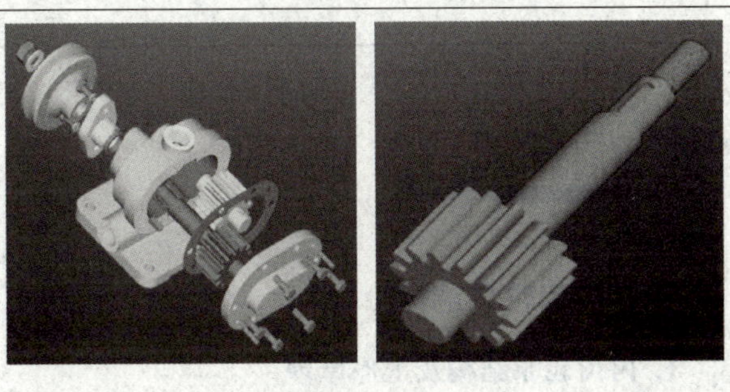 如图1-12所示，在外齿轮泵中，互相啮合的主动齿轮7和从动齿轮9分别用键安装在平行的主动转轴6和从动转轴8上，而轴6、8的两端则由滚针轴承10支承。齿轮的齿顶和端面分别被泵体2和前、后端盖3、1所包围。吸、排口d、e设在后盖1的轴向侧 图1 齿轮

续表

主要零部件		图片
吸排(油)口(图2)	吸、排(油)口设在后盖的轴向侧	 图2 吸排(油)口
防泄装置	如图1-12所示,泵体2上铣有油槽c,将端面漏油引回吸入腔,可降低泵体与端盖间油压力,防止外泄	
油封(图3)	油封又称为旋转轴唇形密封圈,俗称皮碗轴封,适用于工作压力不高的旋转轴。它由弹性体、金属骨架和弹簧组成。弹性体由皮革、橡胶或聚四氟乙烯等制成,其内径比轴径略小,安装在轴上靠内侧唇边的过盈量抱紧轴表面。弹簧常置于弹性体内侧唇边的外缘,用以增加唇边与转轴之间的接触压力,并补偿唇边的磨损,有的形式也可省去弹簧。包在弹性体内的骨架用来增加弹性体的机械强度和刚性	 图3 油封
安全阀(图4)	在排出腔安装安全阀,排压过高,安全阀开启沟通吸排腔。因为安全阀作用方向已定,所以齿轮泵一般不宜反转	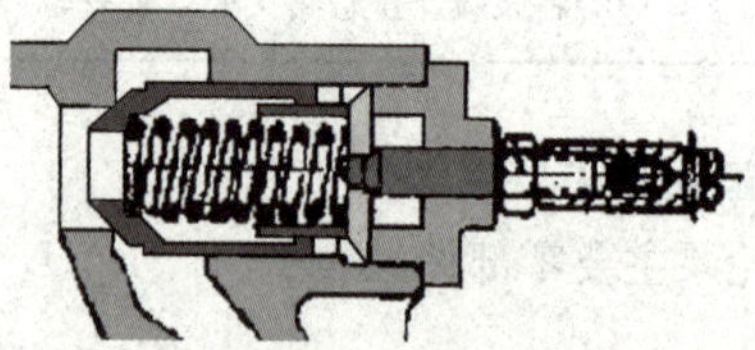 图4 安全阀

拓展知识

一、内齿轮泵结构

1. 内齿轮泵结构及工作原理

内齿轮泵有带月牙形隔板的渐开线齿形和摆线齿形两种。

图 1-13 所示为一种带月牙形隔板的可逆转内齿轮泵。它可被用作压缩机曲轴带动的润滑油泵,即使压缩机反转,油泵的吸排方向仍然不变。图 1-13 中齿环 3 与右侧的圆盘和泵轴做成一体,泵轴由压缩机曲轴带动。左侧的底盘 6 上有月牙形隔板 2 和与泵轴偏心的短轴,短轴上面套着齿轮 1。当泵轴带动齿环转动时,与齿环呈内啮合的齿轮随之转动,产生吸排作用,工作原理与外齿轮泵类似。

底盘 6 背面圆心处有被弹簧压紧的钢球,帮助底盘与带齿环的圆盘贴紧;底盘背面还有一偏心的销钉 4,卡在盖板 5 下半部的半圆形环槽内。当泵轴逆时针旋转时,啮合齿的作用力传到底盘 6 的偏心短轴上,产生逆时针转向的转矩,使底盘转至其背面的销钉卡到半圆形环槽的右端为止。这时,齿轮与齿环的相对位置如图 1-13 中(b)图所示,泵下吸上排。当泵轴改为顺时针转动时,啮合齿传至偏心短轴上的力产生顺时针转向的转矩,使底盘 6 旋转 180°,直至其背面的销钉卡到半圆槽的左端为止。这时,齿轮与齿环的相对位置变成图 1-13 中(c)图所示,泵的吸排方向仍保持不变。

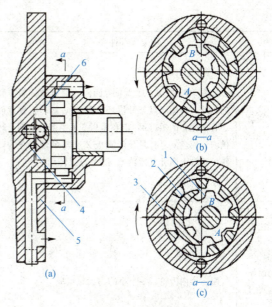

图 1-13 内齿轮泵

1—齿轮;2—月牙形隔板;3—齿环;
4—销钉;5—盖板;6—底盘

与外齿轮泵相比,带月牙形隔板的内齿轮泵的优点是:结构紧凑;吸油区圆心角大,吸入性能好;流量脉动小;啮合长度较长,工作平稳;还可采用特殊齿形或在齿环的各齿谷中开径向孔导油,显著减轻或消除困油现象,故噪声很低。其缺点是制造工艺较复杂,漏泄途径多,容积效率比外齿轮泵低。

2. 内齿轮泵主要零部件

内齿轮泵主要零部件见表 1-6。

表 1-6 内齿轮泵主要零部件

主要零部件		图片
内齿轮泵(图1)	内齿轮泵	图 1 内齿轮泵
盖板(图2)	盖板固定不动	图 2 盖板沟槽

续表

主要零部件		图片
底盘（图3）	如图1-13所示，底盘6背面圆心处有被弹簧压紧的钢球，帮助底盘与带齿环的圆盘贴紧；底盘背面还有一偏心的销钉4，卡在盖板5下半部的半圆形环槽内。底盘6上有月牙形隔板2和与泵轴偏心的短轴，短轴上面套着齿轮1。底盘可以转动	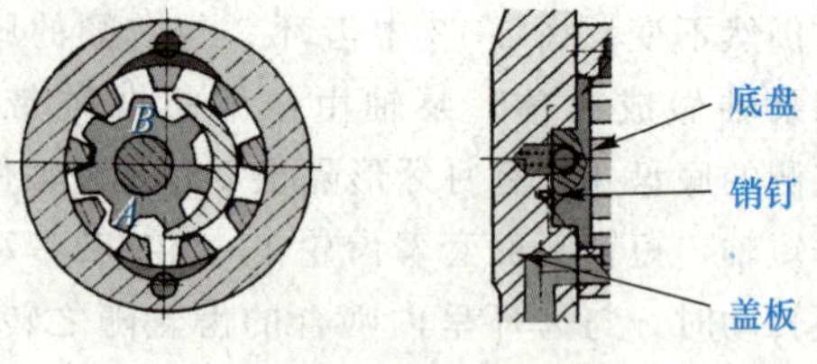 图3 底盘
齿轮（图4）	由一个内齿轮、一个小的内齿轮组成	 图4 齿轮
转子泵（图5）	转子泵是一种有摆线齿形的内齿轮泵，其外转子比内转子多一个齿，两者的圆心偏心，转向相同，转速不同。转子相邻两齿的啮合线与前盖、后盖形成若干个密封腔。转轴带动内、外转子转动时，密封腔的容积发生变化，通过前、后盖上的吸、排口即可吸油、排油	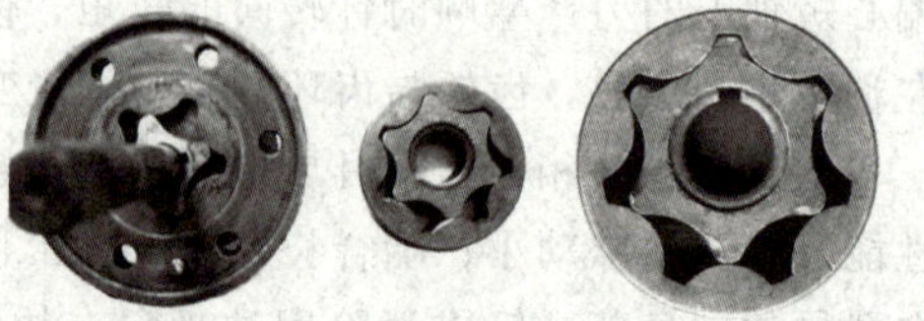 图5 转子泵

二、螺杆泵

螺杆泵是容积式泵，是依靠由螺杆和衬套形成的密封腔的容积变化来吸入和排出液体的。螺杆泵按螺杆数目可分为单、双、三和五螺杆泵；按吸排腔是否完全隔离，可分为密封型和非密封型。单螺杆泵、三螺杆泵属于密封型螺杆泵；双螺杆泵属于非密封型螺杆泵。单螺杆泵、三螺杆泵在船上应用最为广泛。

1. 三螺杆泵结构

如图1-14所示，三螺杆泵由固定在泵体6中的缸套7及插在缸套中彼此啮合、转向相反的主动螺杆4和从动螺杆3、5组成，都是双头螺杆。各啮合螺杆之间及螺杆与缸套内壁的间隙都很小，借助啮合线从上到下形成Ⅰ、Ⅱ、Ⅲ、Ⅳ等多个彼此分隔的容腔。主动螺杆和从动螺杆上正面和背面的凹槽相互连通，构成封闭的"∞"形容腔。随螺杆啮合转动，与吸入腔相通的容腔首先在下面吸入端开始形成并逐渐增大（如图中容腔Ⅳ），不断吸入液体，然后封闭，沿轴向上移动至排出端；同时，新的吸入容腔又紧接着在吸入端形成。一个接一个的封闭容腔移动到排出端与排出腔相通（如图中容腔Ⅰ），其中液体不断被挤出。泵反转则吸、排方向相反。用调节手轮18可调整调压阀16的弹簧张力，改变泵的排出压力（使部分液体回流）。泵的吸、排口分设在泵体中部和上部，可保证停用后泵内存有液体，以免下次启动时干转。

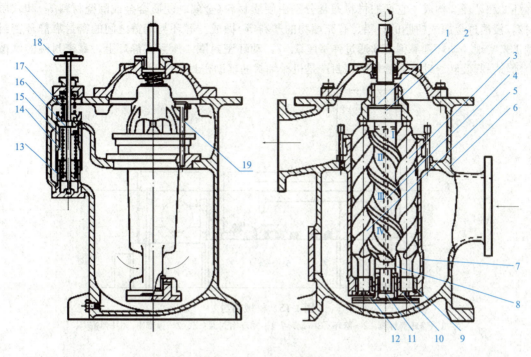

图 1-14　立式三螺杆泵

1、8—推力垫圈；2—平衡活塞；3、5—从动螺杆；4—主动螺杆；6—泵体；
7—缸套；9、10—平衡轴套；11—盖板；12—推力垫块；13—端盖套筒；
14、17—弹簧；15—调节螺杆；16—调压阀；18—调节手轮；19—泄油管

三螺杆泵封闭容腔的轴向长度略大于导程 t（螺旋线上任意点沿螺旋线旋转一周所移动的轴向距离）。为避免吸、排两端直接沟通，缸套与螺杆的最小长度取 $(1.2\sim 1.5)t$。摆线齿形的三螺杆泵的啮合线是连续的，能将排出腔和吸入腔完全隔开，属密封型螺杆泵。

2. 三螺杆泵轴向力

三螺杆泵在尚未开始排液的空转期间，主动螺杆通过棱边的啮合线向从动螺杆传递转矩以克服其摩擦扭矩，这时传递给从动螺杆的力会产生指向排出端的轴向力。而在开始排送液体后，会因螺杆两端液压力不同而产生指向吸入端的轴向推力，主动螺杆所受轴向液压力比从动螺杆大。

为了平衡螺杆的轴向力，常用的措施如下：

(1) 工作压力小于 1.6 MPa 的泵，在轴向推力较大的凸螺杆上设止推轴承，而凹螺杆则靠螺杆端面承受轴向力。

(2) 每根螺杆都由两段长度相等、旋向相反的螺旋组成，泵从两端吸入，中间排出。这样不仅可平衡轴向力，同时，还可降低吸入流速，改善吸入性能，适用于大流量泵。

(3) 采用液力平衡装置。如图 1-14 所示，凸螺杆在排出端带有平衡活塞 2，其背后设泄油管 19 将漏油泄回吸入腔，保持低背压。于是，平衡活塞受向上的作用力，可将螺杆所受的大部分轴向力平衡。在凸螺杆中央还钻有油孔，将排出端的压力油引到各螺杆下端的平衡轴套 9、10 之中，产生向上的平衡力。另外，泵还装有推力垫圈 1、8 和推力垫块 12，以弥补液力平衡系统可能出现的平衡力不足。

3. 机械轴封

机械轴封是旋转轴广泛使用的一种密封方式，图 1-15 所示为其典型结构。它的动密封面由

静环2和动环3构成，它们的材料通常分别由硬质材料(金属、硬质合金或陶瓷材料等)和软质材料(浸渍过金属或树脂的石墨、有充填物的塑料等)做成。静环与端盖之间的密封靠静环密封圈1来实现。动环则靠弹簧6通过弹簧座5、7，动环密封圈4压紧在静环上，靠密封圈的摩擦力随轴一起旋转。动环和静环的密封圈是机械轴封的辅助密封元件。

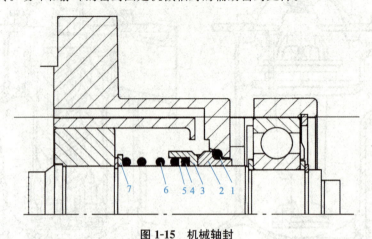

图 1-15 机械轴封
1—静环密封圈；2—静环；3—动环；4—动环密封圈；5、7—弹簧座；6—弹簧

机械轴封将动密封面做成了能自动补偿的动环与静环之间的端面密封。其主要优点如下：
(1)密封性能好。
(2)使用寿命长。在安装和使用条件恰当时，使用期不短于一年。
(3)摩擦功耗少，仅为软填料密封的 1/5～1/3。
(4)轴或轴套基本不被磨损。
(5)适用范围广。

选用不同的结构设计和密封材料，机械轴封可分别适用于高温、高压及有毒或有腐蚀性等各类流体。但机械轴封使用条件要求较严，而且静环与动环之间必须实现液膜润滑，如泵送的液体有悬浮固体颗粒，则须采用特殊设计。另外，机械轴封价格较高。

4. 双螺杆泵的结构和工作原理

密封型双螺杆泵螺旋的常用齿形由渐开线和摆线组合而成。若螺杆的螺旋表面用渗氮处理，轴颈表面镀铬，则即使输送含固体微粒的液体也能可靠工作。

图 1-16 所示为卧式非密封型双螺杆泵。它采用的主、从动螺杆9、10 是两根直径相同、单头螺旋、齿形为矩形或梯形的螺杆，有两段长度相等、旋向相反的螺纹，工作时液体从螺杆两端吸入，从中部的排口排出，可使轴向液压力基本平衡，而径向液压力由轴承承受。停用时泵内能存液，以便再启动时保持良好的自吸能力。这种螺杆不能形成连续的啮合线将吸、排端完全隔开，为减少漏泄需增加螺旋的导程数以增加漏泄路径长度，为使螺杆不致太长只好减小螺旋升角，从而导致螺杆自锁；因此，这种泵螺杆之间传递扭矩需要依靠一对同步齿轮，其主、从动螺杆彼此不接触，相互之间及与泵体之间的间隙靠同步齿轮和轴承来保证，长期工作螺杆也磨损甚少。这种泵的同步齿轮13和滚动轴承 2、12 装在泵体 8 外面，设有单独的润滑系统，属外轴承式。它既能输送润滑性液体，也能输送非润滑性和含固体杂质的液体；即使干转也无磨坏螺杆的危险。螺杆两端共设有 4 个填料函 6，其软填料 5 之间设有截面为 H 形的液封环，吸入压力低于大气压时可将排出液体引入填料函，润滑和冷却填料。只输送润滑性液体的双螺杆泵可将同步齿轮和滚动轴承装在泵体内部，仅需设一处轴封，称为内轴承式。

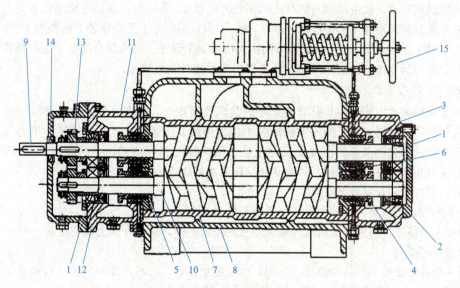

图 1-16 双螺杆泵

1—压盖；2、12—滚动轴承；3、11—填料函；4—填料压盖；5—填料；6—填料函；
7—衬套；8—泵体；9、10—主、从动螺杆；13—同步齿轮；14—齿轮箱；15—安全阀

双螺杆泵的过流面积和螺杆根圆与顶圆半径比 r/R、导程和齿形有关。在保持泵缸直径不变的情况下换用导程或半径比 r/R 不同的螺杆，可获得不同的流量。半径比（螺纹深度）减小虽可增加流量，但会使螺旋面之间的间隙增大，使容积效率 η_v 降低，仅适合排送、排出压力较低或黏度较高的液体。

5. 单螺杆泵的结构和工作原理

图 1-17 所示为单螺杆泵的结构图。其螺杆 1 用金属制成，属单头螺纹。泵缸 2 由丁腈橡胶制成，内表面呈双头螺纹。螺杆和泵缸的啮合也能将吸、排口完全隔断，属于密封型螺杆泵。当泵运转时，螺杆与泵缸之间与右端吸口相通的工作容积不断增大而吸入液体，然后形成与吸口隔离的封闭容腔，继而左移与排口相通，该空间容积又不断减小而排出液体。单螺杆泵导程数较少，密封性稍差。

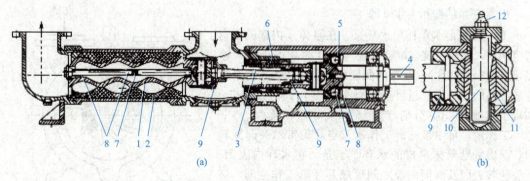

图 1-17 单螺杆泵的结构图

1—螺杆；2—泵缸；3—万向轴；4—传动轴；5—轴承；6—填料函；
7—小活塞；8—弹簧；9—挠性保护套；10—销轴；11—销轴套；12—注油口

单螺杆泵运转时泵缸和传动轴 4 的轴线位置不变，而螺杆轴线相对于泵缸轴线则按与螺杆

· 29 ·

相反转向做圆周运动,故主动轴与螺杆之间需设万向轴3。为保护万向轴连接部分不受工作液体侵蚀,通常设有起隔离作用的挠性保护套9,如图1-17(b)所示。万向联轴节的销轴10与销轴套11之间的润滑,靠从注油口12向联轴节内注入润滑脂来保证。注油时小活塞7克服弹簧8的张力移动,让出空间存油;以后靠弹簧推活塞挤出润滑脂补充其损耗。

6. 螺杆泵特点

螺杆泵属回转式容积泵,具有容积式泵的共同性能特点。它有自吸能力;其理论流量取决于运动部件的尺寸和转速,不能用节流法关小排出阀调节流量;所能产生的排出压力与运动部件的尺寸和转速无直接关系,主要受密封性能、结构强度和原动机功率的限制,应设安全阀。同时,它又具有回转泵无须泵阀、转速高和结构紧凑的优点。

另外,螺杆泵还具有以下优点:

(1) 不困油,流量均匀,工作平稳,噪声和振动很小。

(2) 吸入性能好。因为从轴向吸入液体不受离心力妨碍,故允许吸上真空度高。

(3) 流量范围大。

(4) 三螺杆泵轴承不受径向液压力作用,而且密封性好,η_v 高,故额定排压可高达20 MPa。单螺杆泵和非密封型双螺杆泵轴承受径向液压力作用,额定排压不宜太高。

(5) 对所送液体搅动少,水力损失很低,故适用的黏度范围宽。除三螺杆泵适合输送润滑性好的清洁油类外,单螺杆泵、双螺杆泵可输送非润滑性或含固体杂质的液体。

(6) 零部件少,质量和体积相对较小,磨损轻,维修工作很少,使用寿命长。

螺杆泵的缺点是螺杆轴向尺寸较大,刚性较差;加工工艺要求较高,价格比一般其他回转泵高。

三螺杆泵在船上常用作主机的润滑油泵、燃油泵及货油泵、液压泵。因其管理简单可靠,近年来使用范围有所扩大,有的用它取代齿轮泵作驳油泵。单螺杆泵多用作油水分离器的污水泵、废物焚烧炉的输送泵、粪便输送泵、渣油泵、污油泵,也可作海水泵和甲板冲洗泵等。双螺杆泵除用作各种油泵外,也可用作压载泵、消防泵、卫生水泵和锅炉给水泵等。

三、水环泵

水环泵属于回转式泵。水环泵有单作用和双作用两种。其主要用作真空泵来排送气体,可作为离心泵的自吸泵。

1. 水环泵结构和工作原理

图1-18所示为单作用水环泵。在泵体3内部的圆盘形空间内,偏心地装有带若干前弯叶片的开式叶轮1(小型泵采用径向叶片),叶轮两侧紧贴着侧盖2。在与泵体连成一体的侧盖上靠近叶轮轮毂处开有较大的吸入口4和较小的排出口5,分别与吸入管和排出管相通。

工作前,泵内须充满工作水。当叶轮带水一起旋转时,形成紧贴泵体内壁的水环。于是,在水环内表面、叶轮轮毂表面及两面侧盖之间形成月牙形工作空间,该空间被叶轮的叶片分隔成若干不相通且容积不等的腔室。腔室按图示箭头方向转过右半周时,容积不断增大,吸入管中的气体通过吸入口4不断吸入。而当腔室转过左半周时,容积又不断减小,使其中气体被压缩压力升

图1-18 单作用水环泵及其工作原理
1—叶轮;2—侧盖;3—泵体;
4—吸入口;5—排出口

高，气体最终从排出口 5 排出。在水环泵工作中，工作水会因汽化、漏泄和排气携水等原因而不断减少，为此，需连续向泵内补水，以保证水环泵的正常工作，同时，也使部分工作水随气体不断排出而得以更换，限制泵的温升。

2. 水环泵特点

(1)结构简单，制造精度要求不高，容易加工。

(2)结构紧凑，泵的转速较高，一般可与电动机直联，无须减速装置。因此，用小的结构尺寸，可以获得大的排气量，占地面积也小。

(3)压缩气体基本上是等温的，即压缩气体过程温度变化很小。故可以抽除易燃、易爆的气体。

(4)由于泵腔内没有金属摩擦表面，无须对泵内进行润滑，而且磨损很小。转动件和固定件之间的密封可直接由水封来完成。因此，可以抽除带尘埃的气体、可凝性气体和气水混合物。

(5)吸气均匀，工作平稳可靠，操作简单，维修方便。

(6)效率低，一般在30%左右，较好的可达50%。

四、齿轮泵常见故障

齿轮泵常见故障见表 1-7。

表 1-7 齿轮泵常见故障

齿轮泵常见故障			
启动后不能排油或流量不足	不能形成足够大吸入真空度的原因： (1)密封间隙过大，内漏严重； (2)新泵及拆修过的泵齿轮表面未浇油，难以自吸； (3)泵转速过低（一般当 $n<300$ r/min 时，η_V 太低，不能正常工作）、反转或卡阻； (4)吸入管漏气或吸口露出液面	有较大吸入真空度而不能正常吸入的原因： (1)吸高太大（液压泵一般 $\leqslant 500$ mm）； (2)油温太低，黏度太大； (3)吸入管路阻塞，如吸入滤器脏堵或公称流量太小、吸入阀未开等； (4)油温过高或吸入油中的气泡太多，产生"气穴现象"	属于排出方面的问题有： (1)排出管漏泄或旁通，安全阀或弹簧太松； (2)排出阀未开或排出管滤器堵塞，安全阀顶开
工作噪声太大	(1)液体噪声，是由于漏入空气或产生"气穴现象"而引起的，后者可见前条； (2)机械噪声，可能是与原动机对中不良、滚动轴承损坏或松动、安全阀跳动、齿轮磨损严重而啮合不良、齿轮在轴上的键松动、泵轴弯曲或因加工、安装不良引起泵内机械摩擦等		
泵磨损太快	(1)油液含磨料性杂质； (2)长期空转； (3)排出压力过高，泵轴变形严重； (4)装配失误引起中心线不正		

 学生活动页

工作任务	拆装齿轮泵					
学生姓名		班级学号		组别		任务成绩
任务描述	接受回转泵拆装任务工单,在实训室内,仔细对照实物或齿轮泵拆装仿真软件,识读齿轮泵的结构图,按照拆装规范对齿轮泵进行拆装训练					
场地、设备	辅机实训室、拆装用齿轮泵					
工作方案	根据任务要求,确定所需要的知识、设备、工具,并对小组成员进行合理分工,制定完成齿轮泵拆装的详细方案					
齿轮泵拆装步骤	船用齿轮泵拆装步骤					
	遇到问题			解决问题		
	1.					
	2.					
	3.					
	4.					
	5.					
签字	任务完成人签字: 　　　　　　　　　　　　　　日期:　　年　月　日 指导教师签字: 　　　　　　　　　　　　　　日期:　　年　月　日					

练习与思考

1. 比较往复泵、回转泵的特点，指出其不同点。
2. 齿轮泵困油现象是怎样产生的？有何危害？如何解决？
3. 怎样提高容积式泵的容积效率？
4. 齿轮泵的特点有哪些？
5. 齿轮泵的常见故障有哪些？
6. 齿轮泵启动后不能排油或流量不足的主要原因有哪些？
7. 三螺杆泵的轴向力产生的原因和平衡措施有哪些？
8. 单螺杆泵的结构组成是怎样的？

任务1.4　拆装叶轮式泵

接受叶轮式泵拆装与调试任务工单，在实训室内，按照拆装规范对离心泵进行拆解训练，并能完成离心泵调试。通过本任务学习，学生需要掌握以下知识和能力。

1. 知识目标

(1) 掌握离心泵工作原理、结构；了解离心泵性能；
(2) 了解离心泵的工况(点)调节和串、并联工作特点；
(3) 掌握旋涡泵结构和工作原理。

2. 能力目标

(1) 能够正确按照拆装规范拆装离心泵；
(2) 能够正确按照调试规程对离心泵性能进行测定。

3. 素质目标

(1) 在拆装过程中培养安全操作、文明拆装意识和吃苦耐劳精神；
(2) 在测定离心泵性能过程中，培养团队协作意识，获取新知识、新技能的学习能力。

知识准备

离心泵属于叶轮式泵。离心泵是依靠旋转叶轮对液体的作用将原动机的机械能传递给液体的。离心泵按叶轮数目分类可分为单级离心泵、多级离心泵；按叶轮吸入方式分类可分为单侧吸入泵、双侧吸入泵；按工作压力分类可分为低压泵($P<100$ m水柱)、中压泵(100 m$<P<650$ m水柱)、高压泵($P>650$ m水柱)；按泵轴位置分类可分为卧式泵、立式泵。

一、离心泵工作原理

如图1-19所示，单级蜗壳式离心泵主要由泵壳3和叶轮1组成。螺线形的泵壳也称为蜗壳，包括蜗室8和扩压管5两部分。叶轮通常由5～7个弧形叶片2和前、后圆形盖板构成，用键和固定螺母7固定在泵轴6的一端。轴的另一端穿过填料函伸出泵壳，由原动机驱动右旋回转。固定螺母7通常采用左旋螺纹，以防止反复启动因惯性而松动。

离心泵启动前注满液体，原动机带动离心泵高速旋转，预先充满在泵中的液体受离心力作用,从叶轮中心向四周甩出,叶轮将原动机的机械能传递给液体,使液体获得机械能。液体被叶轮甩出后,在叶轮中心处形成低压区,液体便在吸入液面压力作用下,由吸入接管 4 吸入叶轮,从叶轮流出的液体,获得大量动能、压力能,甩出液体经蜗室 8 汇聚、扩压管 5 扩压,大部分动能转变为压力能,然后进入排出管排出。叶轮不停地回转,实现液体的连续吸排。

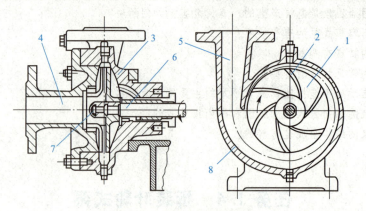

图 1-19　离心泵工作原理图
1—叶轮;2—叶片;3—泵壳;4—吸入接管;5—扩压管;6—泵轴;7—固定螺母;8—蜗室

二、轴向力平衡装置

(1)轴向力的产生。当离心泵工作时,叶轮两侧的压力按抛物线规律分布,如图 1-20 所示。在密封环半径以外,叶轮两侧压力是对称的。但在密封环以内,由于作用在左侧的为压力较低的进口压力,叶轮两侧的压力就不对称。因此,单级式叶轮工作时必将受到一个由叶轮后盖板指向叶轮进口端的轴向力,如图 1-20 所示。轴向力的大小与工作压头、密封环半径、液体密度有关。

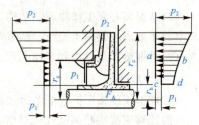

图 1-20　叶轮两侧的压力分布

(2)轴向力的危害。离心泵的轴向力会引起叶轮轴向窜动,叶轮与泵体产生摩擦,破坏机械轴封产生泄漏,影响泵的正常工作。为保证泵的正常工作,应采取必要措施解决轴向力问题。

(3)常用的轴向推力平衡方法(图 1-21)。

①平衡孔法或平衡管法。平衡孔法是在叶轮后盖板上加装与吸入口密封环尺寸一样的后密封环,并在后密封环以内的后盖板上开出若干个平衡孔,通过平衡孔使后盖板前后的压力保持大致相等,从而使轴向力得以基本平衡。此法比较简单,但一方面由于平衡孔的存在使叶轮后盖的泄漏量增加;另一方面由平衡孔漏回叶轮的液体会对吸入口的主流产生冲击,因此,采用平衡孔不仅会使泵的容积效率下降,而且会使泵的水力效率降低。于是,人们对平衡孔法加以改进,产生了平衡管法。

平衡管法的原理与平衡孔法相同,但不在叶轮后盖板上开平衡孔,而是通过平衡管将叶轮后密封环之内的液体引回吸入口,这样不仅同样可达到平衡轴向推力的目的,同时避免了回流产生冲击而使水力效率降低。

无论是平衡孔法或平衡管法,由于叶轮两侧密封环制造和磨损情况难免有差别,叶轮在加工上也会存在误差,故叶轮两侧的压力分布难以完全对称,不可能完全平衡轴向推力,仍需设置止推轴承以承受剩余的不平衡轴向推力。

②双吸叶轮或叶轮对称布置法。双吸叶轮因形状对称,故两侧压力基本平衡,多用于大流

量的离心泵。多级离心泵各级叶轮尺寸一般相同,各叶轮产生的扬程相等,当叶轮为偶数时,只要将其对称布置,即可平衡轴向推力。此法平衡多级泵的轴向推力效果较好,但泵壳结构复杂。

③平衡盘法。平衡盘一般设置在多级泵的末级叶轮后,并固定在泵轴上。平衡盘装置上有两个间隙:一个是轴套外圈形成的径向间隙 b;另一个是平衡盘内端面与固定板之间的轴向间隙 b_0。轴向间隙可以随着叶轮的轴向位移而变化。

当泵工作时,压力为 p 的液体经 b 和 b_0 时,产生流动损失,压力分别降为 p_1 和 p_2,平衡盘后的空腔与泵的吸入口相连,压力 p_0 稍大于泵进口压力。由于平衡盘两侧存在压力差 Δp,故液体在平衡盘上产生一个压力,其大小与轴向推力相等,方向相反。轴向推力得到平衡。

当轴向推力大于平衡力时,叶轮向前移动,轴向间隙 b_0 减小,液体流经 b_0 时的阻力损失增加,平衡盘两侧的压力差增大,平衡力也相应增大,一直到平衡力与轴向推力相等,达到平衡。

当轴向推力小于平衡力时,叶轮向后移动,平衡盘两侧的压力差减小,平衡力也相应减小,直到与轴向推力达到平衡。因此,平衡盘具有自动平衡轴向力的优点。

④止推轴承法。止推轴承虽能承受一定的轴向推力,但承受能力有限,故只有小型泵才能用它来承受全部轴向推力,而在大多数泵中仅用它作平衡措施的补充手段,以承受少数剩余的轴向推力,并起轴向定位作用。但由平衡盘法的工作原理可知,采用平衡法的离心泵不可使用具有定位作用的轴承(如止推轴承、滚动轴承等),只能采用滑动轴承。

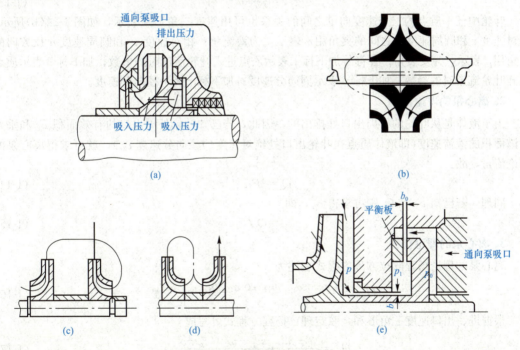

图 1-21　轴向推力平衡方法

三、离心泵的性能

(一)离心泵的扬程方程式

1. 液体在叶轮中的流动(图 1-22)

液体在叶轮内的实际流动情况非常复杂,为使研究简化,做如下假定:

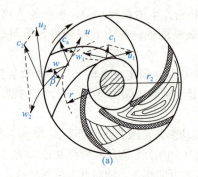 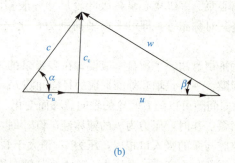

图 1-22 液体在叶轮内的流动

(1)离心泵叶轮的叶片无限多、厚度无限薄且断面形状完全相同。
(2)液体在叶轮内流动时，没有摩擦、撞击和涡流等水力损失。

当叶轮以一定的角速度 ω 回转时，叶轮流道中的任一液体质点，一方面随叶轮一起回转，做圆周运动，其速度用向量表示；另一方面又沿叶片引导的方向向外流动，做相对运动，其速度用向量表示。圆周运动和相对运动的复合运动就是液体质点的绝对运动，其速度用向量表示。质点的圆周运动、相对运动和绝对运动三者之间的关系可用公式表示如下：

$$\vec{c} = \vec{w} + \vec{u} \tag{1-13}$$

叶轮中任一质点的三个速度向量之间的关系也可用速度三角形来表示，如图 1-22(b)所示。绝对速度 c 和圆周速度 u 之间的夹角用 α 表示，为液流角；相对速度 w 和圆周速度 u 反方向的夹角用 β 表示，为安装角；各符号下标 1 表示质点进入叶轮流道时的参数；加下标 2 表示质点离开叶轮流道时的参数；加下标 u 表示周向分速度；加下标 r 表示径向分速度。

2. 离心泵的理论流量

由于液体是从叶轮的外周出口处排出的，因此，若已知叶轮外周出口的有效面积 F_2 和垂直于该面积的液流速度(即液体质点在叶轮出口处绝对速度的径向分速度 c_{2r})，就可求得离心泵的理论流量，故：

$$Q_t = F_2 c_{2r} \tag{1-14}$$

同理，若已知 F_2 和 Q_t 则可求得 c_{2r}，即

$$c_{2r} = Q_t / F_2 \tag{1-15}$$

3. 离心泵的理论扬程

离心泵的理论扬程欧拉方程方程式表述为

$$H_{t\infty} = \frac{u_2 c_2 \cos\alpha_2 - u_1 c_1 \cos\alpha_1}{g} = \frac{u_2 c_{2u} - u_1 c_{1u}}{g} \tag{1-16}$$

根据进、出口速度三角形和余弦定理，扬程方程式可写成

$$H_{t\infty} = \frac{u_2^2 - u_1^2}{2g} + \frac{w_1^2 - w_2^2}{2g} + \frac{c_2^2 - c_1^2}{2g} \tag{1-17}$$

$$H_{t\infty} = \frac{u_2^2}{g} - \frac{Q_t u_2 \cot\beta_2}{g F_2} \tag{1-18}$$

式(1-18)中 $(c_2^2 - c_1^2)/(2g)$ 是液体流经叶轮后因绝对速度增加而增加的动压头，$(w_1^2 - w_2^2)/(2g)$ 是叶片之间通道面积逐渐加大使液体的相对速度减小所增加的静压头，$(u_2^2 - u_1^2)/(2g)$ 是离心力的作用下叶轮旋转所增加的静压头。

由式(1-15)、式(1-17)可知，离心泵的扬程与泵的叶轮尺寸、入口处的液流角 α_1、出口处的圆周速度、泵的转速、安装角 β_2 等因素有关。为了获得较大的扬程，液体径向流入泵中，即 $\alpha_1 = 90°$。

影响离心泵压头的因素如下：

(1)叶轮直径和转速。叶轮直径和转速越大，液体在叶轮出口处的圆周速度 u_2 越大，离心泵的压头越大。但直径的增大会受到泵的外廓和质量增加等因素的限制，转速的增加会受到泵的汽蚀性能降低和转子强度有限等因素的限制。

(2)叶轮的叶片出口角 β_2 和流量(图 1-23)。由式(1-18)可知，离心泵的理论压头 $H_{t\infty}$ 受叶片的出口角 β_2 和流量 Q_t 的影响，其影响的规律如下：

①用后弯叶片(即 $\beta_2<90°$)时，$\cot\beta_2>0$，Q_t 增大会使 $H_{t\infty}$ 减小，当 $Q_t=0$ 时(即排出管封闭时)，$H_{t\infty}=u_2^2/g$ 为最大值(即封闭压头最大)。因后弯叶片出口处的绝对速度 c_2 较小，水力效率高，噪声低，工作稳定，经济性好。另外，Q_t 增加使 $H_{t\infty}$ 减小，电机不会出现过载，目前在实际应用中离心泵都采用后弯叶片。

②用前弯叶片(即 $\beta_2>90°$)时，$\cot\beta_2<0$，Q_t 增大会使 $H_{t\infty}$ 增加，当 $Q_t=0$ 时，$H_{t\infty}=u_2^2/g$ 为最小值。因前弯叶片的出口绝对速度 c_2 大速度变化大，使水力损失和噪声增大，而速度能转换为压力能时也要消耗能量，故效率较低。另外，Q_t 增加使 $H_{t\infty}$ 增加，易使驱动电机过载，但在泵叶轮尺寸相同时，前弯叶片要比后弯叶片产生更高的压头，故常用在离心风机中。

③用径向叶片，即 $\beta_2=90°$，$\cot\beta_2=0$，$H_{t\infty}$ 与 Q_t 无关。在实际应用中较少采用。

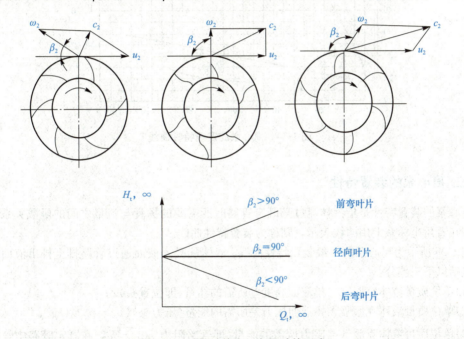

图 1-23　叶轮叶片出口角及叶片形式

(3)输送液体的黏度和密度。输送液体的黏度和密度是不会影响离心泵的理论压头的，因为在压头方程式中没有反映所输送流体性质的参数。但是，流体的黏度会影响泵的实际压头和排量，因为黏度不同，水力损失和容积效率会有所不同；流体的密度 ρ 会影响泵所能产生的压差，因为由泵的吸、排压差 $p_d-p_s=\rho g H$ 可知，液体的密度 ρ 越小，泵所能产生的压差越小。因此当离心泵启动时不进行引水驱气，泵的叶轮带动空气旋转所能产生的压差仅为带动水旋转时的 $1/800$ ($\rho_空/\rho_水$ 约为 $1/800$)，故可认为离心泵是没有自吸能力的。

(二)离心泵的定速特性曲线

在既定转速下，离心泵的扬程、功率、效率等性能参数与流量的函数关系曲线称为离心泵的定速特性曲线。

由于离心泵中的各项损失难以精确计算，所以离心泵的定速特性曲线都是通过试验测定的。在恒定的转速下，通过改变排出阀开度，测量不同流量 Q 时的扬程 H、轴功率 P 和必需汽蚀余量 Δh_r 等相关参数，计算出相应工况下的效率 η，然后以流量 Q 为横坐标，其他参数为纵坐标绘制出的函数曲线，即离心泵的定速特性曲线，如图 1-24 所示。

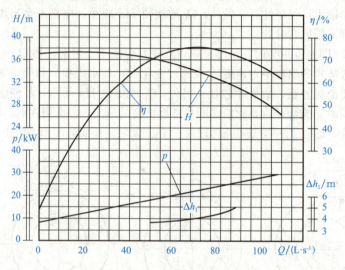

图 1-24　离心泵的定速特性曲线

(三)离心泵的装置特性

离心泵的装置特性是指液体流过某既定管路时所需要的扬程与流量之间的函数关系，这种关系若在直角坐标系上用曲线表示，则称为装置特性曲线。

图 1-25 所示为离心泵的一般装置特性曲线。液体从吸入液面通过管路排至排出液面所需的压头包括以下三部分：

(1) 单位质量液体克服吸、排液面高度差所需的能量(即位置头) Z；

(2) 单位质量液体克服吸、排液面压力差所需的能量(压力头) $(p_{dr} - p_{sr})/(\rho g)$；

(3) 单位质量液体克服管路阻力所需的能量(即管路阻力头) $\sum h$，在既定管路中管路阻力头 $\sum h$ 与流量的平方成正比。即

$$\sum h = KQ^2$$

式中　K——管路阻力系数。

其中，位置头 Z 和压力头 $(p_{dr} - p_{sr})/(\rho g)$ 与管路流量 Q 无关，在流量变化时它们静止不变，故称为管路的静压头，用 H_{st} 表示。因此，单位质量液体从吸入液面到排出液面所需的能量(即管路总压头) H_z 为

$$H_z = H_{st} + \sum h = Z + (p_{dr} - p_{sr})/(\rho g) + KQ^2 \tag{1-19}$$

图 1-25 中的曲线 A 就是表明上述函数关系的装置特性曲线的一般形状。其是一条二次抛物线，向上倾斜的程度则取决于管路阻力系数 K 值的大小，而起点位置取决于管路的静压头 H。

当管路阻力发生变化时，如阀门关小时，K 值增加，管路曲线的倾斜程度就会增加，曲线 A 变为 A'；如管路阻力未变，但管路静压头变化，例如，排出液面升高或液面上压力增加，则管路曲线各点也就相应升高，这时曲线 A 向上平移为 A''。

例如，将管路系统中的离心泵的特性曲线和装置特性曲线画在同一张坐标图上，则装置特性曲线与泵的 H-Q 曲线的交点 C 就是此时泵的工况点。它所表明的参数即是此离心泵在该管路条件下的工作参数。此时，泵所产生的压头正好等于液体流过该管路时所需的压头。

大多数离心泵的 H-Q 曲线是向下倾斜的，只要是非驼峰形 H-Q 曲线，该工况点是稳定的。如

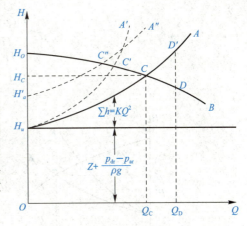

图 1-25 装置特性曲线及泵的工况点

因某种干扰（如阀门关小）管路阻力系数 K 值增大，装置特性曲线变陡，泵的工况点将向左移动至 C'，泵的流量减小，扬程增大，在新工况点，泵所产生的扬程等于在该流量下液体流过管路时所需的压头。泵在新工况点继续稳定工作，即离心泵有自动平衡的功能。由于泵在额定工况下工作时效率最高，所以应尽可能使泵在额定工况点附近工作。

四、离心泵的工况（点）调节

由上面分析可知，泵的工况（点）取决于泵的特性和装置特性。因此，通过改变泵的特性或装置特性均可实现离心泵的工况（点）调节。常用的工况（点）调节方法有以下几种：

（1）节流调节法。通过改变离心泵排出阀的开度，改变泵的运行工况点，来调节流量的方法称为节流调节法。

图 1-26 所示为节流调节时的工况变化。由图可见，随着排出阀开度的减小，管路曲线变陡，如从 R 变为 R_1，泵的工况点就从 A 点移至 A_1 点，流量也就相应从 Q_A 减少为 Q_1，泵的扬程由 H_A 提高到 H_1。

节流调节的特点：有节流损失，故经济性较差，但简便易行，应用普遍，适用于 n_s 较小的叶轮式泵。

注意：当节流程度过大，流量很小时，泵有可能发热；虽然调节吸入阀开度也能实现流量调节，但会使吸入管的阻力增加，泵的吸入压力降低，有可能产生气穴现象，甚至失吸，故不宜采用。

（2）回流调节法。通过改变旁通回流阀的开度，使部分液体从泵的排出口再回流到吸入管，以调节泵的实际排出流量的方法称为回流调节法。

采用开大回流阀调节，尽管减少了排出管路中的流量，但泵的实际流量非但没有减少，反而由于总的管路阻力减小，使泵的实际流量增加，导致轴功率增加。因此，回流调节法对离心泵来说经济性很差，而且随着泵的流量增大，泵吸入口的流速增加，吸入压力会进一步降低，离心泵容易发生汽蚀。因此，回流调节法对离心泵一般不适用，只能作为节流调节法的一种补充调节手段。

（3）变速调节法。通过改变离心泵转速从而改变泵的特性曲线，使泵的工况点发生变化，来实现流量调节的方法称为变速调节法。

如图 1-27 所示，当离心泵的转速由 n_1 变为 n_2 时，如转速的变化不是很大，变速前后泵的特性参数流量、压头、轴功率可通过下列比例定律进行换算：

$$\frac{Q}{Q'} = \frac{n}{n'}$$
$$\frac{H}{H'} = \left(\frac{n}{n'}\right)^2 \quad (1\text{-}20)$$
$$\frac{P}{P'} = \left(\frac{n}{n'}\right)^3$$

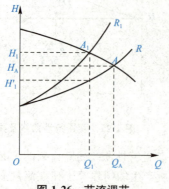

图 1-26 节流调节   图 1-27 变速调节

变速调节能在较大范围内保持较高的效率,经济性比节流调节、回流调节都好,而且降速不会引起汽蚀。但改变转速有一定限制,一般增加转速不超过 10%,降低转速不超过 50%。近年来随着变频技术的发展,变速调节法可望在离心泵的工况调节中得到更多的应用。

(4)切割叶轮法。如果离心泵流量和工作压力长期超出实际需要,可用图 1-28 所示的切割叶轮外径的方法来改变离心泵的特性曲线,从而使工况参数改变,节省功率。

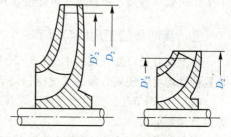

图 1-28 离心泵叶轮切割形式

离心泵叶轮切割后必然会使效率下降。为了不使叶轮切割后效率下降过多,叶轮的最大允许切割量根据泵的比转数不同而有所不同,见表 1-8。

表 1-8 叶轮外径允许的最大切割量

n_s	60	120	200	300	350
$\dfrac{D_2 - D_2'}{D_2}\%$	20%	15%	11%	9%	7%
效率下降值	每切割 10% 下降 1%			每切割 4% 下降 1%	

中、低 n_s 叶轮,应做等外径的车削。为了减少圆盘摩擦损失,也有将前、后盖板同时切去的。高 n_s 叶轮则应斜向车削,使叶片靠前盖板处的外径大于靠后盖板处的外径,而平均外径应符合车削量的要求。

对导叶式离心泵,一般车削叶片时不车削盖板,以便使叶轮外径与导叶的间隙保持不变,这样能较好地引导水流。

五、离心泵的串、并联工作

1. 离心泵的串联工作

(1)适用场合。当一台离心泵在管路系统中工作,其工作压头达不到所希望的压头,或接近封闭压头或等于封闭压头时,流量必然很小或无法供液。这个问题既可以通过换用额定压头符合要求的泵,也可以通过将两台或几台泵串联工作的方法来解决。

(2)串联工作时泵的特性。各泵的流量相等,而总的压头则等于串联后各泵工作压头之和,如图 1-29 所示。因此,泵串联工作时的压头特性曲线 H-Q 由各台泵的压头特性曲线在相同流量下将压头迭加而成,如图 1-29 所示。而串联时的工况点就是泵串联工作时的压头特性曲线与管路特性曲线的交点 A。显然,这时泵组的扬程已大大提高。泵串联工作时的总扬程 H_A 比每台泵单独工作时的扬程 H_1 高,但却低于两泵单独工作时的扬程之和,即 $H_1 < H_A < 2H_1$,而每台泵的流量 Q_A 比单独工作时的流量 Q_1 要大,即 $Q_A > Q_1$。

(3)对串联工作的离心泵的要求。串联时,各泵的型号不一定要相同,但其额定流量则应相近,否则就不能使每台泵都处于高效率区工作。另外,串联在后面的泵,其吸、排压力都将比单独工作时要高,故应注意其密封情况和强度能否允许。

2. 离心泵并联工作

(1)适用场合。当一台离心泵单独工作,其流量不能满足要求时,可将两台或几台离心泵并联工作以增加流量。

(2)并联工作时泵的特性。各泵的压头相等,而总的流量则等于并联后各泵工作流量之和,如图 1-30 所示。因此,泵并联工作时的压头特性曲线 H-Q,由每台泵的特性曲线在相同压头下将流量叠加而成,如图 1-30 所示。泵并联时的工况点就是泵并联工作时的压头特性曲线与管路特性曲线的交点 A。因此,管路特性曲线与它们的交点 A_1 及 A 则分别代表每台泵单独工作时,以及两台泵并联工作时的工况点。可见,泵并联工作时的总流量 Q_A 比每台泵单独工作时的流量 Q_1 大,但却小于两台泵单独工作时的流量之和,即 $Q_1 < Q_A < 2Q_1$。这是因为并联运行后管路系统中流量增大,流动阻力增加,泵是在比单独工作时更高的压头下工作,因而,每台泵的流量 Q_2 比单独工作时的流量 Q_1 小。

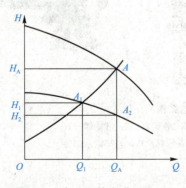

图 1-29 离心泵的串联工作工况

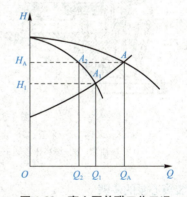

图 1-30 离心泵并联工作工况

(3)对并联运行的离心泵的要求。额定压头应基本相等,或至少相近。否则,扬程低的泵不仅不能发挥作用,甚至会出现液体向压头低的泵倒流的现象。

六、离心泵的特点

无论在陆上或船上,离心泵使用的数量和范围都远远超过了其他类型的泵。这是因为它具有以下优点:

(1)流量连续均匀且便于调节,工作平稳,适用流量范围大,一般为 5~20 000 m³/h。

(2)转速高,可与高速原动机直联。

(3)结构简单紧凑,尺寸和质量比同流量的往复泵小得多,造价也低许多。

(4)对杂质不敏感,易损件少,管理和维护较方便。

但离心泵也具有以下缺点:

(1)泵本身没有自吸能力。

(2)流量随工作扬程而变。一般流量随工作扬程升高而减小,不适宜做液压泵。

(3)所能产生的扬程由叶轮外径和转速决定,不适合小流量、高扬程,因为这将要求叶轮流道窄长,以致制造困难,效率太低。

离心泵所能产生的最大排压有限,故不必设安全阀。目前,船用水泵和液货船的货油泵大都使用离心泵,也有个别新船将离心泵用作主机润滑油泵。要求自吸的如压载泵、舱底水泵、油船扫舱泵等,也可使用自吸式离心泵或加设抽气自吸装置。

任务实施

1. 离心泵的结构

离心泵的结构如图 1-31 所示。

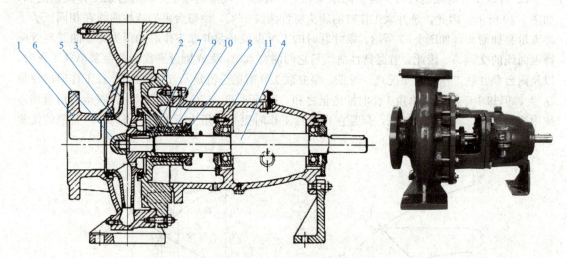

图 1-31 离心泵的结构

1—泵体;2—泵盖;3—叶轮;4—轴;5—密封环;6—叶轮螺母;
7—轴套;8—填料压盖;9—填料环;10—填料;11—悬架轴承部件

2. 拆装离心泵的步骤

拆装离心泵的步骤见表 1-9。

表 1-9 拆装离心泵的步骤

拆装流程	拆装步骤
拆装前准备	(1)技术准备。通过对泵的观察和相关图纸的阅读,熟悉泵的结构,拟订拆装顺序,并尽可能阅读随机拆装说明书,了解技术要求。 (2)工具准备。准备好所需的工具,准备好存放被拆零部件的工作台(或者木板)。 (3)判明可能损坏的零部件,并准备好备件。 (4)用油性记号笔或钢字码等工具在泵壳上合适部位标注号码或接缝记号,以保证装配时能按原来的顺序和位置装复

续表

拆装流程	拆装步骤		
离心泵拆卸步骤	(1)电机拆卸。拧下电机与底座螺栓,将电机与泵联轴器脱离,移开电机。 (2)泵端联轴器的拆卸。用专用工具拉马的拉钩勾住联轴器,而其丝杆顶正泵轴中心,慢慢转动扳手,即可将联轴器拆下,在勾拉过程中,可用铜锤或铜棒轻击联轴器。从泵轴的键槽中取出键,保存好。 (3)泵盖和悬架轴承部件与泵体的拆卸。拆前泵盖与泵体连接处应做好记号,拧下支架与底座的连接螺母,拧下泵盖与泵体的连接螺母,即可将泵盖连同悬架轴承部件拆下,如过紧可利用顶丝将泵盖顶离泵体后取下。 (4)叶轮的拆卸。用专用或常用工具拆卸叶轮的锁紧螺母(注意旋向),取下放好;用两个撬棍对称地用力,将叶轮从轴上卸下;若叶轮锈于轴上而拉不动,可在键连接处刷上少许煤油,稍作等待,即可拉出叶轮		
	(5)泵盖与悬架轴承部件的拆卸	①拆卸前泵盖与悬架轴承部件连接处先做记号。 ②松开机封压盖(或填料压盖)与泵盖的连接螺栓。 ③松开泵盖与悬架轴承部件的连接螺母,将泵盖与悬架轴承部件拆开。 ④从泵盖中取出机械密封(或填料密封)和轴套。 将拆下的零部件按次序摆放好,注意保存好各连接处的垫片,如有损坏则更换	
	(6)泵轴的拆卸	①取下挡水圈,放好。 ②松开两端的轴承压盖与轴承托架的连接螺母,取下轴承压盖,注意保存好垫片。 ③将叶轮锁母拧上,用力敲打该侧,使轴连同轴承从电机端卸下。 ④用拔轮器从轴上取下轴承;或用专用工具从轴承托架中取出轴承	
	(7)泵体的拆卸	①松开泵体与进口管路和出口管路的连接螺栓。 ②松开泵体与底座的连接螺栓,移开泵体	
	(8)拆卸过程中应注意的事项	①对一些重要部件拆卸前应做好记号,以备装复时定位。 ②拆卸的零部件应妥善安放,以防失落。 ③若叶轮锁母与叶轮之间、叶轮与轴套之间、法兰之间有垫片,垫片取下保存好。 ④操作时拔轮器的丝杠一定要顶正泵轴中心,并使联轴器两侧受力均匀,不可用手锤猛敲,以免造成泵轴、轴承和联轴器损坏。如果拆不下来,可以用棉纱蘸上煤油,沿着联轴器四周燃烧,使其均匀热膨胀,这样便会容易拆下。但为了防止轴与联轴器一起受热膨胀,应用湿布将泵轴包好。 ⑤对各接合面和易于碰伤的地方,需采取必要的保护措施	
离心泵装配步骤	(1)将轴承用专用工具安装在轴上。 (2)将泵轴连同轴承装入轴承座中。 (3)两侧轴承端盖安装。 (4)机封安装。 (5)泵盖与悬架轴承部件安装。 (6)安装轴套、叶轮,锁紧螺母,调整叶轮与口环间隙。 (7)将泵体与泵盖连接,调整泵体与泵盖间隙,使叶轮流道与泵体出口管对齐。 (8)拧上泄液管堵、放油管堵及管线上的排液阀(此项工作也可在此前安装过程中随时进行)		

3. 离心泵主要零部件

离心泵主要零部件见表1-10。

表1-10 离心泵主要零部件

主要零部件		图片
叶轮 （图1）	叶轮功能是将原动机的机械能传递给排送流体。叶轮按是否具有前后盖板可分为闭式、半开式和开式三种，具有前、后盖板的叶轮称为闭式叶轮，如图a所示。它工作时液体漏泄损失少，效率较高，使用最普遍。只有后盖板的叶轮称为半开式叶轮，如图b所示，开式叶轮则只有叶瓣和部分后盖板，如图c所示。后两种叶轮铸造比较方便，但工作中液体容易漏失，多用于输送含固体颗粒或黏性较高的液体。叶轮按吸入方式可分双侧吸入式图d和为单侧吸入式图e。当流量小于300 m³/h，吸入管径小于200 mm时一般多采用单吸式叶轮。而当泵的流量和吸入管径较大时多采用双吸式叶轮，以限制叶轮进口流速，提高抗汽蚀性能。双吸式叶轮安装时要防止装反，装反时，后弯叶轮成为前弯叶轮，将造成运行时过载	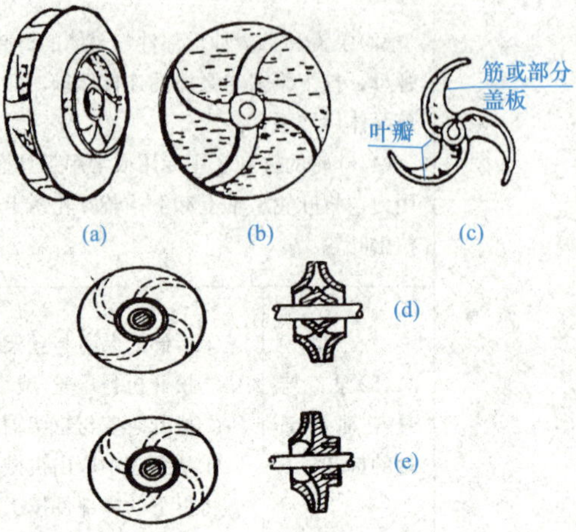 (a) (b) (c) 筋或部分盖板 叶瓣 (d) (e) 图1 叶轮
泵壳	蜗壳式 （图2）	泵壳的主要作用是将叶轮封闭在一定空间内，以最小的水力损失汇聚从叶轮中流出的液体，将其引向泵的出口或下一级，并使液体的流速降低，将大部分动能转换成压力能。离心泵的泵壳主要有蜗壳式和导轮式两种。 蜗壳式泵壳包括螺线形蜗室和扩压管两部分，这两部分的分隔处称为泵舌。蜗室的作用是汇集从叶轮中流出的高速液体，并将少部分动能转换成压力能。扩压管的作用是进一步降低液流速度，将其中的大部分动能进一步转换为压力能。扩压管的扩散角一般为6°～8°，过大会引起液体脱流，而过小则达不到扩压效果。蜗壳泵的水力性能完善，高效率工作区较宽，检修方便。但蜗壳制造加工困难，一般只能铸造，其内表面的精度和光洁度较差，而影响实际工作效率。而且蜗壳泵在非设计工况下运行时会产生不平衡的径向力，因此，单级泵多为蜗壳式	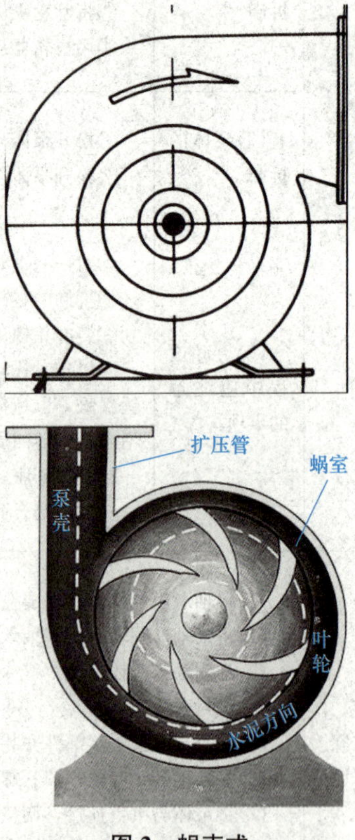 扩压管 蜗室 泵壳 叶轮 水流方向 图2 蜗壳式

续表

主要零部件		图片
泵壳	导轮式（图3）	导轮式泵壳中的导轮安装在叶轮的外周。导轮中有4~8片导叶，导叶数目与叶轮中的叶片数应互为质数，否则运行时可能会产生共振。导轮外径一般为叶轮外径的1.3~1.5倍。导轮兼有汇集液体和扩压的作用。导轮背面的反导叶是用以将收在泵壳内壁区域的排出液体引导到下一级叶轮的中心吸入区。 导轮泵制造加工方便，结构紧凑，而且随着级数增加，其质量可比蜗壳泵减轻较多。导轮式泵壳的缺点是零件较多，拆修不便，一般三级以上多用导轮式 图3 导轮式
密封环（图4）		为减少离心泵排出的液体从叶轮与泵壳之间漏回吸入口，造成流量和扬程损失，在叶轮入口处的泵壳和叶轮之间须装设密封环，保证其密封间隙，维持离心泵较高的容积效率。 密封环也称为阻漏环或口环，常用铜合金制成，有平环和曲径环两类，安装在叶轮与泵壳上的密封环分别称为动环和静环，曲径环阻漏效果好，但制造和装配工艺要求较高，多用于扬程较高的单级离心泵。船用离心泵通常只装有静环，工作中应定期检查密封间隙并使其保持在说明书或相关要求之内，如磨损超差须及时更换 图4 密封环 1—泵壳；2—叶轮
轴封（图5）		轴封装于泵轴伸出泵壳处，用来阻止排液由此漏出或空气漏入。在填料之间加装了由两个断面呈H形的半圆环合成的水封环2。在外界空气压力大于填料密封内侧压力时，将压力水通过装于水封环上部轴封壳上的水封管引入，然后沿泵轴向两端渗出，既能防止空气吸入泵内，又能给泵轴和填料以适当的润滑和冷却。密封水的压力一般以高出密封内腔的压力0.05~0.1 MPa为宜，离心泵输送洁净液体时，可直接从泵的排出侧引出。泵运转中保持填料轴封稍有滴漏，但不大于60滴/min。漏泄量太大可对称地适当压紧填料压盖，但要避免压得过紧使填料发热。填料老化变硬后应及时更换 水封环 图5 轴封 1—填料内盖；2—水封环；3—填料；4—填料压盖；5—轴套

一、旋涡泵的结构和工作原理

旋涡泵也属叶轮式泵,根据所用叶轮形式不同可分为闭式旋涡泵和开式旋涡泵两类。

1. 闭式旋涡泵

采用闭式叶轮的旋涡泵称为闭式旋涡泵。其典型结构如图 1-32 所示。它具有许多径向短叶片,且叶片设有中间隔板(或端盖板)的圆盘形叶轮 1,即所谓的闭式叶轮。泵体 2 和泵盖 3 以很小的间隙紧贴叶轮,而在它们与叶片相对应的部位则形成等截面的环形流道 4,占据了大部分圆周,其两端顺径向外延形成吸、排口。圆周的剩余部分由泵体的隔舌 6 将流道吸、排两端隔开。这种两端(或一端)直通吸排口的流道称为开式流道。闭式旋涡泵必须配用开式流道。

叶轮回转时带动泵内的液体一起回转,产生离心力。由于叶轮中液体比流道中液体的圆周速度大,离心力也大,因而,液体就会从叶片间甩出,进入流道,并迫使流道中的液体产生向心流动,再次

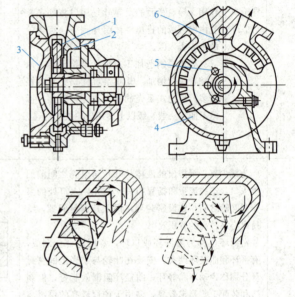

图 1-32 闭式旋涡泵
1—叶轮;2—泵体;3—泵盖;4—流道;5—平衡孔;6—隔舌

从叶片根部进入叶间,这种环形流动称为纵向旋涡。液体在叶片和环形流道中的运动轨迹就是纵向旋涡和绕泵轴的圆周运动的叠加,相对于固定的泵壳来说,它是前进的螺旋线;而相对于转动的叶轮来说,则是后退的螺旋线。这样,液体在沿流道前进直到排出为止,会多次进入叶片间获取能量,宛如多级离心泵一样。

旋涡泵中液体的纵向旋涡运动越强,液体质点进入叶轮的次数就越多,泵所能产生的扬程就越高。纵向旋涡的强弱既取决于叶轮内液体和流道内液体的离心力之差,也与纵向旋涡的流动阻力有关,即与叶片和流道的形状及叶片的数目有关。

闭式旋涡泵液流在入口处是从叶轮外缘进入叶片间,该处圆周速度较大,液流情况复杂,故闭式旋涡泵汽蚀性能差,必需汽蚀余量较大。另外,若泵吸入气体,则因气体密度小汇聚在叶片根部,转到流道出口时不易排出,又会经过隔舌被带回吸入端,故闭式旋涡泵一般不能抽送气液混合物,也无自吸能力。要使闭式旋涡泵能够自吸,必须在排出端设底部有回液口的气液分离室,让分离室中的液体挤入排出端叶片的根部驱赶气体,然后被带回吸入端重新裹携气体。闭式旋涡泵多为单级或二级。

2. 开式旋涡泵

采用开式叶轮的旋涡泵称为开式旋涡泵。其结构如图 1-33 所示。所谓开式叶轮是指叶片不带中间隔板或端盖板的叶轮,其叶片较长。

图 1-33(a)所示为带闭式流道的开式旋涡泵。闭式流道是指流道两端不直接通吸、排口,

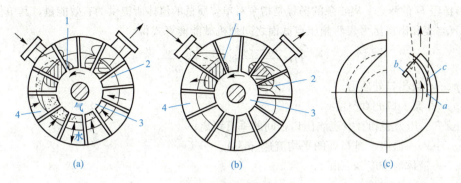

图 1-33 开式旋涡泵
1—吸入口；2—排出口；3—叶轮；4—流道

吸、排口是开在侧盖靠叶片根部处。这样，在液流进入叶轮处叶片的圆周速度较小，汽蚀性能比闭式旋涡泵好。采用闭式流道的开式旋涡泵只要吸、排口朝上，并在初次启动前向泵内灌满液体，就具有自吸和抽送气体混合物的能力。这是因为流道起始部分，液体在离心力作用下从叶间甩入流道后，叶片间就会形成真空从吸入管吸入气体。随着叶轮回转，越靠近排口液体压力越大，密度较小的气体就会被压缩在叶片根部，体积不断缩小。由于泵的排口是开在流道尽头靠近叶片根部处，故液体到流道尽头时会变为向心流动，将叶片间气体从排口排出。采用闭式流道，虽然能排送气体，使泵具备自吸能力，但因液体在排出端急剧改变运动方向，要克服离心力做功，故能量损失较大，是旋涡泵中效率最低的一种。

开式旋涡泵也可以采用吸入端为闭式、排出端为普通开式的流道，以保持较高的效率，但这会使它失去自吸能力。为了既保持自吸能力，又尽量减少排出端的水力损失，可采用向心开式流道，如图 1-33(b)所示，这样，泵的效率可比上述带闭式流道的稍有提高，但仍不及闭式旋涡泵。另一种办法是在排出端采用开式流道并附加辅助闭式流道，如图 1-33(c)所示，即在主流道的排出端让大部分液体从排口 a 排出，而使其余的一部分液体进入辅助闭式流道，以便让这部分液体能够在辅助流道的末端进入叶片间，将气体从泵体侧面与压出室相通的气体压出口 b 排出。开式旋涡泵可做成单级，也可做成径向剖分的分段式多级，最多可至 6 级。

二、离心泵定速特性曲线的测定

离心泵的主要性能参数有流量 Q、压头 H、效率 η 和轴功率 P，通过试验测出在一定的转速下 H-Q、P-Q 及 η-Q 之间的关系，并以曲线表示，该曲线称为离心泵的特性曲线。

离心泵的特性曲线是确定泵适宜的操作条件和选用离心泵的重要依据。但是，离心泵的特性曲线目前还不能用解析方法进行精确计算，仅能通过试验来测定，而且离心泵的性能全都与转速有关；在实际应用过程中，大多数离心泵又是在恒定转速下运行，所以，要掌握离心泵恒定转速下特性曲线的测定方法。

1. 测定原理

(1)流量 Q 的测定。在一定转速下，用出口阀调节离心泵的流量 V，用涡轮流量计计量离心泵的流量 V，单位为 m^3/s。

流量用涡轮流量计测定，计算公式为

$$Q = 1\,000 f/\xi \tag{1-21}$$

式中　f——流量计的转子频率；
　　　ξ——涡轮流量计的仪表系数。

(2)扬程 H 的测定。离心泵的扬程是指泵对单位质量的流体所提供的有效能量。其单位为 m。在进口真空表和出口压力表两侧压点截面之间列机械能衡算式得

$$H=\frac{p_d-p_s}{\rho g}+\Delta Z+\frac{v_d^2-v_s^2}{2g} \quad (1-22)$$

式中　p_d——泵出口处压力；

p_s——泵入口处真空度；

ΔZ——压力表和真空表测压口之间的垂直距离；

v_s，v_d——泵吸、排口处的平均流速(m/s)；

ρ——液体的密度(kg/m³)；

g——重力加速度(m/s²)。

(3)轴功率 P。离心泵的轴功率是泵轴所需的功率，也就是电动机传递给泵轴的功率。在本试验中不直接测量轴功率，而是用三相功率表测量电机的输入功率，再由下式求得轴功率：

$$P=K \cdot P_电 \cdot \eta_电 \cdot \eta_转 \quad (1-23)$$

式中　K——用标准功率表校正功率表的校正系数，一般取 1；

$P_电$——电机的输入功率；

$\eta_电$——电机的效率；

$\eta_转$——传动装置的传动效率。

(4)总效率。泵的总效率为

$$\eta=\frac{P_e}{P} \quad (1-24)$$

式中　P_e——泵的有效功率，$P_e=\rho g Q H$。

2. 试验装置

试验装置如图 1-34 所示。其由离心泵和进出口管路、压力表、真空表、涡轮流量计、功率表和调节控制阀组成测试系统。试验物料为自来水，为节约，配置水箱循环使用，由这次试验的装置可以看出，试验开始时不需要灌泵，流量通过控制阀调节，通过涡轮流量计测量其大小。

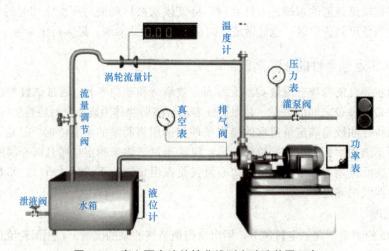

图 1-34　离心泵定速特性曲线测定试验装置示意

3. 试验步骤

(1)了解设备，熟悉流程及所使用的仪表，特别是三相功率表和流量指示积算仪的使用。

(2)检查轴承润滑情况，用手转动联轴节观察其是否转动灵活。

(3)打开泵壳上部的放气旋塞(用出口调节阀代替),向泵内灌水至满,然后关闭上水阀和泵的出口调节阀。

(4)启动离心泵。

(5)用出口调节阀调节流量,从大流量到小流量依次测取10~15组试验数据。待流动稳定后同时读取流量、压力、真空度、功率、水温等数据。

(6)试验完毕,关闭泵的出口阀,停泵。

(7)做好清洁卫生工作。

4. 试验数据记录及处理

(1)原始试验数据记录表,见表1-11。

表1-11 原始试验数据记录表

水温 $t=$ ℃,$\xi=$,转速 $n=$ 转/min

序号	涡轮流量计频率	功率	真空表/MPa	压力表/MPa
1				
⋮				
15				

(2)离心泵特性曲线的测定试验数据整理表,见表1-12。

表1-12 离心泵特性曲线的测定试验数据整理表

序号	流量 $Q/(m^3 \cdot s^{-1})$	扬程 $H/(m$水柱$)$	有效功率 P_e/kW	轴功率 P/kW	总效率 η
1					
⋮					
15					

(3)在直角坐标纸上绘制出泵的特性曲线。

三、离心泵的汽蚀

1. 汽蚀现象及其成因

当泵的吸入压力 P_s 小于被输送液体温度下的饱和蒸汽压力 P_v 时,液体将汽化,产生"气穴现象"。事实上,液体从离心泵吸口流到叶片进口开始提高能量前,液体压力会因液体进叶轮后通流面积减小、流速增加及流阻损失等原因进一步下降。若压力降到饱和蒸汽压力 P_v 或更低,液体将汽化,加之液体中溶解气体的逸出,会产生许多气泡。这些气泡随液体流到高压区时,其中的蒸汽迅速凝结,气体也重新溶入液体,从而形成很多局部真空。气泡在周围压力的作用下迅速破裂,周围的液体质点会以极高的速度冲向气泡原来占有的空间,并且互相撞击,产生局部高达几十MPa的压力,引起频率为600~25 000 Hz的噪声和振动。这时,泵的流量、压头和效率都将降低,严重时还会导致吸入中断。气穴破灭区的金属因受高频高压的液击而发生疲劳破坏;另外,由液体中逸出的氧气等借助气泡凝结时的放热,也会对金属起化学腐蚀作用;在叶轮外缘的叶片及盖板、蜗壳或导轮等处会产生麻点和蜂窝状的破坏。这种由气泡的形成、发展和破裂致使材料受到破坏的现象,称为汽蚀现象。

离心泵中压力最低处在叶轮进口先靠近前盖板的叶片处,最容易发生汽蚀的部位是在叶轮的出口处,如图1-35所示。因汽蚀而损坏的叶轮如图1-36所示。

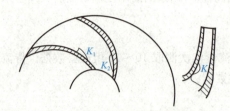
图1-35 离心泵中压力最低部位图

图1-36 因汽蚀而损坏的叶轮

2. 汽蚀余量

汽蚀余量是指泵入口处液体总水头与液体的汽化压力头之差，用 Δh 表示。汽蚀余量又可分为有效汽蚀余量 Δh_a 和必需汽蚀余量 Δh_r。

有效汽蚀余量 Δh_a（又称装置汽蚀余量），是指泵工作时实际所具有的汽蚀余量，即泵工作时液体在泵进口处的总水头超过汽化压力头的富裕能量，它取决于泵的吸入条件（p_s、v_s、z）和液体的饱和压力（p_v），而与泵无关。Δh_a 由下式表示：

$$\Delta h_a = \left(\frac{p_s}{\rho g} + \frac{v_s^2}{2g} + z\right) - \frac{p_v}{\rho g} \approx \frac{p_s}{\rho g} + \frac{v_s^2}{2g} - \frac{p_v}{\rho g} \tag{1-25}$$

式中　z——泵吸入口位置头（m），以通过叶轮叶片进口边外端所绘圆的中心的水平面为基准（多级泵取第一级，立式双吸泵取上部叶片），高于该基准面为正，低于该基准面为负；数值较小，可忽略不计；

p_s——泵吸入口绝对压力（Pa）；

v_s——泵吸入口流速（m/s）；

p_v——液体饱和压力（Pa）。

必需汽蚀余量 Δh_r 是防止泵发生汽蚀所必需的汽蚀余量。它取决于泵进口部分的几何形状及泵的转速和流量，反映了液体进泵后压力进一步降低的程度，与泵的吸入条件及所吸液体的 p_v 值无关。Δh_r 随流量 Q 的增大而增大。Δh_r 越小，表明液体进泵后压力下降得越少，泵的汽蚀性能越好。

Δh_r 的数值用理论计算的方法很难准确求得，目前都用汽蚀试验来确定。先在试验中确定临界汽蚀余量 Δh_c，再以临界汽蚀余量加上不小于 0.3 m 的余量定为必需汽蚀余量 Δh_r。

泵不发生汽蚀的条件：Δh_a 比 Δh_r 大 10%（不少于 0.5 m）的余量。

3. 防止汽蚀的措施

(1) 提高装置的有效汽蚀余量 Δh_a。尽可能减小吸入管路的阻力（开足吸入管路的阀、及时清洗吸入滤器、防止流量过大等），减小吸上高度或增大流注高度，避免吸入温度过高的水。

(2) 设法减小泵的必需汽蚀余量 Δh_r。在设计时改进叶轮入口的几何形状，如加大叶轮进口直径和叶片进口宽度，增大叶轮前盖板转弯处的曲率半径，采用扭曲叶片或双吸叶轮，或在泵进口设诱导轮。

(3) 提高叶轮抗汽蚀性能。采用强度和硬度高、韧性和化学稳定性好的抗汽蚀材料制造叶轮，提高过流表面的光洁度。

工作中泵如果出现汽蚀现象（吸入真空度大于允许吸上真空度，噪声和振动大，扬程和流量降低），可从以下几个方面采取措施：

(1) 降低吸入水的温度。

(2) 降低吸上高度或增加流注高度。

(3) 减小吸入管路阻力。

(4) 关小排出阀或降低转速以降低流量。

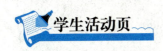

工作任务	拆装离心泵				
学生姓名		班级学号		组别	任务成绩
任务描述	接受叶轮式泵拆装与调试任务工单，在实训室内，按照拆装规范对离心泵进行拆装训练；为掌握离心泵调试要点，利用离心泵试验装置按照调试规程对离心泵性能进行测定				
场地、设备	辅机实训室、拆装用离心泵、离心泵性能测试试验装置				
工作方案	根据任务要求，确定所需要的知识、设备、工具，并对小组成员进行合理分工，制定完成拆装离心泵、离心泵性能测试试验详细方案				
离心泵及离心泵拆装性能测定步骤	1. 离心泵拆装步骤				
	2. 离心泵性能测定步骤				
	遇到问题		解决问题		
	1.				
	2.				
	3.				
	4.				
	5.				
签字	任务完成人签字：　　　　　　　　　　　日期：　　年　　月　　日 指导教师签字：　　　　　　　　　　　　日期：　　年　　月　　日				

练习与思考

1. 船用离心泵的主要结构及其功能有哪些?
2. 离心泵防泄漏的装置有哪些?
3. 离心泵常使用哪种叶片?为什么?
4. 离心泵存在不平衡轴向力的原因和解决方法有哪些?
5. 分析离心泵为什么没有自吸能力。
6. 离心泵发生汽蚀的部位经常在什么部位,为什么?
7. 什么是离心泵封闭启动?
8. 叶轮式泵的特点有哪些?
9. 开式旋涡泵与闭式旋涡泵在结构、性能上有哪些不同?

任务 1.5　喷射式泵认知

接受喷射式泵认知的学习任务,认知喷射式泵的功用、分类,了解喷射式泵性能、工作原理,并接受泵安装的任务工单,进行船用泵的安装。通过本任务学习,学生需要掌握以下知识和能力。

1. 知识目标

(1)掌握喷射式泵的功用及分类;
(2)掌握喷射式泵的结构及工作原理;
(3)掌握喷射式泵的特点。

2. 能力目标

根据货油泵工艺文件进行货油泵的安装。

3. 素质要点

(1)具有爱岗敬业、实事求是、与人协作的优秀品质;
(2)具有先进技术的拓展能力。

知识准备

喷射式泵利用高压工作流体流经喷嘴后产生高速射流来引射被吸流体,与之进行动量交换,使被引射流体能量增加而被排送,达到输送流体的目的。喷射式泵的工作流体可以是气体(空气或蒸汽)和液体。常见的有水蒸气喷射式泵、空气喷射式泵和水喷射式泵。还有一种用油做介质的喷射式泵,即油扩散泵和油增压泵,是用来获得高真空或超高真空的主要设备。当要求的真空度不太高时,可以用一定压力的水作为工作流体的水喷射式泵来产生真空。水喷射的速度常为 15~30 m/s。它属于粗真空设备。由于水喷射式泵有产生真空和冷凝蒸汽的双重作用,所以应用极为广泛。

一、水喷射式泵的结构和工作原理

船上较常见的以水为工作流体来引射水的水喷射式泵(图1-37)由喷嘴1、吸入室2、混合室3和扩压室4组成。

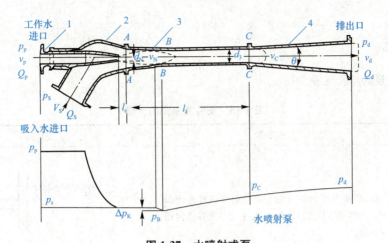

图 1-37 水喷射式泵
1—喷嘴；2—吸入室；3—混合室；4—扩压室

1. 工作液体经喷嘴形成高速射流

喷嘴的作用是将工作水的压力能转变为动能。水喷射式泵的喷嘴是由一段流线形或圆锥形的收缩流道和一小段圆柱形管道构成的。工作水一般由离心泵供应，工作压力 p_p 通常为 0.33~1.5 MPa，经喷嘴射入吸入室时，由于喷嘴流道急剧收缩，流速迅速增加，出口流速 v_1 通常可达 25~50 m/s，而压力则相应下降到吸入压力 p_s，如图 1-37 中的压力曲线所示。

2. 高速射流卷带流体进入喷射式泵

工作射流在吸入室中由于流束质点的横向紊流和扩散，与周围介质进行动量交换并将其带走，使吸入室中形成低压，从而将被引射流体吸入。流束离开喷嘴后，流速为 v_N 的核心区逐渐缩小以至消失，而紊流边界层逐渐扩大，形成一个扩张的圆锥体，当其与混合室壁面相遇后，流束的引射作用便结束。

3. 高射流体与引射流体在混合室混合进行动量交换

混合室入口处的流速很不均匀。混合室使流束中的流体充分进行动量交换，使出口流速尽可能趋于均匀。试验表明，进入扩压室的流体速度越均匀，在扩压室中的能量损失就越少。混合室通常做成圆柱形或者是圆锥形与圆柱形的组合形式。当混合室进口部分做成圆锥形时，其进口能量损失较小。混合室的长度 l_K 通常为其喉部直径 d_3 的 6~10 倍，过短会使出口速度不均，扩压室中的流动损失就较大，过长则会使摩擦损失增加。

4. 流体流经扩压室将速度能转变为压力能

扩压室为一段扩张锥管，使液流在其中流速降低，将动能转换为压力能。试验证明，扩压室的扩张角为 8°~10°时，扩压过程的能量损失最小。图 1-37 中所示的压力曲线显示，在混合室圆柱段进口截面 $B—B$ 处压力最低，该截面后，随着速度渐趋均匀，压力也随之升高。在扩压管中压力进一步逐渐增大。

二、喷射式泵特点

(1) 水喷射式泵在工作中存在大量水力损失，如喷嘴损失、混合室进口损失、混合室摩擦损失和混合损失、扩压室损失等，工作效率低，理论上不超过 36.5%。

(2) 喷射式泵无运动件，结构简单，工作可靠，噪声小，使用寿命长，一般很少需要维修。

(3) 在吸口可产生较大的真空，自吸能力很强。

(4) 输送污浊液体或泵被水浸没时都能正常工作。

任务实施

安装货油泵的步骤见表1-13。

表1-13 安装货油泵的步骤

安装过程	安装步骤	安装图
传动轴连接	(1)货油泵密封装置船上定位前需临时进行固定,以确保外套和传动轴同轴并且不能有任何相对移动。 (2)按货油泵安装图中密封装置安装定位尺寸进行密封装置安装(双面焊接,焊角高度为6 mm)。安装完成后需保证密封装置中间轴端面保持水平<0.20 mm/m。 (3)密封装置膨胀节(图2)的安装需满足的要求:轴向偏差为±8 mm,径向偏差为5°。	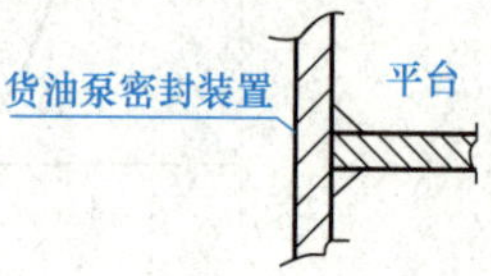 图1 货油泵密封装置 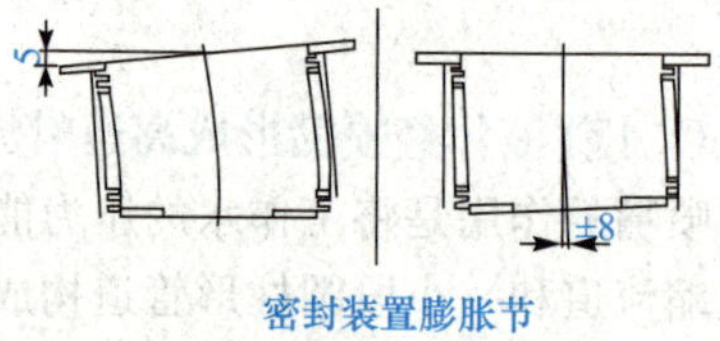 图2 密封装置膨胀节
货油泵透平的调整	(1)根据密封装置中间轴上法兰端面的中心来找正泵基座中心。注意:检查透平基座与下方船体结构加强相对应。同时按要求安装透平基座,并将透平通过顶丝临时固定在基座上。 (2)在密封装置中间轴上法兰架设百分表。 (3)盘车油泵,同时调整泵输出轴法兰与密封装置中间轴上法兰面的开口和偏移,以便确定泵安装的最终位置,偏移值和曲折值均应小于0.2 mm。	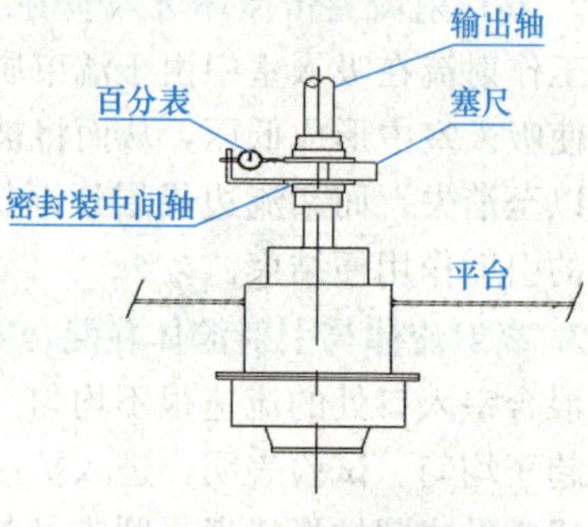 图3 透平的调整
货油泵透平安装	(1)透平定位后,研磨透平基座调整垫块以确保透平输出轴法兰与密封装置中间轴上法兰面之间的距离为12^{+8}_{-8} mm,同时需确保两法兰面开口值小于0.2 mm(图4),并测量透平安装的水平度<0.20 mm/m。研配后需确保调整垫块与透平底脚接触面0.05 mm塞尺允许局部插入深度不大于10 mm,连续长度不大于15 mm,只允许两处。 (2)透平最终定位后,复查透平水平度<0.20 mm/m。同时,需复查透平输出轴下法兰与密封装置中间轴上法兰偏移量和开口值是否满足小于0.2 mm的要求。安装完透平进出口管路后,本项所述工作须重复一次。在满足要求后现场配钻螺栓孔,安装定位螺栓等紧固件。	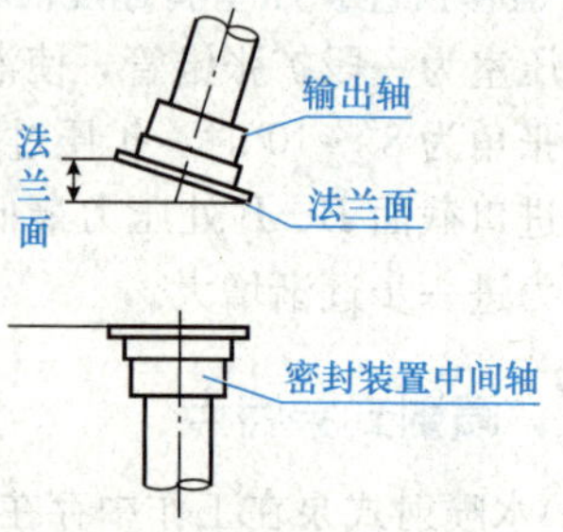 图4 两法兰面开口

续表

安装过程	安装步骤	安装图
货油泵的定位（图5）	(1) 按货油泵安装图的布置位置，在泵舱双层底画线定出货油泵基座的中心位置，每台泵之间的距离误差为±3 mm。 (2) 测量货油泵吸入口法兰中心线距泵舱内底的高度距离。 (3) 检查货油泵底座面板与基座面板的距离是否满足安装图中的要求，将货油泵调整水平，<0.20 mm/m。 (4) 临时点焊固定货油泵基座，临时固定货油泵。注意：考虑支撑强度并检查基座与结构加强相对应。 (5) 连接密封装置中间轴下法兰和假轴一根，在假轴下法兰处架设百分表。 (6) 货油泵盘车，同时调整假轴下端法兰与货油泵上端法兰面的开口和偏移，以便确定货油泵安装的最终位置，两法兰面偏移值和开口值均应小于0.2 mm。	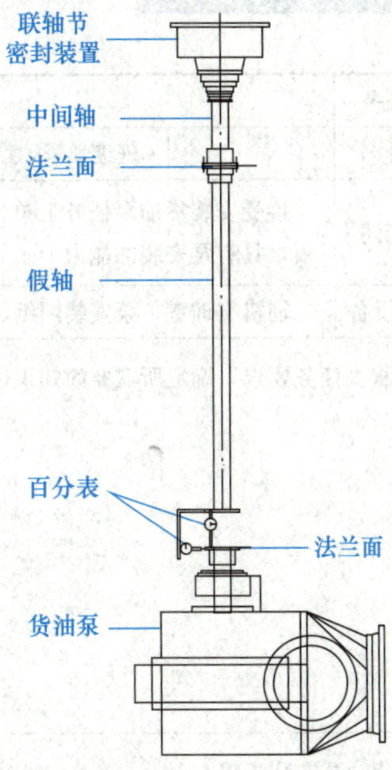 图5 货油泵的定位
货油泵与其基座装焊	(1) 货油泵定位后，焊接货油泵基座。拆下假轴并安装货油泵浮动轴。通过研磨调整垫块使浮动轴下端法兰与货油泵输出轴法兰之间的安装间隙符合图6所示尺寸。同时，确保浮动轴下端法兰与货油泵输出轴法兰开口值小于0.2 mm。 (2) 研磨后调整垫块与货油泵底座接触面每25 mm×25 mm 面积内2～3点，研磨后调整垫块与货油泵底座接触面每25 mm×25 mm 面积内2～3着色点，研配后需确保调整垫块与货油泵底座接触面0.05 mm 塞尺允许局部插入深度不大于10 mm，连续长度不大于15 mm，只允许2处。 (3) 货油泵最终定位后，复查货油泵水平度<0.20 mm/m。同时需复查浮动轴上下法兰与各自连接的法兰偏移量和开口值是否满足小于0.2 mm 的要求。安装完货油泵进出口管路后，本项所述工作须重复一次。在满足要求后现场配钻螺栓孔，安装定位螺栓等紧固件。 (4) 根据现场情况，焊接并安装浮动轴保护套及支架。	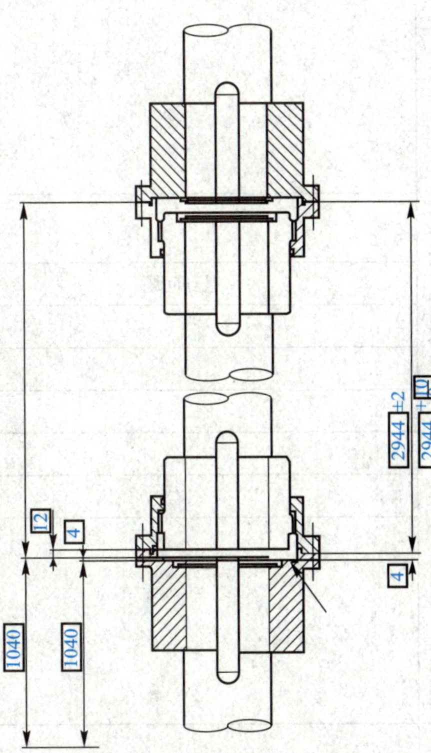 图6 两法兰之间的安装间隙

学生活动页

工作任务	安装货油泵					
学生姓名		班级学号		组别		任务成绩
任务描述	接受安装货油泵任务工单，在实训室内，按照货油泵的安装工艺及图纸训练；掌握货油泵的安装要领，具有泵安装的能力					
场地、设备	辅机实训室、泵安装图纸、安装泵及基座					
工作方案	根据任务要求，确定所需要的知识、设备、工具，并对小组成员进行合理分工，制定完成货油泵安装详细方案					

货油泵安装步骤

货油泵安装步骤

遇到问题	解决问题
1.	
2.	
3.	
4.	
5.	

签字	任务完成人签字：	日期： 年 月 日
	指导教师签字：	日期： 年 月 日

 **练习与思考**

1. 简述喷射式泵的结构及工作原理。
2. 喷射式泵由哪几部分组成?各部分的作用是什么?
3. 喷射式泵有何特点?
4. 喷射式泵的主要安装步骤是什么?

模块 2 船用空压机安装与调试

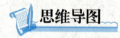
思维导图

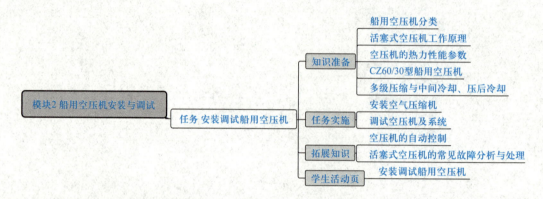

压缩空气主要用于主柴油机的启动、换向和发电柴油机的启动；同时，也为其他需要压缩空气的辅助机械设备(如压力水柜、汽笛、离心泵自吸装置等)和气动工具供气。一般船舶设有两个以上有足够容积的压缩空气瓶。向气瓶供气的空压机是重要的船舶辅助机械。船用空压机的安装与调试是轮机修造人员必须掌握的基本技能。

任务 安装调试船用空压机

本任务是进行船用空压机安装与调试，识读空压机安装工艺图，按照工艺文件安装空压机，按照调试规程对空压机及其系统进行调试，掌握启停操作程序。通过本任务学习，学生需要掌握以下知识和能力。

1. 知识目标

(1)掌握空压机的类型；
(2)掌握活塞式空压机的理论工作循环和实际工作循环；
(3)掌握空压机的热力性能参数及基本结构；
(4)掌握空压机系统组成及自动控制原理。

2. 能力目标

(1)能够准确识读空压机安装工艺图，正确按照工艺文件安装空压机；
(2)能够正确按照调试规程对空压机及系统进行调试；
(3)能够正确地掌握启停操作程序。

3. 素质目标

(1)具有爱岗敬业、实事求是、与人协作的优秀品质；
(2)具有规范操作、安全操作、环保意识；
(3)具有创新意识，获取新知识、新技能的学习能力；

(4)具有质量意识、成本意识,具有沟通、协调能力;
(5)具有先进技术的拓展能力。

知识准备

一、船用空压机分类

(1)按工作原理分类,空压机可分为活塞式、离心式和回转式。活塞式空压机虽供气时气流压力脉动大,但因其效率较高,仍在船舶上得到较广泛的应用。

(2)按额定排气压力分类,空压机可分为低压(0.2~1.0 MPa)、中压(1~10 MPa)、高压(10~100 MPa)三种类型。

(3)按排气量分类,空压机可分为微型(<1 m³/min)、小型(1~10 m³/min)、中型(10~100 m³/min)、大型(>100 m³/min)四种类型。

大、中型柴油机船一般设有 2~3 台微型或小型、中压、水冷双级活塞式空压机,最近还有一些船舶采用风冷三级活塞式空压机。主空气瓶最大工作压力多为 3 MPa 左右(柴油机启动空气压力一般不应低于 1.5 MPa),而其他需要较低压力空气的场所则由主空气瓶经减压阀供气。另外,通常还设有一台柴油机驱动的微型应急空压机。

二、活塞式空压机工作原理

1. 空压机的理论工作循环

活塞式空压机是利用活塞在气缸内往复运动,周期性地改变气缸的工作容积,以完成对空气的吸入、压缩和排出。图 2-1 所示为活塞式空气压缩机的理论工作循环,理论工作循环假定:气缸没有余隙容积,且密封良好,气阀启闭及时;吸排气过程没有压力损失;气缸与缸壁无热交换;被压缩气体是理想气体。

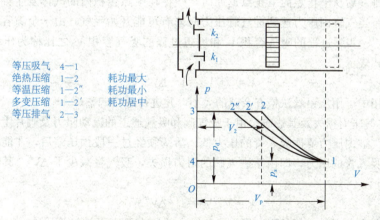

图 2-1 活塞式空气压缩机理论工作循环

(1)吸气过程。当活塞在气缸中从左止点向右止点运动时,活塞左侧的气缸容积增大,压力为 p_1 的空气压开吸气阀等压进入气缸,直至右止点为止。这是等压吸气过程,以直线 4—1 表示。

(2)压缩过程。活塞从右向左移动,吸气阀关闭,活塞左边容积减小,压力升高,直至 2 点,压力为 p_2,这是绝热压缩过程,用曲线 1—2 表示。如果压缩过程冷却良好,缸内气体温度不变,用等温压缩线 1—2″表示。通常缸壁有一定的冷却,实际压缩过程介于等温压缩与绝热压缩之间,称为多变过程,用 1—2′表示。

(3)排气过程。活塞由 2 点继续左移,排气阀开启,缸内空气等压排出,直至左止点为止。这是等压排气过程,以直线 2—3 表示。

活塞式空压机理想循环由等压吸气、绝热压缩、等压排气三个过程组成。根据热力学知识,pV 图上循环过程线 4—1—2—3—4 所包围的面积代表空压机的一个理想工作循环所消耗的压缩功。

2. 活塞式空压机的实际工作循环

在实际工作循环中,上述四点假设不成立,它存在着余隙容积损失,吸、排气压力损失,气体和气缸的热交换,泄漏等因素的影响,如图 2-2 所示。

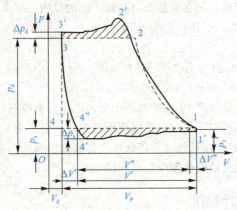

图 2-2 活塞式空气压缩机实际工作循环

(1)余隙容积损失。实际压缩机考虑到零件的热膨胀和液击现象,在活塞到达上止点时,活塞顶与气缸盖之间应保留一定的间隙。同时,在结构上还有与气缸相沟通的阀门通道等。在排气过程中,缸内气体就不可能全部排出,这部分残留气体所占据的容积,称为余隙容积,以 V_c 表示。活塞在排气后从上止点向下止点返回时,残存在余隙容积内的气体发生如曲线 3′—4′所示的膨胀。只有当气缸内压力达到进气管压力时才有可能开始吸气,由于余隙容积的存在,吸气量实际为 $\Delta V'$。实际过程的吸气容积 V' 和理想过程的吸气容积 V_p 之比称为压缩机的容积系数,用计算公式表示为

$$\lambda_v = V'/V_p = 1 - \Delta V'/V_p \tag{2-1}$$

在实际使用中可用压铅丝法检查余隙的大小,并进行适当调整。

(2)吸、排气压力损失及其影响。由于吸气阀和吸气通道的流动阻力及阀片上的弹簧力,在吸气过程中,气缸内压力要比吸入管的压力低。活塞须经过一段预压缩后,才能使气缸内的气体压力上升到吸入管的压力,即由于进气阀的阻力损失,吸气量减少了 $\Delta V''$。其影响程度可用阻力系数 λ_p 表示:

$$\lambda_p = V''/V' = 1 - \Delta V''/V' \tag{2-2}$$

在排气过程中由于排气阀的阻力损失,气缸内的压力要高于排气管压力 p_d,使排气终了时余隙中剩余气体量增加。实际工作循环由于吸、排气压力损失使压缩机耗功增加,其增大部分如图 2-2 中斜线部分所示面积。

(3)气体和气缸的热交换及其影响。在实际工作中,气体在压缩和膨胀时,与气缸壁发生复杂的热交换,在排气结束时气缸、活塞的温度都有所升高。在吸气过程中,气体和气缸等发生热交换,气体被加热,使得吸入终了时气体的温度高于吸气管中的温度,比容增大,实际吸气量减少。这部分损失称为预热损失,其影响程度可用温度系数 λ_t 表示。

$$\lambda_t = T_s/T'' \tag{2-3}$$

式中 T_s——吸气管中气体的绝对温度；

T''——吸气终了时气缸内气体的绝对温度。

一般 $\lambda_t = 0.90 \sim 0.95$。

(4)泄漏及其影响。由于吸、排气阀关闭不严，活塞密封环密封不严，压缩在工作过程中存在泄漏，使压缩机的排气量减少，泄漏对排气量的影响用气密系数 λ_l 来表示，$\lambda_l = 0.90 \sim 0.98$。

由于上述四因素影响，压缩机实际输气量 Q 比理论输气量 Q_T 要小，两者的比值用输气系数 λ 来表示：

$$\lambda = Q/Q_T = \lambda_V \cdot \lambda_p \cdot \lambda_t \cdot \lambda_l \tag{2-4}$$

上述因素中，影响最大的是余隙容积，其次是气缸热交换，在其他条件不变的情况下，λ 主要取决于压缩机的压缩比 $\varepsilon = p_d/p_s$，ε 越大，λ 越小，一般 $\lambda = 0.8$ 左右。

三、空压机的热力性能参数

(1)排气压力：空压机排出空气的压力，由排气管处压力表测出。空压机铭牌上标出的排压是指额定排气压力。在实际运行中，空压机向储气瓶充气，每个工作循环排压是不同的，其大小由储气瓶背压所决定，并随其背压的提高，排气、吸气过程逐渐缩短，压缩、膨胀过程逐渐延长。

(2)输气量：输气量由末级排出空气容积换算成第一级进口状态的空气容积值求出。

$$V_1 = \frac{V_2 \cdot T_1 \cdot p_2}{T_2 \cdot p_1} \tag{2-5}$$

式中 T_1，T_2——第一级进口处和末级排出空气热力学温度(K)；

p_1，p_2——第一级进口处和末级排出的空气压力(Pa)；

V_2——末级排出空气容积(m^3/min)。

(3)排气温度：排气温度是指空压机各级排气管处或排气阀室内测得的温度。

(4)功率和效率。

①指示功率，空压机用于压缩空气消耗的功率(P_i)。

②轴功率，原动机输入给压缩机的功率(P)，指示功率与克服摩擦消耗功率之和为轴功率。空压机铭牌上标注的或说明书上给出的是轴功率。

③空压机总效率，总效率为理论功率与轴功率之比。

④理论功率，空压机的理论循环计算所需功率称为理论功率。

⑤机械效率，空压机用于压缩空气消耗的功率与轴功率之比，即

$$\eta_m = P_i/P \tag{2-6}$$

⑥压缩比 ε，气体压缩前的容积与气体压缩后的容积之比，即活塞处于上止点时，活塞上方的总容积 V_c 与活塞在下止点时活塞上方的全部容积 V_a 之比。

$$\varepsilon = V_a/V_c \tag{2-7}$$

四、CZ60/30 型船用空压机

1. CZ60/30 型船用空压机结构

CZ60/30 型船用空压机为立式、水冷、二级空气压缩机。空压机排气量为 60 m^3/h，转速为 750 r/min。低压级额定排气压力为 0.6 MPa，高压级额定排气压力为 3 MPa。图 2-3 所示为 CZ60/30 型空压机。

电动机通过弹性联轴器带动曲轴旋转，再经连杆活塞销带动活塞在气缸内上下往复运动。空气经滤清器、低压级吸气阀，被吸入低压级气缸；经活塞压缩后从位于气缸头的低压级排出

的空气经中间冷却器冷却后，通过高压级气缸进行二级压缩，经压缩后从高压级排气阀排出，排出空气再经冷却及气液分离后排向空气瓶。在整个压缩过程中，空气的压力逐级升高，温度也逐级上升。

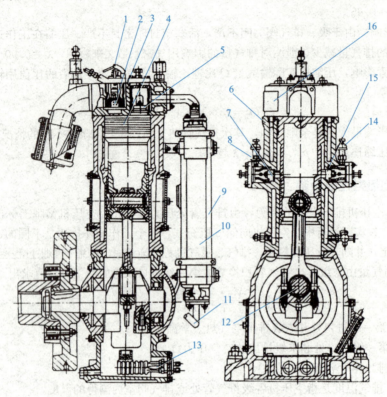

图 2-3 CZ60/30 型空压机

1—卸载阀；2—一级吸气阀；3——级气缸盖；4—活塞与连杆；5——级排气阀；
6—气缸与曲轴箱；7—二级吸气阀；8—一级安全阀；9—冷却器；10—气液分离器；
11—管系；12—曲轴与飞轮；13—润滑油冷却器；14—二级安全阀；15—二级排气阀；16—铭牌

2. CZ60/30 型船用空压机主要零部件

CZ60/30 型船用空压机主要零部件见表 2-1。

表 2-1 CZ60/30 型船用空压机主要零部件

主要零部件		图片
气阀 (图1)	如图 2-3 所示，低压级的吸气阀 2 和排气阀 5 垂直安装在气缸盖 3 上；高压级的吸气阀 7 和排气阀 15 则垂直于气缸，安装在气缸中部的阀室内。气阀组件结构如图 1 所示。 对气阀的基本要求：密封性能好、阻力小、耐用、启闭及时	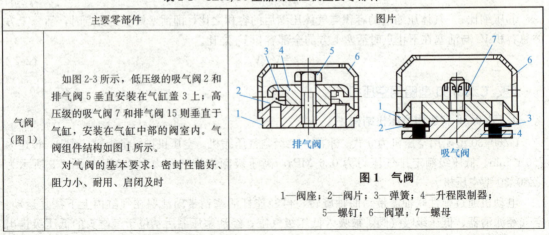 图 1 气阀 1—阀座；2—阀片；3—弹簧；4—升程限制器； 5—螺钉；6—阀罩；7—螺母

续表

主要零部件	图片
安全阀 (图2)	级差式空压机低压级和高压级均设有安全阀,低压级安全阀和高压级安全阀分别安装在高压级的吸、排阀室处。 一般低压级安全阀的开启压力比额定排压高15%,高压级安全阀的开启压力比额定排压高10%。安全阀是空压机的自动安全保护装置,当压力超过给定值时,安全阀自动开启放出气体,而当压力下降到一定值后,安全阀再自行关闭。安全阀应动作稳定,工作可靠,关闭密封性好,开启时的空气泄放量应等于或稍大于压缩机的排气量	 图2 安全阀
气液分离器 (图3)	各级气缸的排气都会夹带有细小的油滴,而且排气中水蒸气的分压力也较高,冷却后会析出凝水。第一级冷却后这些油和水可以部分分离出来,积于级间冷却器和高压缸进口之间的空气管路里,通常有泄放阀可予以泄放,在冷却器后常设气液分离器,以提高充入气缸的压缩空气的品质。 气液分离器按工作原理可分为惯性式、过滤式、吸附式三种。其工作原理是利用液滴和气体的比重不同,多次改变气流的流动方向,使液滴撞击并吸附在芯子的壁上,聚集而流到壳体的下部空间。为避免停车时气流返回压缩机,分离器出口有止回球阀,分离器下部的泄放阀用来排放分离出来的油和水	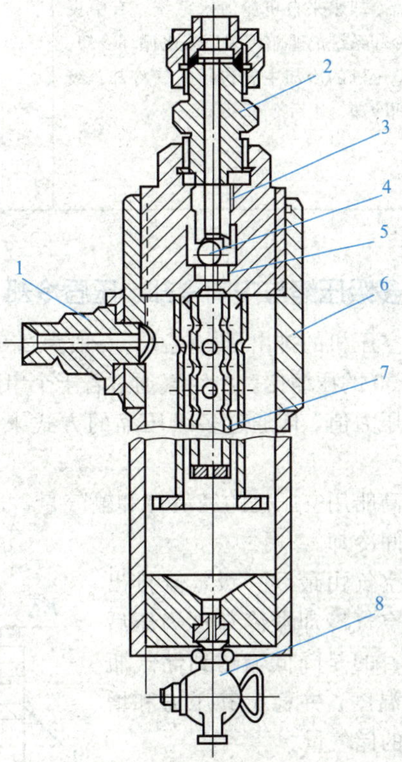 图3 气液分离器 1—进口接头;2—出口接头;3—限制器; 4—球阀;5—阀座;6—壳体;7—芯子;8—泄放阀

续表

主要零部件	图片
润滑 (图4、图5)	空压机的润滑方式有飞溅润滑和压力润滑两种。 船用小型空压机多采用飞溅润滑，空压机运转时连杆大端轴承盖上的击油勺击溅曲轴箱中的润滑油，飞溅的油滴可润滑主轴承、连杆小端轴承和气缸下部工作面，同时一部分油沿油勺正面的小孔和连杆大端的导油孔去润滑连杆大端轴承(图4)。气缸上部靠低压级空气吸入管上的油杯每分钟滴入4～6滴油或通过连接管从曲轴箱中吸入部分油雾来润滑(图5)。 图4 润滑(一)　　图5 润滑(二)
冷却器 (图6)	冷却对空压机是十分重要的，冷却方式有水冷式和风机两种。船用空压机多采用水冷，大多不自带水泵，所需冷却水来自机舱海水系统，有中央冷却系统的船舶可采用淡水循环冷却。空压机的冷却主要包括空气冷却、级间冷却、压后冷却 图6 冷却器

五、多级压缩与中间冷却、压后冷却

船用空压机的排出压力较高，一般为 2.5～3.0 MPa，采用单级压缩，普通压缩机根本无法达到 25～30 的压缩比。将空气通过若干个串联的气缸实行分级压缩，逐级提高其压力，最终达到需要的压力值，即通过多级压缩的方式来实现。采用两级压缩后，每一级的压缩比将不大于 6。

为提高船用空压机的经济性和输气量，通常在各级之间装设冷却器对压缩空气进行冷却，并称为中间冷却。

压缩空气由最后一级气缸排出后，经过空气冷却器冷却称为压后冷却。其目的是降低输送到储气瓶的空气的温度，并稳定其压力和增加储气瓶的储气量。

图 2-4 所示为二级空压机的工作流程。图 2-5 所示为单级压缩与二级压缩在 $p-V$ 图上的理论工作循环。

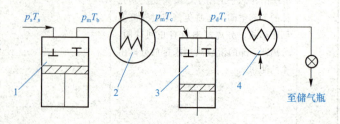

图 2-4　二级空压机的工作流程
1—低压缸；2—级间冷却；3—高压缸；4—后冷却器

采用多级压缩与中间冷却的好处如下：

(1) 降低排温，改善润滑条件。温度过高，润滑条件恶化，油变质，结焦裂化，加剧气缸磨损，气阀发生故障，甚至引起爆炸。一般规定固定式压缩机排气温度不超过 160 ℃，移动式压缩机不超过 180 ℃，而采用多级压缩，可使每级压缩比不超过 6～7，两级压缩间的冷却会降低次级的吸温，从而改善汽缸的润滑条件。

(2) 提高输气系数。由于余隙容积的存在，一级压缩排压越高，吸气量越少，而采用多级压缩，每级压缩比降低，减小了余隙容积的影响，故可提高输气系数。

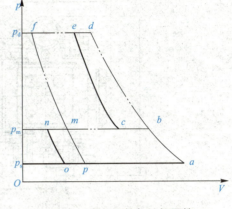

图 2-5　单级压缩与二级压缩
在 p－V 图上的理论工作循环

(3) 减小功耗。中间冷却使实际压缩过程更有效地接近等温过程，可减小功耗，提高效率。

(4) 减小活塞上的作用力。采用多级压缩，只有尺寸较小的高压级活塞承受高压，这就减小了有关机件的质量和尺寸。

空压机多级压缩时，各级压缩比按均匀分配原则，压缩机总耗功最省。但在实际中，各级压缩比往往是逐级略降的，这是因为后级比前级冷却差些，后级进气温度比前级高；后级的压缩过程排压大，温度高，更偏离等温过程，若采用同样压缩比，耗功会较大；高压缸的相对余隙容积要大一些，采用与前级同样的压缩比，其容积损失也会较大。

任务实施

一、安装空气压缩机

空气压缩机安装尺寸如图 2-6、图 2-7 所示。

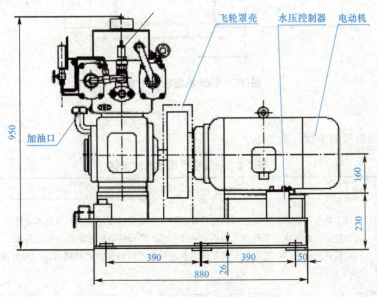

图 2-6　CZS 机组主视、俯视尺寸图

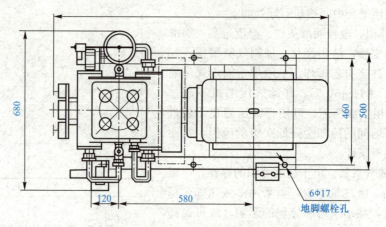

图 2-6 CZS 机组主视、俯视尺寸图(续)

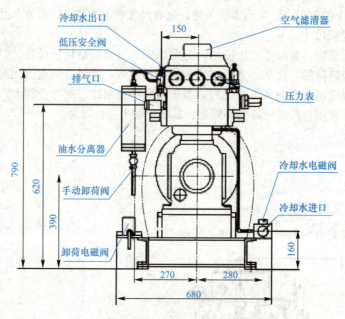

图 2-7 CZS 机组左视尺寸图

安装空气压缩机的步骤见表 2-2。

表 2-2 安装空气压缩机的步骤

安装流程	具体安装步骤
1. 安装准备	(1)了解并掌握空压机安装的所有设计图样及产品安装使用说明书等技术文件。 (2)检查设备外观是否有碰、擦伤,油漆剥落,零部件缺损及杂物污染等现象。 (3)检查所有管口、螺纹接头及其他平面连接处的清洁和防锈封堵状态。对有疑问的必须及时报告并采取措施

续表

安装流程	具体安装步骤
2. 基座安装	(1)定位：安装人员首先找对设备的安装部位，即按图样标出空压机距甲板(平台)、肋骨、船舯或船体相关结构定位。 (2)将预制的基座吊至定位位置，并检查基座位置必须符合图样要求。 (3)检查基座下平面与结构吻合状态，当出现缝隙过大时必须进行修正，直至缝隙符合规定，方可进行焊接。焊接时注意焊接工艺程序以减少变形。 (4)焊接完工后，检查焊缝质量符合要求。 (5)检查基座上平面要求符合本规范要求。 (6)当上平面符合要求后，固定垫块进行定位并焊接妥，检查固定垫块之间的平直度符合本规范要求
3. 空压机安装	(1)空压机定位安装应满足设计图样要求。 (2)安装用的垫块、垫圈、螺栓应符合设计图样要求。 (3)空压机吊船，垫上调整垫片并修正使调整垫片符合规范要求的同时使空压机安装符合有关技术要求。 (4)当空压机在基座上安装技术性能达到技术要求时即紧固所有定位支架固定螺栓，并拧紧所有底脚螺栓，或其他相关紧固件，以保持此时的技术性能不变。 (5)紧固螺栓全部配齐、紧固完毕以后，要求螺栓头部伸出长度为1~2个螺距。 (6)复查空压机安装技术性能符合要求。 (7)对安装后的空压机必须有相关的保洁、防潮、防碰、擦等安全措施
4. 空压机系统安装	(1)空压机在基座上定位固定以后，其相关管线系统按图样要求接妥并贯通。 (2)空压机在基座上定位固定后，其相关仪表、仪器及其他附属设备按要求接妥，并调试验收。 (3)在上述油、气、水系统完整的同时，电气系统(包括电控元件电源线路、操作元件等)必须按技术文件完工并调试验收
5. 检验	(1)基座检验 ①质检部门对空压机的位置定位状态进行检查。 ②在操作人员自检基础上，由质检部门进行的焊缝质量标准检查。 ③在操作人员自检基础上，由质检部门进行的基座上平面的质量标准检查。 ④对基座的固定垫块及调整垫块的质量情况及配合情况按规范要求进行检查。 (2)空压机安装检验 ①对空压机与垫片之间的贴合质量进行检查。 ②对空压机的紧固螺栓及定位销按技术要求进行检查。 ③有必要时，对空压机传动轴连接法兰的连接状态进行检查

二、调试空压机及系统

空压机及系统调试步骤见表2-3。

表2-3 空压机及系统调试步骤

调试步骤	实施调试
作业前工作	(1)检查淡水冷却系统的完整性(包括温度计、压力表等附件)。 (2)检查空压机安装的完整性，管路是否完善。 (3)在停机状态进行空压机的盘车(不少于3周)。 (4)在停机状态进行空压机的安全保护装置的功能校验(如空气高温、润滑油低压、淡水进口温度)。 (5)检查空压机的油水分离器泄放阀及手动卸荷阀的正确开启位置，以减轻启动负荷

续表

调试步骤		实施调试
试验程序	（1）主空压机试验程序	①测量各电机的启动/工作电流。 ②安全保护装置试验(模拟试验)：润滑油低压报警并自动停车；空气温度高报警并自动停车；热过载报警并自动停车。 ③自动泄放装置试验：改变控制箱内协防时间继电器的设定值，检查各级泄放阀是否在设定时间打开和关闭。 ④主空气瓶充气试验：启动全部主空压机向主空气瓶充气，记录气瓶压力从大气压力升至3.0 MPa所需要的时间。 ⑤空压机自动启/停试验：空压机控制按钮转到自动位置，当空气瓶从3.0 MPa开始下降到第一设定值时第一备用空压机自动启动，继续下降到第二设定值时第二备用空压机启动。当空气瓶压力达到最大设定值时所有空压机停止。 ⑥遥控试验：在本地控制箱上将旋钮转到遥控，在集控台遥控空压机的启停
试验程序	（2）日用空压机试验程序	①测量电机的冷/热绝缘电阻及启动/工作电流。 ②空压机自动启/停试验。 ③日用空气瓶充气试验
	（3）控制空压机试验程序	①测量电机的冷/热绝缘电阻及启动/工作电流。 ②安全保护装置试验(模拟试验)：热过载报警并自动停车。 ③空压机自动启/停试验。 ④日用空气瓶充气试验
	（4）应急空压机试验	①测量电机的冷/热绝缘电阻及启动/工作电流。 ②安全保护装置试验(模拟试验)：热过载报警并自动停车。 ③辅空气瓶充气试验
	（5）主、辅空气瓶试验程序	①主、辅空气瓶密性试验：空气瓶充压缩空气到设定值后，与管路系统(减压阀组前)一起进行密性试验，2 h后检查其充气压力，压力下降不超过设定值。 ②主、辅空气瓶安全阀开启试验。 开启试验：升高安全阀的进口气压进行开启试验，观察并记录安全阀的开启压力。阀的开启压力应不大于1.1倍的工作压力。 回座试验：安全阀开启排放时，安全阀进口压力下降并关闭，观察并记录阀的关闭压力。关闭压力应不小于87%开启压力
	（6）日用、控制空气瓶试验程序	①日用、控制空气瓶密性试验：空气瓶充压缩空气到设定值后，进行密性试验，2 h后检查其充气压力，压力下降不超过设定值。 ②日用、控制空气瓶安全阀开启试验。 开启试验：升高安全阀的进口气压进行开启试验，观察并记录安全阀的开启压力。阀的开启压力应不大于1.1倍的工作压力。 回座试验：安全阀开启排放时，安全阀进口压力下降并关闭，观察并记录阀的关闭压力。关闭压力应不小于87%开启压力
作业后工作		(1)关闭电源：设备保护。 (2)关闭相关阀门，清理现场，各类废弃物分类回收。 (3)收回工具。 (4)整理试验数据，归档

一、空压机的自动控制

船舶进出港口、锚地、窄水道时,主机启停,换向频繁,消耗压缩空气量较大,而停泊和开阔水面航行,压缩空气量消耗较少,因此,需要根据实际耗气量变化来调节空压机排量。目前,船舶空压机一般都采用自动控制,通常设两台并联工作,另一台备用。空压机的自动控制系统如图 2-8 所示,主要包括以下几个方面。

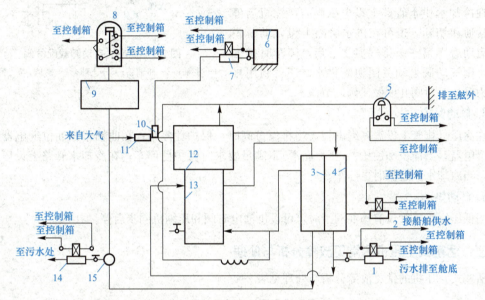

图 2-8　二级空压机自动控制系统原理图

1、2、7、14—电磁阀;3—中间冷却器;4—后冷却器;5—液流信号器;6—滑油油箱;8—压力继电器;
9—空气瓶;10—滴油杯;11—空气滤器;12—低压级;13—高压级;15—气液分离器

1. 自动启停及排气量调节

对用电动机作动力源的空压机来说,利用安装在空气瓶上的压力继电器即可实现自动启停和排气量调节,当储气瓶压力达上限值时,继电器触头跳开,使空压机停转;当储气瓶压力降至下限值时,继电器触头闭合,电路接通,使空压机转向储气瓶充气。通常设两个压力继电器,分别控制两台空压机,其接通和切断的整定值都相差一定数值。例如,一台 2.5 MPa 启,3.0 MPa 停;另一台则 2.4 MPa 启,2.9 MPa 停。在一台工作不能满足供气需要时,储气瓶压力降到 2.4 MPa,两台同时工作(还可利用次序选择装置,将两个压力继电器与其所控制的空压机互相调换)。这种通过控制空压机启停来调节其排气量,调节储气瓶压力值的方法称为停车调节。对没有独立动力源的空压机常采用空转调节,即空压机始终运转,只是根据储气瓶压力变化时而供气,时而停止供气。它又可分为余隙容积调节、压开吸气阀调节和旁通调节。

2. 自动卸载和泄放

自动卸载可分为电动控制和气动控制两类。电动控制是在压缩机控制箱中设有定时器,它能控制卸载机构电磁阀开启,与停车时保持常开的级间冷却器和后冷却器后的泄放电磁阀一起延时至转速正常后再关闭,实现卸载启动。运行中上述阀都定时开启,以泄放油水;停车后,同时使泄放电磁阀开启卸载。

气动控制的自动卸载是通过自动卸载的配气阀与卸载板配合工作。如图2-9所示,空压机启动前,弹簧5的作用是将滑阀4推向右端,储气瓶压缩空气经配气阀进入顶爪式压开机构,强行压开吸气阀卸载。随着空气机运转,转速增大,飞球离心力将滑阀4推向左端,遮住储气瓶压缩空气进口,配气阀压开机构与大气相通,空气机吸气阀恢复正常。

3. 冷却水自动控制

在冷却水供水管路上设电磁阀与压缩机启停同步接通和切断。也可在供水管路上设气动薄膜阀,启动后靠第一级排气使之开启,停车时排气泄放,则气动阀自动关闭切断供水,还可利用排气压力升高时对阀开度做比例调节。

4. 自动保护

在高压缸排管上设温度继电器,当排温过高时,保护性停车;在曲轴箱设油位继电器和油压差继电器,当油位和油压差(压力润滑)不满足要求时保护性停车;在冷却水管路上设压力继电器,当冷却水压过低时也停车。

5. 自动供油

当低压缸吸气管设有滴油润滑时,可设供油电磁阀和压缩机同步启停。

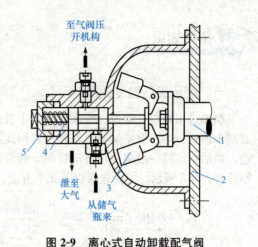

图 2-9 离心式自动卸载配气阀
1—主轴;2—曲轴箱;3—飞球;4—滑阀;5—弹簧

二、活塞式空压机的常见故障分析与处理

活塞式空压机的常见故障分析与处理见表2-4。

表 2-4 活塞式空压机的常见故障分析与处理

故障	原因及处理
排气温度过高	(1)排气压力过高:检查原因并排除。 (2)气阀泄漏:检修或更换气阀。 (3)冷却不良:改善冷却条件。 (4)吸气温度过高:检查原因并排除
排气量下降	(1)转速下降:调节转速。 (2)泄漏:检查原因并排除。 (3)余隙容积过大:调整余隙。 (4)冷却不良:加强冷却。 (5)吸气滤器脏堵:清洗滤器
异常敲击声	(1)轴承间隙过大:调整间隙。 (2)坚固件松动:重新上紧。 (3)气缸余隙过小:调整余隙。 (4)液击:检查液击原因。 (5)曲柄与气缸对中不良:重新校正。 (6)异物进入气缸:检查并取出异物
级间压力过低	(1)级间冷却器泄漏:查漏并修复。 (2)前级排气量减少:检查原因并排除
级间压力过高	(1)级间冷却不良:加强冷却。 (2)后级排气量减少:检查原因并排除。 (3)活塞环密封不良:换活塞环

 学生活动页

工作任务		安装调试船用空压机				
学生姓名		班级学号		组别		任务成绩
任务描述		接受船用空压机安装与调试任务，识读空压机安装工艺图，按照工艺文件安装空压机，按照调试规程对空压机及系统进行调试，掌握启、停操作程序				
场地、设备		辅机实训室、船用空压机装置系统				
工作方案		根据任务要求，确定所需要的知识、设备、工具，并对小组成员进行合理分工，制定船用空气压缩机安装与调试的详细方案				
船用空压机安装与调试步骤	1. 船用空压机安装步骤					
	2. 船用空压机调试步骤					
	遇到问题			解决问题		
	1.					
	2.					
	3.					
	4.					
	5.					
签字	任务完成人签字：			日期： 年 月 日		
	指导教师签字：			日期： 年 月 日		

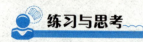

练习与思考

1. 空压机按工作原理可分为哪几类？
2. 简述空压机工作过程。
3. 什么是压缩机的余隙容积？
4. 空压机的压缩比是指什么？
5. 空压机实际输气量是指什么？
6. 什么是空压机多级压缩与中间冷却？其好处是什么？
7. 空压机气阀与泵阀有什么异同？

模块 3　液压甲板机械安装与调试

思维导图

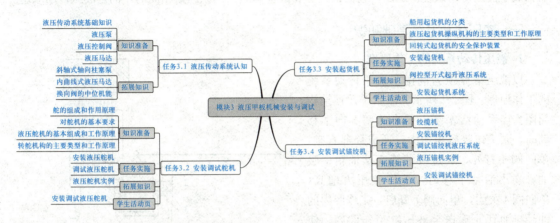

船舶液压甲板机械泛指装置在机舱以外，与主推进系统无关的动力传动机械。而液压甲板机械是指以液压能作为执行机构驱动能源的一类甲板机械，是船舶辅助机械的重要组成部分。甲板机械是为了保证船舶正常航行及船舶停靠码头、装卸货物、上下旅客所需要的机械设备和装置，主要包括舵机、起货机、锚机和绞缆机等。因此，液压甲板机械的安装与调试是轮机修造人员必须掌握的技能。

任务 3.1　液压传动系统认知

接受认识液压传动系统任务，在掌握液压传动原理和基本组成，各类液压元件种类、作用和图形符号等内容的基础上，能够识读常用的液压系统图。通过本任务学习，学生需要掌握以下知识和能力。

1. 知识目标

(1)掌握液压传动系统的基本组成及工作原理；
(2)掌握液压泵的作用、结构和工作原理；
(3)掌握液压控制阀的职能符号及作用；
(4)掌握液压马达的作用、符号、结构和工作原理。

2. 能力目标

(1)能够认知液压甲板机械中常用的各类元件的符号及其功用；
(2)能够准确识读常用的液压系统图。

3. 素质目标

(1)具有爱岗敬业、实事求是、与人协作的优秀品质；
(2)具有规范操作、安全操作、环保意识；

(3)具有创新意识,获取新知识、新技能的学习能力;
(4)具有质量意识、成本意识,具有沟通、协调能力;
(5)具有先进技术的拓展能力。

知识准备

液压甲板机械的种类不同、功用不同,其液压系统的种类和复杂程度也会有所不同,但它们都属于液压传动系统。所以,它们最核心和最基本的工作原理是相同的,都是液压传动原理。

一、液压传动系统基础知识

1. 液压传动系统的工作原理

以液压千斤顶为例说明液压传动系统的工作原理。图 3-1 所示为液压千斤顶结构简图。当手动活塞泵中的小活塞 3 向上移动时,泵工作腔容积增大,形成局部真空,单向阀 4 打开,通过吸油管 5 从油箱中吸油,当小活塞下移时,工作腔压力增高,单向阀 4 关闭,单向阀 7 开启,工作腔内的油经排油管 6 输送至液压缸工作腔内,使大活塞 8 向上移动,顶起重物。只要使手动活塞泵不断向液压缸提供油液,就可将重物上移至所需高度。单向阀 7 可以防止液压缸中的油液倒流,从而保证了重物不会自行下降,只有打开截止阀 11 时,液压工作腔的油经截止阀 11 返回油箱,重物才会向下降。

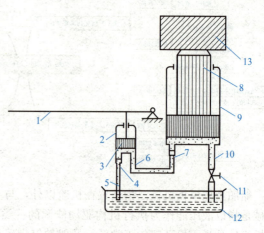

图 3-1 液压千斤顶结构简图
1—手柄;2—手动活塞泵;3—小活塞;4,7—单向阀;
5—吸油管;6—排油管;8—大活塞;9—液压缸;
10—回油管;11—截止阀;12—油箱;13—重物

2. 液压传动系统的基本组成

液压传动系统主要由下列四部分组成:

(1)动力元件部分。其功用是将原动机的机械能转换成液体的压力能,如各类液压泵。

(2)执行元件部分。其功用是将液体的压力能转换为机械能以驱动工作部件运动,如各类液压缸和液压马达。

(3)控制元件部分。其功用是调节与控制液压系统中液流的压力、流量和流动方向,以满足工作机械所需要的力(力矩)、速度(转速)和运动方向(运动循环)的要求,如各种压力控制阀、流量控制阀和方向控制阀。

(4)辅助元件部分。其功用是协助组成液压系统,保证液压系统工作的可靠性和稳定性。除上述三项组成部分外的其他元件都称为辅助元件,包括油箱、油管、管接头、滤油器、蓄能器、压力表、热交换器等。

工作介质通常是矿物油。其功用是传递能量、冷却、润滑、防锈、减振和净化。

二、液压泵

1. 液压泵的作用、要求、分类与符号

(1)作用:向液压系统提供足够流量和足够压力的液压油,在液压系统中属于动力元件。

(2)要求：能够产生较高的工作油压，流量不受工作油压变化的影响（理论上）；流量均匀，密封性好；体积小，寿命长。

(3)分类：

①按结构形式，可分为齿轮泵、叶片泵、螺杆泵、柱塞泵（轴向式、径向式）。

②按排量是否可变，可分为定量泵和变量泵。

③按排向是否可变（转向不变的条件下），可分为定向泵和变向泵。

(4)符号：如图3-2所示。

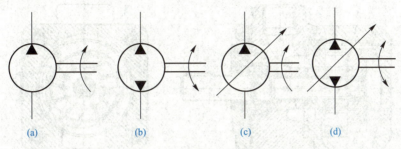

图 3-2 液压泵职能符号

(a)单向定量液压泵；(b)双向定量液压泵；(c)单向变量液压泵；(d)双向变量液压泵

2. 叶片泵

叶片泵按作用数可分为单作用叶片泵和双作用叶片泵。

(1)单作用叶片泵工作原理。如图 3-3 所示，定子内壁呈圆形，定子和转子之间有一偏心距 e，转子上有均匀分布的径向狭槽，槽内装有可做径向滑动的叶片，叶片的宽度与转子的宽度相同。转子与叶片两端面各有配油盘与之紧密贴合，配油盘上开有吸、排油窗口。

当泵轴带动转子1旋转时，叶片3在离心力及叶片底部的油压力作用下由槽内伸出，使叶片顶部始终紧贴在定子2的内壁上。由于转子与定子的偏心，在转子、定子和配油盘间形成了月牙形腔室，并被叶片分隔成若干个封闭的容积。当转子逆时针回转时，两叶片间的工作空间在右半转容积不断增大，由配油盘上对应的配油窗口吸入油液；而转到左半转则容积不断减小，由配油盘上对应的配油窗口排出油液。

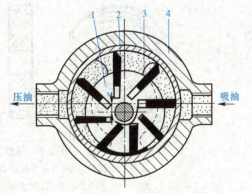

图 3-3 单作用叶片泵的工作原理

1—转子；2—定子；3—叶片；4—泵体

此类叶片泵转子每转一周，每个密封腔就完成了一次吸、排油，因此，称为单作用叶片泵。单作用叶片泵转子受到压油腔的单向液压作用力，使转子轴轴承承受很大的径向载荷，所以也称为非卸荷式叶片泵。

(2)双作用叶片泵工作原理。如图3-4所示，当

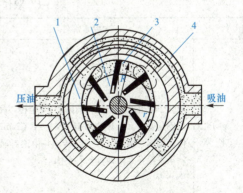

图 3-4 双作用叶片泵的工作原理

1—定子；2—转子；3—叶片；4—泵体

转子旋转时，叶片受离心力及液压力(叶片底部空间一般由排出腔引入压力油)作用，向外顶紧在定子内壁上，并可随定子内壁离转子中心距离的改变而在槽内往复滑动，从而使两叶片间的密封腔容积发生变化，进行吸、排油工作。叶片泵转子每转一周，每个密封腔完成两次吸、排油，因此，称为双作用叶片泵。双作用叶片泵作用在定子及转子上的液压力完全平衡，属于卸荷式叶片泵。

(3)叶片泵的结构。双作用叶片泵的典型结构如图 3-5 所示。

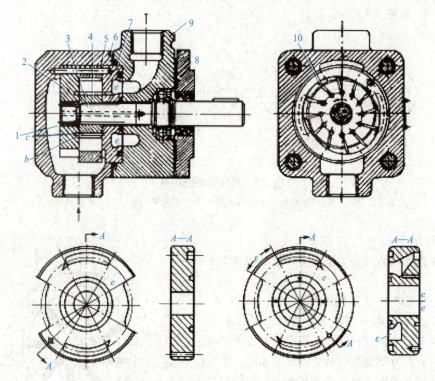

图 3-5 双作用叶片泵的典型结构

1—滚针轴承；2—左配油盘；3—传动轴；4—转子；5—定子；
6—左泵体；7—右配油盘；8—球轴承；9—右泵体；10—叶片

双作用叶片泵的主要零部件见表 3-1。

表 3-1 双作用叶片泵的主要零部件

主要零部件		图片
转子 (图1)	转子上开有分布均匀前倾的12个槽，每个槽里均装有后倒角叶片，叶片与槽有 0.01～0.02 mm 的配合间隙，传动轴通过键带动转子旋转，并由滚针轴承和球面滚珠轴承支撑在左配油盘和右泵体上	图1 转子

主要零部件		图片
叶片 (图2)	引入叶片底部的油压因配流孔道存在流阻而比叶片顶部油压低，形成的液压差在压油区可帮助叶片缩回，故目前有的叶片泵叶片沿径向安装，一样能正常工作。这样的叶片泵可以改变转向工作。 　　叶片顶端的倒角按转向看朝后，形成了后倒角，使叶片在从吸入区转到排出区前的密封区内时，顶端有相当一部分面积朝向吸入区，承受吸入压力，有助于叶片贴紧定子。 　　双作用叶片泵的叶片具有前倾角、后倒角，单作用叶片泵的叶片具有后倾角、后倒角	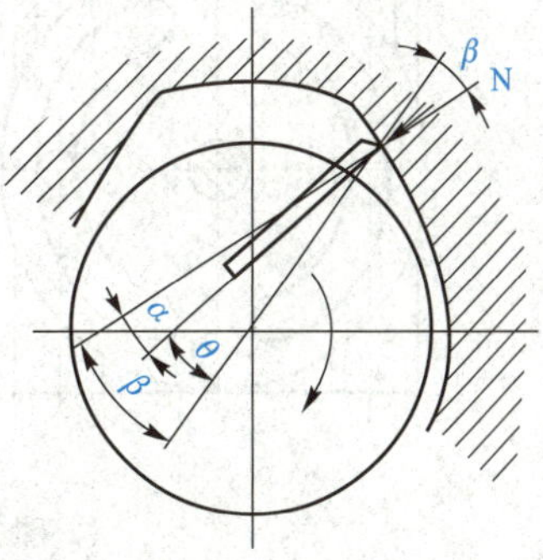 图 2　叶片
配油盘 (图3)	泵的左右配油盘上均开有两个吸油窗口和两个排油窗口。在吸、排油窗口之间为四个封油区。工作容积可从两配油盘上的四个吸油窗口同时吸油（双边配油）。 　　而工作容积中的油只能从右配油盘上的两个排油窗口排向排油腔（单边排油）。左配油盘上虽然也有两个排油窗口和槽，但它仅是槽，并不起排油作用，只是为了使转子轴向受力平衡而已。 　　为保证吸、排的密封，吸、排油窗口之间的封油区所占的圆心角应大于等于相邻两叶片之间的圆心角。另外，封油区的圆心角还应小于定子内表面的圆弧部分的圆心角，以免产生困油现象。 　　配油盘上排油窗口的一端（前边缘）开有三角形卸荷槽，其目的是使封闭在工作空间的油液在进入压油区时能逐渐地与排油窗口相通，使其内的油压变化平级，以减少液压冲击、瞬时流量的脉动和噪声	 图 3　配油盘

(4) 叶片泵的特点：

① 运转平稳、噪声低、流量均匀。

② 体积小、质量轻、结构简单。

③ 双作用泵径向力平衡，轴承寿命长；密封性好；效率高。

④ 转速范围小，600～2 000 r/min。转速低、离心力小、叶片不压紧，转速高、离心力大、易磨损。

⑤ 对油液黏度和污染程度要求高。

⑥ 不许采用产生径向力的传动方式（皮带、链轮）。

3. 斜盘式轴向柱塞泵

(1) 斜盘式轴向柱塞泵工作原理。图 3-6 所示为斜盘式轴向柱塞泵工作原理图。斜盘 5 和配油盘 2 是不转动的，传动轴 1 带动缸体 3、柱塞 4 一起转动，柱塞 4 靠机械装置或在低压油作用下压紧在斜盘上。

当传动轴按图示方向旋转时，柱塞 4 在其自下而上回转的半周内逐渐向外伸出，使缸体孔内密封工作腔容积不断增加，产生局部真空，从而将油液经配油盘 2 上的配油窗口吸入。柱塞

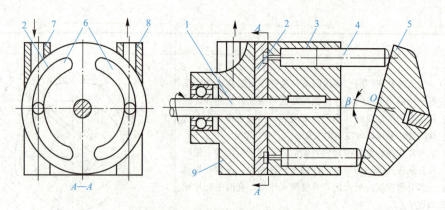

图 3-6 斜盘式轴向柱塞泵工作原理
1—传动轴；2—配油盘；3—缸体；4—柱塞；
5—斜盘；6—配油窗口；7、8—吸排油口；9—泵壳

在其自上而下回转的半周内又逐渐向里推入，使密封工作腔容积不断减小，腔内压力增大，将油液从配油盘窗口向外压出。缸体每转一周，每个柱塞就会往复运动一次，完成一次吸油和压油动作。当泵的转速一定时，改变斜盘的倾角 β 的大小和方向，就可以改变泵的排量大小和吸、排油方向，故斜盘式轴向柱塞泵可以做成变向变量泵。

（2）典型结构。图 3-7 所示为 CY 型斜盘式轴向柱塞泵结构图。其由主体部分和变量机构两部分组成。

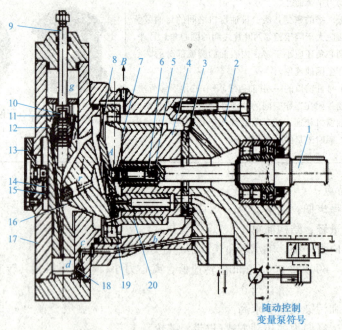

图 3-7 CY 型斜盘式轴向柱塞泵结构图
1—传动轴；2—泵体；3—配油盘；4—缸体；5—柱塞；6—定心弹簧；7—内套；8—回程盘；
9—拉杆；10—伺服滑阀；11—伺服滑阀套；12—差动活塞；13—刻度盘；14—拨叉；
15—销；16—斜盘；17—变量机构壳体；18—单向阀；19—滑阀；20—柱塞

主体部分由传动轴1、配油盘3、缸体4、柱塞5、回程盘8、斜盘16等部件组成，主要零部件见表 3-2。

表 3-2　CY 型斜盘式轴向柱塞泵的主要零部件

主要零部件	图片
缸体 (图 1)	缸体由铝铁青铜制成，外面镶有钢套，并安装在滚动轴承上，这样倾斜盘给缸体的径向分力可以由滚动轴承承受，使传动轴和缸体不受弯矩，保证缸体端面能较好地和配油盘接触。配油盘和柱塞副是主体部分的重要部件，在结构上采取了一定的措施，以提高其可靠性和耐用性。 缸体用花键连接安装在传动轴上，由传动轴带动旋转，使均匀分布在缸体上的柱塞绕转动轴中心线转动。 图 1　缸体
柱塞 (图 2)	每一柱塞的球状头部装有滑履。装在内套和外套中的定心弹簧，一方面通过内套、钢球和回程盘将每个滑履紧紧地压在与轴线成一定倾角的斜盘上，弹簧力使柱塞处于吸油位置时，滑履也能保持和斜盘接触，从而使泵具有自吸能力；另一方面弹簧力通过外套和油缸内的压力油一起作用在缸体上，使缸体压向配油盘，并保持缸体与配油盘端面间一定厚度的静压油垫，从而既保证提供启动时的初始密封压紧力和运行时的密封压紧力，减少泄漏，又改善了受力，减少了磨损 图 2　柱塞
配油盘 (图 3)	配油盘的作用是保证准确合理地对泵进行配油，防止产生困油现象，承受柱塞缸体对它产生的轴向力。保证与缸体之间的动密封和与泵体之间的静密封，配油盘是非对称的，所以柱塞泵不能反转。阻尼孔(圆形或三角形)可以在容积效率降低很小的情况下减小液压冲击。盲孔可起到存油润滑、减轻磨损的作用 图 3　配油盘

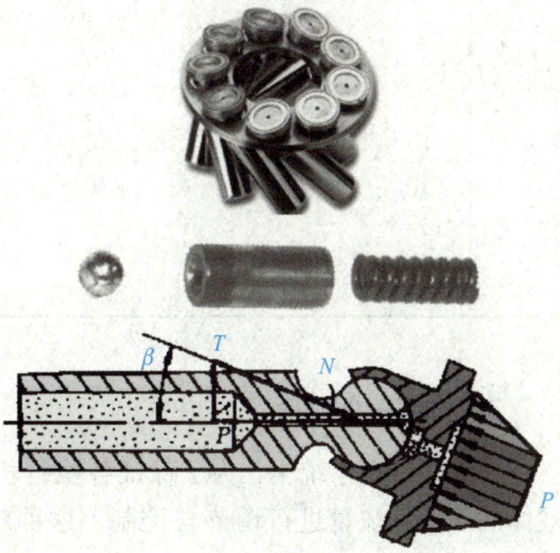

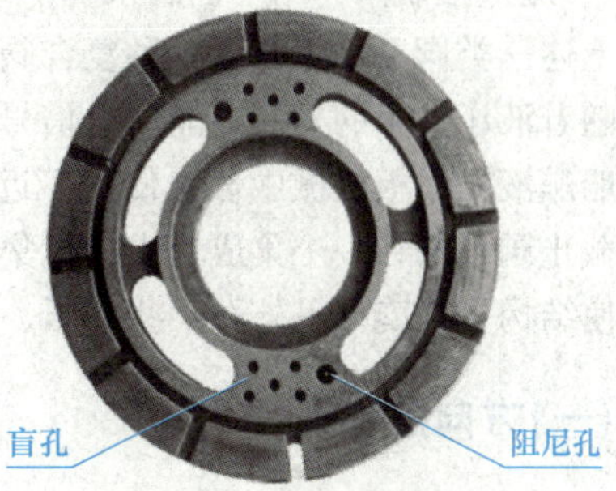

主要零部件	图片
变量机构 （图4）	变量机构的作用是根据控制信号的要求来驱动并控制柱塞泵的变量部件的输出（如斜盘的倾角），从而控制泵的排量大小与排液方向。 变量机构的结构及图形符号如图4所示	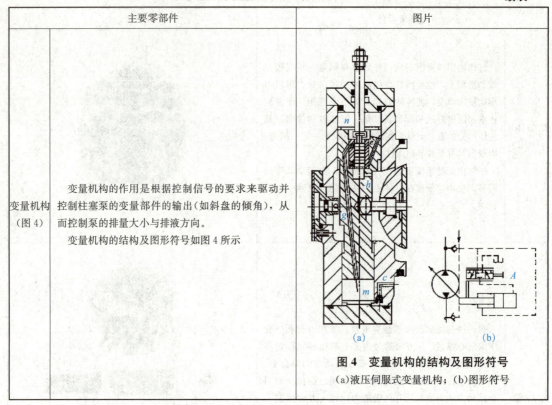 图4　变量机构的结构及图形符号 (a)液压伺服式变量机构；(b)图形符号

三、液压控制阀

在船舶液压系统中，为了保证各执行机构按照要求正常地工作，必须对液体的流动方向、液体的压力和流量进行调节与控制。这种对液压油进行调节和控制的液压元件统称为液压控制阀。

液压系统中使用的液压控制阀按其用途的不同可分为以下三类：
(1)方向控制阀：用于控制系统中的油流方向，包括换向阀、单向阀等。
(2)压力控制阀：用于控制系统中的油压，包括溢流阀、减压阀、顺序阀等。
(3)流量控制阀：用于控制系统中油的流量，包括节流阀、调速阀等。

上述三类阀又可组合成各种复合阀。

随着液压技术的发展，能用电信号对油的流向、压力、流量进行远距离控制的比例控制阀也在船舶液压甲板机械中普遍使用。近年来，液压元件集成化的程度越来越高，常将若干控制阀和截止阀组合在一个集成块中构成集成阀块，或进一步将它们和液压泵或液压马达集成为一体，使结构更紧凑。另外，某些高压、大流量的船用液压设备还使用了插装阀。

(一)方向控制阀

1. 单向阀

单向阀的功用是允许油液正向通过，禁止油液反向通过。其结构及职能符号如图3-8所示。其主要由阀体、阀芯和复位弹簧等组成。当液流正向通过单向阀时，只需克服弹簧力，阻力很小，而当液流企图反向流动时，阀芯在油压与弹簧力的联合作用下被紧压在阀座上，截断液流通道。

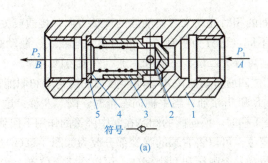 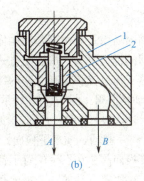

图 3-8 单向阀及其职能符号

(a)直通式单向阀；(b)直角式单向阀
1—阀体；2—阀芯；3—弹簧；4，5—挡圈

单向阀的弹簧刚度一般较小，以尽量减少油流正向通过时的压力损失，正向最小开启压力（单向阀的性能指标）为 0.03～0.05 MPa。

除基本应用外，单向阀有时也作背压阀使用，常装在回油管中以保持一定的回油压力，或与细滤器等附件并联以便在滤器堵塞时能够自动地起到旁通作用。当单向阀作为背压阀使用时，弹簧的刚度按要求的回油压力来选择，比作单向阀用时要硬一些，我国目前生产的这类阀的开启压力一般为 0.3～0.4 MPa。

2. 液控单向阀

液控单向阀的功用是无条件地允许油液正向通过，有条件地允许油液反向通过。其结构和职能符号如图 3-9 所示。它在正向过油时，不需控制油压，与普通单向阀一样动作；当需要油液反向通过时，接通控制油，顶杆上升打开主阀芯，让油液反向流出。

液压系统中还常使用一种布置在同一阀体中的双联液控单向阀，也称为液压锁。图 3-10 所示为带卸荷阀芯的液压锁。在 P_1 或 P_3 口有压力油通入时，不仅能将该侧单向阀芯顶开，让油通过，而且可借控制活塞 2 先使另一侧的卸荷阀芯 3 开启。这时，主阀芯 4 上的关阀压力被卸荷，用较小的控制油压便能打开主阀芯，允许回油流过。当 P_1、P_3 皆无压力油通入时，两侧单向阀芯在弹簧作用下皆关闭，可使油路锁闭。

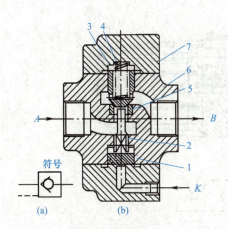 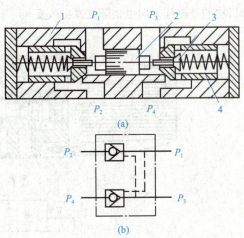

图 3-9 液控单向阀结构和职能符号

1—控制活塞；2—顶杆；3—阀芯；
4—弹簧；5—阀座；6—阀体；7—上盖

图 3-10 带卸荷阀芯的液压锁

1—阀体；2—控制活塞；3—卸荷阀芯；4—主阀芯

3. 换向阀

换向阀的功用是利用阀芯和阀体之间的相对运动来变换油液的流动方向，接通或关闭油路。

换向阀的种类很多，按控制方式的不同，可分为手动式、机动式、电磁式、液动式和电液式；按阀芯工作位置和控制油路的数目，可分为二位、三位和二通、三通、四通等。

(1) 手动换向阀。图 3-11(a)所示为三位四通自动复位式手动换向阀的结构图和职能符号。当手柄向左扳时，阀芯右移，P 和 A 接通，B 和 T 接通；当手柄向右推时，阀芯左移。这时，P 和 B 接通，A 和 T 接通，实现了换向。放松手柄时，换向阀的阀芯在对中弹簧的作用下回到中位。

如果要换向阀芯在三个位置上都能定位，可以将右端的弹簧部分改为如图 3-11(b)所示的定位式结构。在阀芯右端的一个径向孔中装有一个弹簧和两个钢球，可以在三个位置上实现定位。

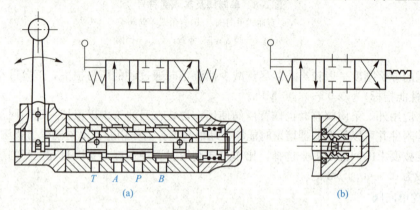

图 3-11 手动换向阀及其职能符号

(2) 电磁换向阀。图 3-12 所示为一种 O 型三位四通电磁换向阀的结构。其工作原理：当左、右电磁线圈都断电时，阀芯 2 即在两侧弹簧 3 的作用下处于如图 3-12 所示的中间位置。此时，如符号的中位机能所示：各油口 P、T、A、B 互不相通。当右端电磁线圈通电而左端断电时，电磁铁的铁芯就会被吸上，压动推杆 5，克服左端弹簧张力将阀芯 2 推到左端位置。此时，油路如符号右方框所示：P 与 B 通，A 与 T 通。当左端电磁线圈通电而右端断电时，阀芯就会克服右侧弹簧的张力被推到右端位置，这时油路如符号左方框所示：P 与 A 通，B 与 T 通，于是通往执行机构的进排油方向也就随之发生改变。

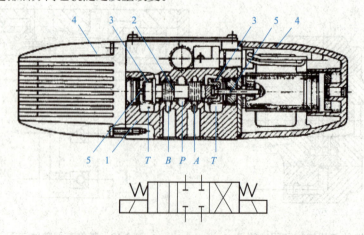

图 3-12 O 型三位四通电磁换向阀及其职能符号
1—阀体；2—阀芯；3—弹簧；4—电磁铁；5—推杆；
P—压力腔；T—回油腔；A、B—通执行机构的工作腔根据阀芯处于中位时的油路沟通情况,除 O 型外,还有多种不同中位机能的换向阀,见表 3-3,如图 3-11(a)所示。凡中位使 P、T 油口相通的(如 H、M、K 型),均能使油泵卸荷;凡中位使油口 A、B 相通的(如 H、P、Y、V 型),均能使油缸或油马达"浮动",不通的则使执行机构"锁闭"。关于换向阀的中位机能,详见拓展知识。

(3)液动换向阀。液动换向阀是靠压力油来改变阀芯位置的换向阀。图 3-13 所示为三位四通液动换向阀的结构。当控制油路的压力油从阀右边的油口 K_2 进入滑阀右腔时,阀芯被向左推,符号右框为工作位,油口 P 与 B 相通,A 与 T 相通。当控制油路的压力油从阀左边的油口 K_1 进入滑阀左腔时,阀芯被向右推,符号左框为工作位,油口 P、A 相通,B、T 相通,从而实现了油路的换向;当两个控制压力的油口都不通压力油时,阀芯在两端弹簧作用下恢复到中间位置。

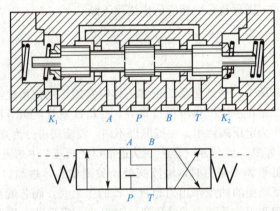

图 3-13　液动换向阀及其职能符号

(4)电液换向阀。电液换向阀是电磁换向阀和液动换向阀的组合。电磁换向阀起导阀作用,用来改变液动阀(主阀)控制油路中的油液流向,以改变液动换向阀的阀芯位置,实现高压与大流量油路的液流方向控制。电液换向阀常用的形式较多。图 3-14 所示为一种三位四通电液换向阀。当左边电磁铁通电时,控制油路的压力油经单向阀进入主阀芯的左腔,将主阀芯向右推,

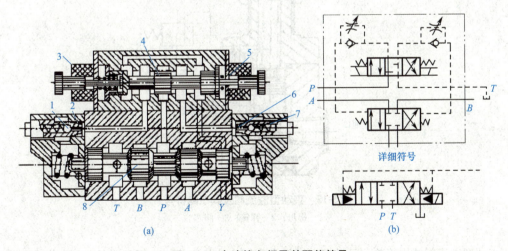

图 3-14　电液换向阀及其职能符号

1、7—单向阀;2、6—节流阀;3、5—电磁铁;4—电磁阀阀芯;8—主阀芯

这时主阀芯右端的油经节流阀和电磁阀流回油箱，主阀芯工作在左位，使油口 P、A 相通，B、T 相通。当右边的电磁铁通电时，控制油路的压力油就将主阀芯向左推，主阀芯工作在右位，使油口 P、B 相通，A、T 相通，从而实现主油路换向。当两个电磁铁都断电时，对中弹簧可使主阀芯处于中间位置。主阀芯向左或向右的移动速度可以分别用两端回油路上的节流阀来调节，这样就可控制执行元件的换向时间，并可使换向趋于平稳，以改善电液换向阀的换向性能。在液压阀型号中，电液控制一般用字母 EY 或 DY 表示。

电液换向阀有外部压力控制和内部压力控制两种方式。由辅泵或主油路的减压油路向导阀供油的为外控式；而由进口 P 的主油路压力油经阀内部的通道供油给导阀，则为内控式，这时外控口堵住不用。如果导阀排放的控制油由外控口泄往油箱，则为外泄式；如导阀泄油经阀内通道与主阀回油一起由 T 口回油箱则为内泄式，这时外控口可堵住。图 3-14 所示为外控外泄式，如为内控式或内泄式，图形符号中相应的虚线则不画。

(二) 压力控制阀

1. 溢流阀

溢流阀的基本功用有两个：一是在系统正常工作时常闭，仅在系统油压超过开启压力时开启，即作安全阀使用；二是在系统工作时保持常开，并借改变开度调节溢流量，以保持阀前系统油压的基本稳定，即作为定压阀使用。根据原理不同，溢流阀可分为直动型和先导型两类。

(1) 直动型溢流阀。如图 3-15 所示，压力油从进油口经阀芯 3 中的阻尼孔 a 作用在阀芯底部端面上。当油压作用力低于弹簧张力时，溢流阀处于关闭状态，进油口和溢油口被阀芯隔断；当油压力升高，致使底部端面的油压作用力超过弹簧的张力时，阀芯就被抬起，使进油口与溢油口相通而溢油，从而阻止阀前系统中的油压进一步升高。阻尼孔 a 用以防止油压脉动时阀芯动作过快而产生振动，使阀工作平稳。转动调整螺母 1，改变弹簧 2 的张力，即可改变溢流阀的整定压力。

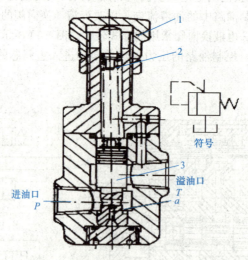

图 3-15　直动型溢流阀及其职能符号
1—螺母；2—弹簧；3—阀芯

直动型溢流阀结构简单，灵敏度高，但在高压大流量工作时，阀的弹簧较硬、较粗，阀前系统的压力随溢流量的变化较大，所以，不适合在高压、大流量下工作。该溢流阀的最大整定压力一般不超过 2.5 MPa。

(2) 先导型溢流阀。先导型溢流阀的结构和主要组成部件如图 3-16 所示。

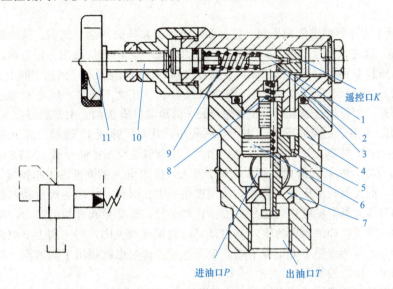

图 3-16　先导型溢流阀及其职能符号

1—阀芯；2—导阀座；3—导阀体(主阀盖)；4—主阀体；5—阻尼孔；
6—主阀芯；7—主阀座；8—主阀弹簧；9—调压弹簧；10—调压螺钉；11—调压手轮

该阀由先导阀和主阀两部分组成。先导阀实际上是一个小流量直动型溢流阀，其锥形阀芯 1 在调压弹簧 9 的作用下压在导阀座 2 上，拧动调压螺钉 10 可以调节系统的工作压力。主阀芯 6 的下部锥形阀面与主阀座 7 相配合，中部圆柱面(又称平衡活塞)与主阀体 4 相配合，上部圆柱面与导阀体(又称主阀盖) 3 相配合，此三处均起密封作用。主阀弹簧 8 作用在主阀芯的上方，将主阀芯往下压，形成关阀作用力 F_s(即弹簧张力)。工作时压力油从进油口 P 进入主阀下腔室，并经主阀芯上的阻尼孔 5 进入上腔室，再经通道 a 和缓冲小孔进入先导阀前腔。

当进油压力 p 低于导阀的开启压力 p_0 时，先导阀关闭，阀内无油流动。此时，主阀上下腔和先导阀前腔的压力均等于进油压力 p，又由于主阀上、下腔的承压面积 A 大小相等，所以，主阀芯在弹簧力的作用下压在阀座上，主阀也与导阀一样处于关闭状态。

当进油压力 p 超过导阀的开启压力 p_0 时，导阀即被顶开，使少量油液经导阀座 2 和主阀中心孔流到出油口 T。由于阻尼孔 5 的孔径很小(一般为 0.8～1.2 mm)，有节流作用，使主阀上腔压力 p_1 小于下腔压力(即进油压力) p，主阀在这个压力差 $(p-p_1)$ 的作用下便产生一个向上的启阀作用力 $F_0[F_0=(p-p_1)\times A]$。随着阀前油压力的继续升高，导阀开度增加，主阀上下腔的压力差 $(p-p_1)$ 也增加，主阀启阀作用力 F_0 也增加。当启阀作用力大到足以克服主阀重力、摩擦和主弹簧张力 F_s 时，主阀口就开启溢流。此后，只要主阀进口压力稍有增加，导阀的开度和流量就增加，主阀上下腔的压力差就增加，主阀溢流口的开度就增加，主阀溢流量增加；同理，当主阀进口压力稍有减小，导阀开度就减小，主阀开度也随之减小，主阀溢流量减小，从而保持主阀进口的系统油压基本稳定。

2. 减压阀

减压阀的功用是使流经阀的油液节流降压，并保持阀后压力或压差基本恒定，以便从系统中分出油压较低的支路。

减压阀主要有定值输出和定差输出两种。定值减压阀能根据阀出口压力的变化改变阀的开度，以使阀后油流减压并保持压力稳定；定差减压阀能根据阀的进、出口压力差的变化改变阀的开度，以使阀后油流减压并保持压差稳定。由于定值减压阀最为常用，因而通常就将其简称为减压阀。

图 3-17 所示为先导型定值减压阀。这种阀也由主阀和导阀两部分组成。从进口来的压力为 p_1 的高压油流，经主阀芯 7 的减压口节流后，压力降为 p_2，由出口流出。出口端已经降压的油液，经阀内通道被引到主阀下方的油腔，再通过主阀中心的阻尼孔 9，到达主阀上方的油腔，然后经上盖中的通孔引至先导阀 3 的右腔，该处油压为 p_3。正常工作时，压力 p_3 超过导阀开启压力，导阀被顶开，少量油液经阻尼孔 9 和先导阀 3 向泄油口 L 泄油。由于阻尼孔 9 的节流作用，主阀下腔的油压 p_2 高于上腔油压 p_3。由于导阀较小，其调压弹簧 11 较弱，故 p_3 的压力变化量很小。如果 p_2 升高，主阀上下的油压差随之增大，主阀就会克服主阀弹簧 10 的张力而关小，以阻止 p_2 增加；反之，如果 p_2 降低，则主阀就会开大，以阻止 p_2 的降低。主阀弹簧仅需帮助主阀克服移动阻力，而无须与液压力 p_2 平衡，故刚度也不大。这样，依靠主阀自动调整节流口的开度，即可使出口压力基本稳定在调定压力值。转动手轮，改变导阀弹簧的张力，即可改变减压阀的整定压力。当然，如果阀后的压力 p_2 过低，以致使导阀关闭，则主阀上下腔油压相等，主阀也就会在本身弹簧的作用下处于最下端的全开位置，这时也就超出了阀的调节范围，因而也就无法维持阀出口压力的稳定。

减压阀的泄油口须直通油箱（外泄），这与溢流阀（内泄）不同，减压阀工作时导阀的外泄流量一般小于 1.5～2.0 L/min。先导型减压阀也有外控口 K，可实现远程控制。

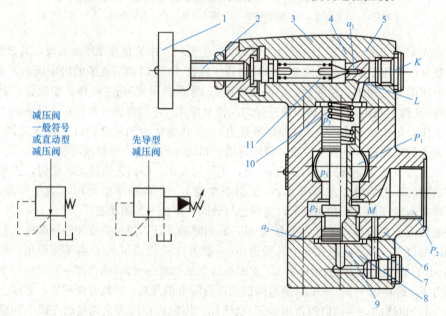

图 3-17　先导型定值减压阀及其职能符号
1—调压手轮；2—调节螺钉；3—先导阀；4—导座；5—阀盖；6—阀体；
7—主阀芯；8—端盖；9—阻尼孔；10—主阀弹簧；11—调压弹簧；
K—外控口；L—泄油口；M—减压口；P_1—进油口；P_2—出油口

3. 顺序阀

顺序阀是一种用油压信号控制油路接通或隔断的阀，故也可将其看成是一种液动的二位二通阀。由于这种阀常用来以油压信号自动控制液压缸或液压马达的动作顺序，故称为顺序阀。顺序阀也有直动型和先导型之分，图 3-18 所示为这两种顺序阀的典型结构和图形符号。以先导型顺序阀为例，进口油压经控制油路 a 阻尼孔 2 引至主阀上方，再经上盖的通孔作用于先导阀，当其压力超过导阀弹簧的张力时，先导阀即被顶起，进口压力进一步增加，主阀全开，进、出口油路即被接通。这种控制油压信号直接来自顺序阀，进油压力的内部压力控制方式也称为直控顺序阀。如果将下盖转 90°安装，便能将 a 油路堵住，同时卸除控制油口 K 的螺塞，并从该处接其他油压信号，以控制阀的开闭，则该阀就成为外部压力控制（外控顺序阀）。

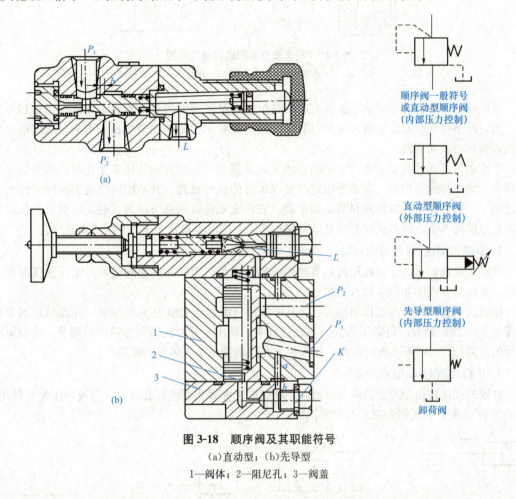

图 3-18 顺序阀及其职能符号
(a)直动型；(b)先导型
1—阀体；2—阻尼孔；3—阀盖

顺序阀与溢流阀颇为相似，区别之处仅在于顺序阀的出口油路是通往执行机构，阀一有动作就会全开，故进出口压差一般小于 0.5 Pa，这样泄油口就必须外接泄油管直通油箱；而溢流阀则总是使出口直通油箱，故可以采用内部泄油，所以，正常溢流时进油压力和回油压力相差很大。

如使外控顺序阀的出口直通油箱，则该阀就成为可用外加油压信号而使系统卸荷的卸荷阀。这时，泄油即可采用通过阀内通道以将其引至出口（内部泄油）。

(三)流量控制阀

1. 节流阀

节流阀是一种可借移动或转动阀芯的方法直接改变阀口的通流面积，从而改变流阻的阀。

节流阀的结构及职能符号与应用情况如图 3-19 所示，该阀节流口的形式采用的是轴向三角沟式。油从进油口流入，经阀芯左端的节流沟槽从出油口流出。调节阀芯的轴向位置可以调节节流程度。

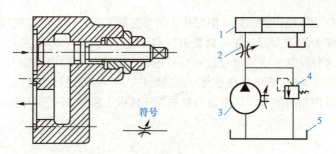

图 3-19 节流阀及其职能符号与应用

1—液压缸；2—节流阀；3—液压泵；4—溢流阀；5—油箱

节流阀只有安装在定压液压源后面的油路中或定量液压源的分支油路上才能起流量调节作用。禁止将节流阀装在定量液压源的总管上，因为那样不仅不能调节流量，不会导致阀前油压超高而损坏设备和管路。

节流阀虽可通过改变节流口大小的办法来调节流量，但当阀前后压差变化时，调节后的节流阀并不能保持流量稳定。对速度稳定性要求较高的执行机构，就不能以普通节流阀来作为调速之用了，如果将定差减压阀和节流阀串联，或将定差溢流阀和节流阀并联，以使节流阀前后压差近似保持不变，则节流阀的流量即可基本稳定。这两类都属于压力补偿式调速阀。

2. 串联式调速阀(普通调速阀)

串联式调速阀是由定差减压阀和节流阀串联而成的。串联式调速阀必须与定压液压源配合使用。其结构原理图和职能符号如图 3-20 所示。

串联式调速阀的基本工作原理为：来自定压液压源、压力恒为 p_0 的油液，先经减压阀节流降压至 p_1，然后经节流阀降压至 p_2。在此过程中，利用定差减压阀阀芯的自动调节，使节流阀前后的压差 (p_1-p_2) 基本保持恒定，从而使节流阀的流量也大体保持稳定。

3. 并联式调速阀(溢流节流阀)

并联式调速阀由定差溢流阀与节流阀并联组成。并联式调速阀必须与定量液压源配合使用。图 3-21 所示为并联式调速阀及其职能符号。

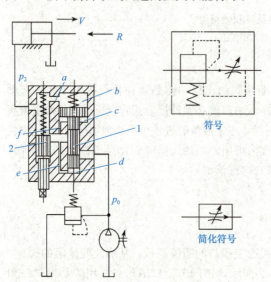

图 3-20 串联式调速阀及其职能符号

1—定差减压阀；2—节流阀

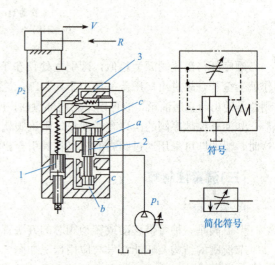

图 3-21 并联式调速阀及其职能符号

1—节流阀；2—定差溢流阀；3—安全阀

并联式调速阀的工作原理为：来自定量液压源、压力为 p_1 的油液，进阀后分成两路。一路经节流阀降压至 p_2 后进入执行机构；另一路经溢流阀的溢流口泄回油箱。在此过程中，定差溢流阀根据节流阀前后的压力差（p_1-p_2）来控制溢流阀阀芯的动作，自动调节溢流量，以保持节流阀前后的压差基本恒定，从而保持节流阀的流量基本恒定。

并联式调速阀与串联式调速阀相比，溢流阀阀芯的移动阻力较大，故弹簧必须较硬。这是因为定差溢流阀阀芯所受稳态液动力（阀口液体流量变化对阀芯的反作用力）与弹簧力方向相反（定差减压阀是相同）。因此，这种节流阀压差（p_1-p_2）较大（0.30～0.50 MPa），阀芯位置改变时压差的变动同样较大，故流量稳定性不如前者，但它能使油泵的排出压力 p_1 随负载而变，且比 p_2 高出不多，因此，功率损耗较少，油液的发热程度较轻。该阀更适用于对流量稳定性要求并不很高的场合。

四、液压马达

1. 液压马达的作用、要求、分类与符号

（1）作用。液压缸输出往复直线运动，液压马达输出回转运动。它们都是液压装置的执行元件，其作用是将液压油的压力能转换为机械能，带动机械设备工作。

（2）要求。能产生足够大的转矩和适当的转速，转矩均匀，启动转矩大，低速稳定性好，效率高，体积小。

（3）分类。船舶机械中使用的液压马达主要可分为以下两类：

①低速大扭矩液压马达（$n \leqslant 500$ r/min），主要有活塞连杆式、静力平衡式、内曲线式、叶片式等形式。低速大扭矩液压马达的特点是输出扭矩大，转速低，可不经减速机构而直接与工作机构连接。低速大扭矩液压马达的每转排量很大，故外形尺寸也很大。它适用于各种低速、大负载的机械，如起货机、锚机、绞缆机和滚装船的甲板绞车等，这部分内容将在后文中作重点介绍。

②高速小扭矩液压马达（$n > 500$ r/min），主要为轴向柱塞式，需与紧凑型减速器配套使用。

（4）符号。液压马达的常用职能符号如图 3-22 所示。

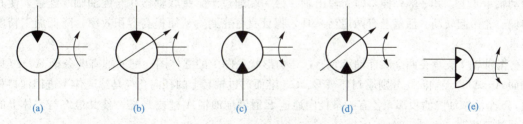

图 3-22　液压马达职能符号
(a)单向定量液压马达；(b)单向变量液压马达；
(c)双向定量液压马达；(d)双向变量液压马达；(e)摆动式液压马达

2. 活塞连杆式液压马达

（1）工作原理。活塞连杆式径向液压马达的工作原理如图 3-23 所示。在壳体 1 的圆周沿径向均布 5 个缸，缸中的活塞 2 通过球铰与连杆 3 连接，连杆端部的圆柱面与偏心轮 4 的表面接触。偏心轮的一端是输出轴，另一端通过十字接头与配油轴 5 连接，配油轴上的隔板两侧分别为进油腔和回油腔。图示位置为 1 号、2 号缸处于进油位置，3 号缸处于过渡位置，4 号、5 号缸处于回油位置。高压油经配油轴的轴向孔和缸体上的流道进入 1 号、2 号缸中，作用在活塞顶部的压力油产生一个作用力，通过连杆传递到偏心轮上，指向偏心轮的中心 O_1。由于 3 号缸处于过渡位置，偏心轮的中心 O_1 上作用着由 1、2 号缸产生的作用力 F_1、F_2，其合力为 F。力 F 对输

出轴中心 O_2 产生力矩,推动液压马达转动,输出扭矩。配油轴随偏心轮一起旋转,进油腔和排油腔分别依次与各缸接通,从而保证偏心轮连续旋转。改变进出液压马达的油流方向,可以实现液压马达的反转。由于液压马达转一转,工作腔容积变化一次,故该液压马达为单作用式。

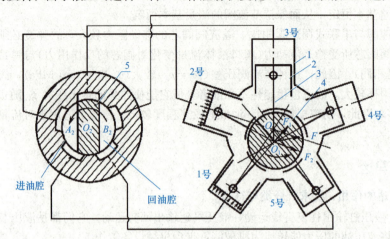

图 3-23 活塞连杆式液压马达工作原理
1—壳体；2—活塞；3—连杆；4—偏心轮；5—配油轴

(2)典型结构。活塞连杆式液压马达是一种应用较早的液压马达,国外称为斯达发(Staffa)型,国内型号为 JMD 型。

图 3-24 所示为一种曾被广泛应用的活塞连杆式液压马达,额定工作压力为 21 MPa,最大工作压力为 31.5 MPa,转速范围为 0~400 r/min,每转排量为 0.20~6.14 L/r。外形呈五星状的马达壳体 1 有 5 个沿径向均匀布置的柱塞油腔连杆 2 与活塞 3 以球头铰接,并以卡环 10 锁紧。连杆 2 大端做成鞍形圆柱面,紧贴在偏心轮 5 上,并用两个挡圈 4 夹持住。偏心轮 5 支持在两个滚动轴承 6 上,其一端外伸,即为输出轴,另一端通过十字头联轴器 9 与配油轴 7 连接,使其和偏心轮一起转动。活塞上有两道活塞环,保证良好密封,从而提高容积效率,降低加工精度要求。

配油轴 7 支承在两个滚针轴承 8 上,结构形状见图中的立体图。配油轴有两条槽 A、B(见剖面 $A-A$),经轴向孔分别通到环槽 D、C,继而通过轴套上的径向孔与马达壳体上进回油口相通。5 个活塞油腔的顶部,各有一条径向通道 E 通到配油轴 A 槽或 B 槽,使其最终与壳体上的进回油口相通。

(3)特点。

①结构简单。

②启动扭矩比较小,机械效率低。连杆下端马鞍形底面摩擦损失是引起液压马达扭矩损失的主要原因,除此之外,柱塞和油缸侧面之间、柱塞和连杆球头之间、配油轴和轴套之间均有摩擦,所以,这种液压马达启动扭矩较小,通常只有理论扭矩的 80%~85%。

③转矩和转速脉动率(最大和最小转矩或转速与其平均值之比)大约为 7.5%。

④低速稳定性较差。在 3~10 r/min 以下即会产生所谓低速"爬行"现象。引起"爬行"的原因不仅是受液压马达脉动率影响,还有连杆底面比压较大,低速时润滑条件差,即滑动配合面处油膜厚度减薄,甚至破坏,以至转化为干摩擦,引起摩擦和发热急剧增大,从而造成液压马达转速不稳。摩擦力变化还会导致油压波动,加剧漏损,促使液压马达低速稳定性更差。因此,这种液压马达不宜在 3~10 r/min 以下工作。

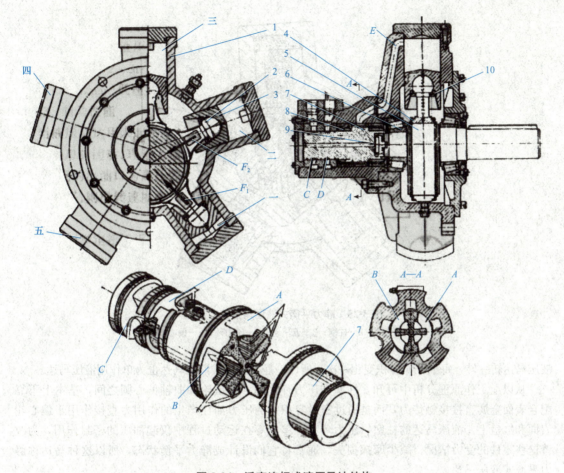

图 3-24 活塞连杆式液压马达结构
1—壳体；2—连杆；3—活塞；4—挡圈；5—偏心轮；
6—轴承；7—配油轴；8—滚针轴承；9—十字头联轴器；10—卡环

⑤受力条件不好。连杆大端与偏心轮接触面处和小端球铰处的比压较大，磨损较严重，有时会发生咬合。径向力不平衡。径向载荷较大，影响轴承寿命。

⑥配油轴处易泄漏。

⑦工艺性差。

3. 静力平衡式液压马达

(1) 工作原理。图 3-25 所示为静力平衡式液压马达的工作原理。液压马达的偏心轴 5 具有曲轴的形式，既是输出轴，又是配油轴。五星轮 3 滑套在偏心轴的凸轮上，在它的 5 个平面中各嵌装一个压力环 4，压力环的上平面与空心柱塞 2 的底面接触，柱塞中间装有弹簧，以防液压马达启动或空载运转时柱塞底面与压力环脱开。高压油经配油轴中孔道通到曲轴的偏心配油部分，然后经五星轮中的径向孔、压力环、柱塞底部的贯通孔而进入油缸的工作腔内。在图示位置时，配油轴上方的三个油缸通高压进油，下方的两个油缸通低压回油。

此时在每个高压油缸中各形成一个高压油柱，其一端作用在缸盖上，另一端作用在偏心轮表面，并通过偏心轮中心，各缸形成一个合力，推动偏心轮绕着输出轴中心转动。输出轴回转时，五星轮做平面平行运动，柱塞做往复运动，产生容积变化，使其完成进回油。只要连续不断供油，就能使液压马达连续转动，改变液压马达的进、回油液流方向，液压马达就反向旋转。

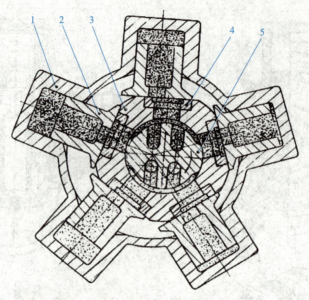

图 3-25 静力平衡式液压马达工作原理
1—壳体；2—柱塞；3—五星轮；4—压力环；5—偏心轴

液压马达转一转，每个工作容积变化一次，所以，静力平衡式液压马达也为单作用液压马达。

从以上工作原理分析中可知，柱塞和压力环之间，五星轮和曲轴偏心圆之间，基本上不靠配合表面金属直接接触传力，而是通过密封容积中的压力油柱产生的作用力直接作用于偏心轮表面和缸盖上。液压马达的柱塞、压力环和五星轮等在运动过程中仅起油压的密封作用。为改善这些零件的受力情况，减少摩擦损失，通常将它们设计成静力平衡状态，所以这种马达称静力平衡式液压马达。

(2) 典型结构。静力平衡式径向液压马达又称五星轮式液压马达。国外产品主要有罗斯通(Roston)，国内有 JYM 型，它的排量为 $0.83 \sim 7.72$ L/r，额定工作压力为 $14 \sim 25$ MPa，最大工作压力为 $17.5 \sim 30$ MPa。结构形式有轴转和壳转两种。它曾是国产船舶机械中使用最多的一种液压马达。

图 3-26 所示为船用起货机所用的 10 JYM—135 型静力平衡式液压马达的结构。其工作压力为 $14 \sim 17$ MPa，排量为 7.15 L/r，转速为 $0 \sim 90$ r/min，柱塞直径 $d=135$ mm，偏心轴的偏心距 $e=25$ mm。这种液压马达是一种双排结构，两偏心轮偏心方向相差 $180°$，有利于改善轴承的受力条件，每排油缸各有自己的进排油孔，液压马达可以单排工作，也可以双排工作，在供油量相同的情况下，单排工作时转速可提高近一倍。

壳体中每排有 5 个沿圆周均匀分布的径向柱塞，用一个正五边形的五星轮滑套在偏心轴的偏心圆上，五星轮和偏心轮可以相对自由转动。五星轮在工作时本身不转动，在液压马达壳体内作平动。在五星轮的 5 个沿圆周均布的径向孔中，各装一个压力环，压力环上面装有尼龙挡圈和 O 型密封圈，上面用定位套固定。定位套用弹性挡圈固定在五星轮中。空心柱塞依靠弹簧和油压作用力紧紧压在压力环的端面上，并压紧 O 型密封圈，其最大压缩量由内套的高度确定。

偏心轴用一对滚动轴承支持，它的一端为输出轴，另一端有两个环形槽做配油轴的回转接头。从进油口输入的压力油，经回转接头和曲轴内部的轴向孔进入偏心圆（即配油轴颈）的切槽部分，再经过五星轮上的径向孔和柱塞底部的通孔进入油缸，同时，从其他油缸排出的油则经过相应的通道经回转接头排出。

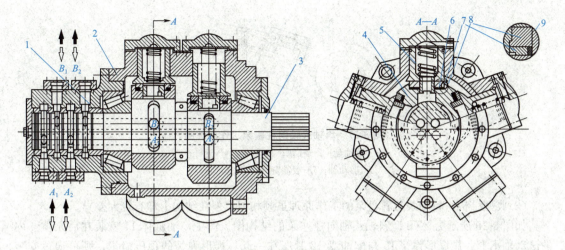

图 3-26 10JYM-135 型静力平衡式液压马达结构图
1—配油套；2—壳体；3—曲轴；4—五星轮；5—柱塞；6—定位套；7—内套；8—压力环；9—尼龙挡圈

静力平衡式液压马达也可做成壳转液压马达，即偏心轴固定，壳体旋转，这样配油更为简单，可以省掉配油套，在偏心轴上直接开孔引油即可。应用时，可将外壳直接和卷筒等旋转机构直接固定，布置极为方便。

(3) 工作特点。

①启动扭矩大。

②转矩和转速脉动率比连杆式小，为 4.9%。

③最低稳定转速为 2 r/min。

④主要部件实现油压静力平衡，具有较高的机械效率。柱塞、压力环、五星轮等处的摩擦力显著减小。采用双列式可使轴承负荷大为减轻，工作寿命延长。

⑤外形尺寸大。

⑥柱塞受较大的侧向力(是相同参数连杆式液压马达的 7~14 倍)，缸壁易磨损，柱塞易卡死；日本研制的 SH 型液压马达将缸体和柱塞置于五星轮中，可解决柱塞承受侧向力的问题，工艺性较好。取消了带球铰的连杆，壳体内无流道，可做成双曲轴轴转式或壳转式。

⑦柱塞与压力环的密封不易保证，在采用油压封闭制动时，易出现压力环啃伤和因此产生的喷油现象，容积效率较低，故宜采用机械制动。

⑧弹簧往复频繁，易产生疲劳损坏。

拓展知识

一、斜轴式轴向柱塞泵

(1) 基本结构。图 3-27 所示为斜轴式轴向柱塞泵工作原理图。配油盘不转动，驱动轴通过驱动轴盘带动连杆、柱塞和缸体一起转动，缸体靠机械装置被压紧在配油盘上。

(2) 工作原理。斜轴泵和斜盘泵的工作原理颇为相似，电动机驱动驱动轴 5，带动与驱动轴盘组成球铰的连杆 4(连杆转动时做小角度摆动)。通过连杆 4 锥形表面与柱塞 2 内壁表面的接触，驱动缸体 3 转动，使柱塞的底腔容积发生变化。于是，通过配油盘 1 的相应配油窗口和泵体内的油路，即可完成吸排作用。

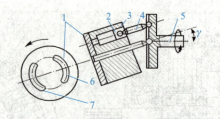

图 3-27 斜轴式轴向柱塞泵工作原理图
1—配油盘；2—柱塞；3—缸体；4—连杆；
5—驱动轴；6—吸油窗口；7—排油窗口

（3）典型结构。斜轴泵与斜盘泵的工作原理虽颇相似，但在结构上却有较大差异。

如图 3-28 所示为 ZXB 型斜轴式轴向柱塞泵的结构图。图中，油缸体 11 安装在后泵体 6 内的滚动轴承上，靠蝶形弹簧 15 与配油盘 12 紧压在一起。蝶形弹簧的预压缩量，则可通过安装在缸体轴线位置的调节螺杆 14 加以调节。后泵体 6 左端带有两个耳轴，借两个滚动轴承 5 安装在泵壳 13 上，并可借另外的变量机构控制，绕轴承 5 的轴线 a—a 相对前泵体 3 左右摆动，以调整油缸体的倾角，从而改变油泵的流量和吸排方向。传动轴 1 安装在前泵体 3 内，右端带球窝圆盘。在缸体中沿轴向装有 7 个柱塞 10，柱塞 10 通过连杆 7 与传动轴 1 连接。连杆左端球头借压板 4 和垫片、螺钉等与传动轴球窝圆盘铰接，而连杆右端的球头，则通过卡瓦 8 和销子 9 与柱塞内孔铰接。配油盘的两个配油口 e、d 分别经后泵体内的油道 c、b 连通油泵的两个进、出油口。而从各密封面和润滑部位漏泄到泵壳 13 中的油液，则经泄油管回油箱。

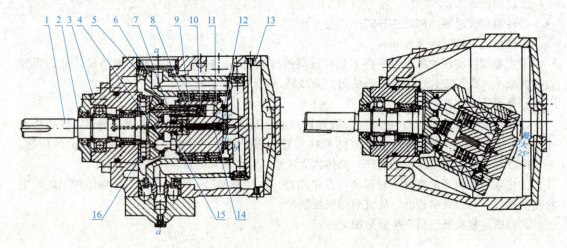

图 3-28 ZXB 型斜轴式轴向柱塞泵的结构图
1—传动轴；2—压盖；3—前泵体；4—压板；5—轴承；6—后泵体；
7—连杆；8—卡瓦；9—销子；10—柱塞；11—油缸体；12—配油盘；
13—泵壳；14—调节螺杆；15—蝶形弹簧；16—推力轴承

二、内曲线式液压马达

1. 工作原理

内曲线式液压马达是一种多作用的径向柱塞式液压马达。其工作原理如图 3-29 所示。它主要由凸轮环(壳体，其内表面上分布有导轨曲面)、柱塞组、缸体(布置有径向油缸，与输出轴固定为一体)、配油轴等组成。

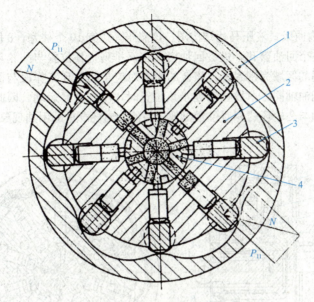

图 3-29 内曲线式液压马达工作原理
1—凸轮环；2—缸体；3—柱塞组；4—配油轴

凸轮环(壳体)内壁由 x 个(图中 $x=6$)均匀分布的形状完全相同的曲面组成，每一个相同形状的曲面又可分为对称的两边，其中允许柱塞组向外伸的一边称为工作段(进油段)，与它对称的另一边称为回油段。每个柱塞在液压马达转一转中往复次数就等于凸轮环的曲面数 x (x 称为该马达的作用次数)。

缸体 2 的圆周方向有 z 个均匀分布的径向油缸(图中有 8 个油缸，又称为柱塞孔)，每个油缸的底部有一配油窗口，并与配油轴 4 的配油孔道相通。

配油轴 4 的圆周面上均匀分布着两组彼此相间的配油窗孔，共有 $2x$ 个，其中 x 个窗孔与进油孔道相通，另外 x 个窗孔与回油孔道相通，这 $2x$ 个配油窗孔的位置分别与凸轮环曲面的工作段和回油段的位置严格对应。

柱塞组 3 以很小的间隙置于缸体 2 的油缸中。作用在柱塞底部上的液压力经滚轮传递到凸轮环 1 的曲面上。

当高压油进入配油轴，经配油窗口进入处于工作段的各柱塞油缸时，使相应的柱塞组顶在凸轮环的曲面的工作段上，在接触处凸轮环曲面给予柱塞一反力 N，这个反力 N 是作用在凸轮环曲面与滚轮接触处的公法面上，此法向反力 N 可分解为径向力 P_H 和圆周力 T，P_H 与柱塞底面的液压力相平衡，而圆周力 T 则克服负载力矩驱使缸体 2 旋转。在这种工作状况下，凸轮环和配油轴是不转的。此时，对应于凸轮环回油区段的柱塞做反方向运动，通过配油轴将油液排出。

当柱塞组 3 经凸轮环曲面工作段过渡到回油段瞬间，供油和回油通道被闭死。为了使转子能连续运转，内曲线液压马达在任何瞬间都必须保证有柱塞组处在进油段工作，因此，作用次数 x 和柱塞数 z 之间不能有奇数公约数或 $x=z$ 的结构出现。

柱塞组 3 每经过一个曲面(工作段和回油段)，柱塞在油缸中往复运动一次，进油和回油各一次。当改变进出液压马达的油流方向时，液压马达的转向随之改变。

上述为轴转式内曲线液压马达的工作原理，轴转式的特点是油缸体与输出轴固定为一体，油缸体转动便带动输出轴转动，而配油轴与壳体(凸轮环)是固定不转的。若将缸体 2 固定，而允许壳体和配油轴旋转，则可做成壳转式内曲线液压马达。

2. 典型结构

图 3-30 所示为内曲线式液压马达结构图。该液压马达有 10 个柱塞，8 段内曲面，配油轴上有 8 个进油窗孔和 8 个回油窗孔，进、回油窗孔相间排列，其位置与凸轮环严格对应，配油轴上的进排油窗孔之间的区域为密封区，该区的中点对应于凸轮环工作段与回油段之间的过渡圆弧段中点，圆弧与配油轴同心，故柱塞处于该位置时，没有往复运动，因此理论上讲没有困油现象，但如果配油轴与凸轮环的相对位置出现误差便会出现严重的困油现象。

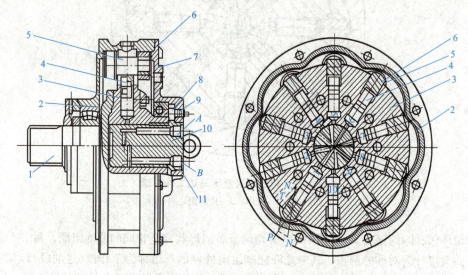

图 3-30　内曲线式液压马达结构图
1—输出轴；2—壳体；3—油缸体；4—柱塞；5—横梁；6—滚轮；
7—端盖；8—偏心销；9—锁紧螺母；10—配油轴；11—O 型密封圈

为补偿这种加工和安装上的误差，在配油轴与壳体之间设有偏心销 8，转动偏心销 8，使卡在配油轴凹槽中的偏心轮随之转动，即可对配油轴与壳体的相对位置进行微调。微调通常在试车时进行，应先将锁紧螺母 9 松开，然后稍稍转动偏心销至噪声和振动最小时再锁紧。为便于微调配油轴的周向位置，在配油轴和端盖之间，仅设置了弹性的 O 型密封圈 11 且并不固接，同时，在进排油口和外接油管之间以软管相连。如不设偏心销 8，则为了补偿加工和安装误差，须将凸轮环上的过渡段放大一点。

3. 特点

(1) 径向力完全平衡，机械效率高，启动转矩高。只要作用次数与柱塞数目的最大公约数 $m \geqslant 2$ 时，则全部柱塞可分为受力状态完全相同的 m 组，使作用在壳体、油缸体和配油轴上的径向力完全平衡，这对适用更高的工作压力和提高机械效率十分有利，启动扭矩可达理论值的 90%~98%。

(2) 无扭矩脉动，低速稳定性好。选用合适的凸轮环曲面，能使瞬时进油量保持不变，扭矩脉动率理论值为零，稳定转速可达 0.5 r/min 左右。

(3) 扭矩范围大，可方便地做成双列或三列结构。多列多作用式可使液压马达的每转排量 q_m 较大，从而使输出扭矩较大，增大了液压马达的扭矩应用范围。

(4) 调速范围广，可方便地做成有级变量液压马达。例如，用滑阀改变多列油缸的进油列数；或将一列油缸配油轴内的进油通道做成两根，分别通往依次隔开的配油窗孔，必要时停止一组配油窗孔的进油，并使停止进油的配油窗孔与回油口相通，就能改变一列油缸的有效作用次数。无论是改变有效作用列数还是有效作用次数,都将改变液压马达的每转排量。每转排量减小,则输出扭矩减小,转速增加;每转排量增加,则输出扭矩增加,转速减小。采用这些方法很容易实现有级变量,从而实现有级变速。

(5)适用场合广,轴转壳转易实现。

(6)零件数目较多,结构复杂,对工艺和材料要求较高,尤其是内曲线部分受柱塞滚轮的压力较大,对表面处理的要求更高。

三、换向阀的中位机能

三位四通换向阀的中位机能常以与其油路沟通情况有些象形的英文字母来表示,其相应的职能符号(又称机能图)与特性见表3-3。

表3-3 三位四通换向阀的中位机能表

序号	滑阀机能	符号	中位油口状况、特点及应用
1	X型	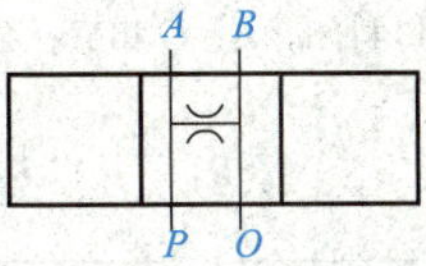	油口处于半开启状态,泵基本上卸荷,但仍保持一定压力
2	M型	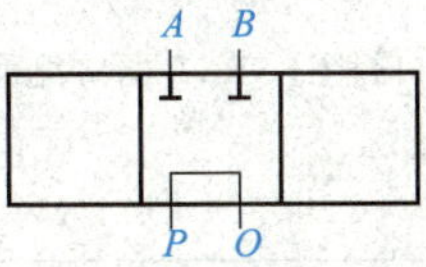	P、O相通,A与B均封闭;液压执行机构(液压缸或液压马达)闭锁,泵卸荷,也可用多个M型换向阀串接工作
3	H型	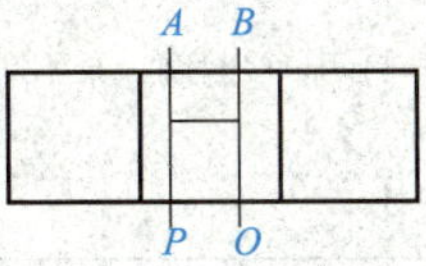	P、A、B、O四口全串通;液压执行机构浮动,在外力作用下可移动,泵卸荷
4	O型	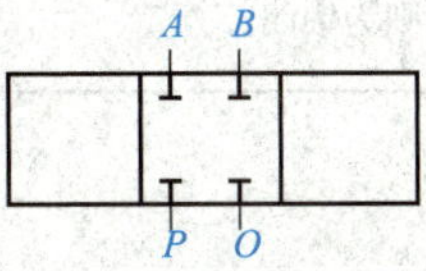	P、A、B、O四口全封闭;液压泵不卸荷,液压执行机构闭锁,可用于多个换向阀的并联工作
5	Y型	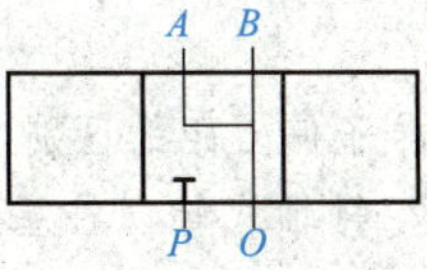	P口封闭,A、B、O三口相通;液压执行机构浮动,在外力作用下可移动,泵不卸荷
6	J型	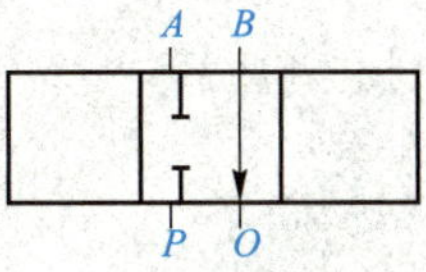	P口封闭,A口封闭,B、O相通;液压泵不卸荷,液压执行机构锁闭

续表

序号	滑阀机能	符号	中位油口状况、特点及应用
7	P 型		P、A、B 相通，O 封闭；泵与液压执行机构进、回油两腔相通，可组成差动回路
8	K 型		P、A、O 三口相通，B 口封闭；液压执行机构闭锁，泵卸荷
9	N 型		P 口封闭，B 口封闭，A、O 相通；泵不卸荷，液压执行机构锁闭
10	V 型		P 口封闭，O 口封闭，A、B 两口相通，执行机构浮动
11	C 型		P、A 相通，B 封闭，O 封闭；泵不卸荷，液压执行机构锁闭

注：卸荷与不卸荷——油泵通油箱为卸荷，否则为不卸荷。
　　浮动与锁闭——液压执行机构进油腔与回油腔相通为浮动，否则为锁闭。

练习与思考

1. 请简述液压传动系统的基本组成及作用。
2. 请简述单/双作用叶片泵的定子内表面形状和定/转子偏心距的区别。
3. 斜盘式轴向柱塞泵如何变量，如何改变吸排方向？斜轴式轴向柱塞泵如何变量，如何改变吸排方向？
4. 液压马达的作用、要求、分类与符号是怎样的？
5. 活塞连杆式液压马达与静力平衡式液压马达的区别有哪些？
6. 在液压系统中，按用途分，液压控制阀可分为哪几类？
7. 各液压控制阀的用途及符号是怎样的？
8. 请分别简述 H 型、Y 型和 C 型三位四通换向阀的中位机能。

任务 3.2 安装调试舵机

接受舵机安装与调试任务,结合实训室舵机操作装置认知系统中各组成部分名称、结构、原理及功用,仔细阅读液压舵机系统的安装工艺、试验手册,能根据液压舵机系统安装工艺及操作规程进行舵机系统的安装与调试,编制工艺文件。通过本任务学习,学生需要掌握以下知识和能力。

1. 知识目标
(1)掌握舵的组成和作用原理;
(2)掌握对舵机的基本要求;
(3)掌握液压舵机的基本组成和工作原理;
(4)掌握转舵机构的主要类型和工作原理。

2. 能力目标
(1)能够准确识读舵机安装工艺图,按照工艺文件安装舵机;
(2)能够按照调试规程对舵机及系统进行调试。

3. 素质目标
(1)具有爱岗敬业、实事求是、与人协作的优秀品质;
(2)具有规范操作、安全操作、环保意识;
(3)具有创新意识,获取新知识、新技能的学习能力;
(4)具有质量意识、成本意识,具有沟通、协调能力;
(5)具有先进技术的拓展能力。

知识准备

为保持船舶的正确航向及良好的操纵性能,船上必须装备舵设备。

一、舵的组成和作用原理

舵又称为舵叶,垂直安装在螺旋桨的后方。为了提高舵效和推进效率,大多采用由钢板焊接而成的空心舵,称为复板舵。这种舵由于水平截面呈对称机翼形,故又称为流线型舵。

舵的类型很多,图 3-31 所示为 3 种典型的海船用舵。舵机经舵柄 1 将扭矩传递到舵杆 3 上。舵杆 3 由舵承支承,它穿过船体上的舵杆套筒 4 带动舵叶 7 偏转。舵承固定在船体上,由滑动或滚动轴承及密封填料等组成。另外,舵叶 7 还可通过舵销 5 支承在舵柱 8 的舵托 9 或舵钮 6 上。

舵杆轴线一般就是舵叶的转动轴线。舵杆轴线紧靠舵叶前缘的舵称为不平衡舵[图 3-31(a)];舵杆轴线位于舵叶前缘后面一定位置的舵称为平衡舵[图 3-31(b)];而仅于下半部做成平衡式的舵称为半平衡舵[图 3-31(c)]。后两种舵在舵杆轴线之前有一定的舵叶面积,转舵时水流作用在它上面产生的扭矩可以抵消轴线后一部分舵叶面积上的扭矩,从而减轻舵机的负荷。

舵的作用原理十分复杂,在这里不做详细分析,可简单理解为:当水流以某冲角冲至舵叶上时,便产生了流体动力,此作用力通过舵杆传递到船体上,从而迫使船舶转向,达到了调整航向的目的。

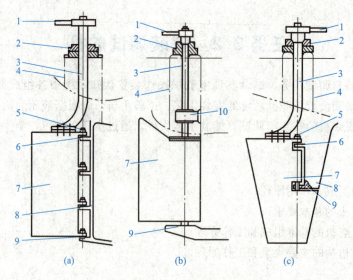

图 3-31 海船用舵
(a) 不平衡舵；(b) 平衡舵；(c) 半平衡舵
1—舵柄；2—上舵承；3—舵杆；4—舵杆套筒；5—舵销；
6—舵扭；7—舵叶；8—舵柱；9—舵托；10—舵承

二、对舵机的基本要求

舵机运行时必须具有足够的转舵扭矩和转舵速度，并且在某一部分万一发生故障时，应能迅速采取替代措施，以确保操舵能力。基本技术要求如下：

(1) 必须具有一套主操舵装置和一套辅操舵装置；或主操舵装置有两套以上的动力设备，当其中之一失效时，另一套应能迅速投入工作。

主操舵装置应具有足够的强度并能在船舶处于最深航海吃水并以最大营运航速前进时将舵自任一舷的 35°转至另一舷的 35°，并且于相同的条件下自一舷的 35°转至另一舷的 30°所需的时间不超过 28 s。另外，在船以最大速度后退时应不致损坏。

辅操舵装置应具有足够的强度，且能在船舶处于最深航海吃水，并以最大营运航速的一半但不小于 7 km 前进时，能在不超过 60 s 内将舵自任一舷的 15°转至另一舷的 15°。

在主操舵装置备有两台以上相同的动力设备并符合下列条件时，也可不设辅操舵装置 [10 000 t(载重吨)以上油船、化学品船、液化气体船和 70 000 t(载重吨)以上其他船必须如此]：即当管系或一台动力设备发生单项故障时应能将缺陷隔离，以使操舵能力能够保持或迅速恢复；对于客船，当任一台动力设备不工作时，或对于货船，当所有动力设备都工作时，应能满足对主操舵装置的要求。

(2) 主操舵装置应在驾驶台和舵机室都设有控制器；当主操舵装置设置两台动力设备时，应设有两套独立的控制系统，且均能在驾驶室控制。但如果采用液压遥控系统，除 10 000 t(载重吨)以上的油船(包括化学品船、液化气船，下同)外，不必设置第二套独立的控制系统。

(3) 对舵柄处舵杆直径大于 230 mm(不包括航行冰区加强)的船应设有能在 45 s 内向操舵装置提供的替代动力源。这种动力源应为应急电源位于舵机室内的独立动力源，其容量至少应能向符合辅操舵装置要求的一台动力设备及其控制系统和舵角指示器提供足够的能源。此独立动力源只准专用于上述目的。对 10 000 t(载重吨)以上的船舶，它应至少可供工作 30 min，对其他船舶为 10 min。

(4)操舵装置应设有有效的舵角限位器。以动力转舵的操舵装置,应装设限位开关或类似设备,使舵在到达舵角限位器前停住。

(5)对 10 000 t(载重吨)以上的油船、化学品船、液化气体运输船尚有如下附加要求:当发生单项故障(舵柄、舵扇损坏或转舵机构卡住除外)而丧失操舵能力时,应能在 45 s 内重新获得操舵能力。

(6)能被隔断的、由于动力源或外力作用能产生压力的液压系统任何部分均应设置安全阀。安全阀开启压力应不小于 1.25 倍最大工作压力;安全阀能够排出的量应不小于液压泵总流量的110%,在此情况下,压力的升高不应超过开启压力的10%,且不应超过设计压力值。

三、液压舵机的基本组成和工作原理

舵机的功用是保证船舶按照人的要求迅速可靠地将舵叶转到并保持在指定的舵角,以使船舶航行在给定的航线上,是确保船舶安全航行的重要设备。船舶舵机按动力可分为液压舵机和电动舵机,目前海船上几乎全部采用液压舵机。

(一)液压舵机的基本组成

液压舵机的形式多种多样,组成部件也不尽相同,但按组成部件在舵机系统中的作用,液压舵机可主要分为以下三大部分。

1. 液压系统

液压系统的作用是向舵机提供足够的液压能,并设置所需的保护与控制装置。液压系统包括液压油泵、控制阀件、转舵机构的液压执行部分及管路等液压辅件,如图 3-32、图 3-33 所示为两种常见的舵机液压系统原理图。

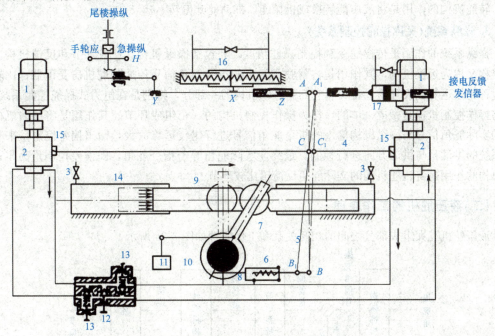

图 3-32 泵控式液压舵机原理图

1—电动机;2—双向变量液压泵;3—放气阀;4—变量泵控制杆;5—浮动杠杆;6—储能弹簧;
7—舵柄;8—反馈杠杆;9—撞杆;10—舵杆;11—舵角指示器;12—旁通阀;13—安全阀;
14—转舵液压缸;15—调节螺母;16—液压遥控受动器;17—电气遥控伺服液压缸

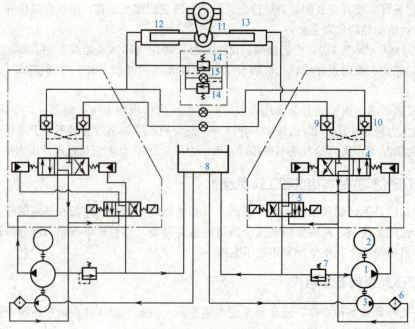

图 3-33 阀控式液压舵机原理图

1—主油泵；2—电动机；3—辅油泵；4、5—电液换向阀；6—滤器；7—溢流阀；
8—油箱；9、10—液控单向阀；11—撞杆；12、13—油缸；14—防浪阀；15—手动旁通阀

2. 转舵机构

转舵机构的作用是将液压能转换成机械能，推动舵叶偏转。

3. 操纵系统(又称操舵控制系统)

操纵系统的作用是传递舵令和控制操舵精度。其包括操纵机构、比较环节和反馈机构。操纵机构又称为远操机构，其作用是将驾驶台发出的指令舵角信号传递到舵机房受讯器；比较环节也称比较运算放大环节，也可将它归为操纵机构的一部分，特别是在电力式操舵控制系统中，它与操作控制机构是做成一体的，作为操作控制机构的一个组成环节。其作用是将反馈机构输入的实际舵角信号与操纵机构输入的指令舵角信号进行比较运算放大，输出偏差控制量来对液压系统的供油量与供油方向进行控制，最终使实际舵角等于指令舵角，即偏差控制量为零；反馈机构的作用是将转舵机构的实际舵角反馈给比较环节。

(二)液压舵机的工作原理

液压舵机三大组成部分之间的相互关系和工作原理如图 3-34 所示。

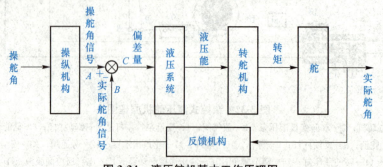

图 3-34 液压舵机基本工作原理图

船舶驾驶员在驾驶台上发出操舵角指令并输入操纵机构位于驾驶台的发讯器，发讯器随即将操舵角信号传递到位于船尾机舱中的受讯器，受讯器输出相应操舵信号并与反馈机构输出的实际舵角信号进行比较后输出偏差控制信号(图3-34中的A、B、C三点浮动杠杆是操纵机构中的比较环节，A点输入操舵信号，B点输入实际舵角信号，C点输出偏差控制信号)。液压系统中变量泵的变量机构(泵控式)或电磁换向导阀(阀控式)，根据操纵系统比较环节C点输出的偏差控制信号调节变向泵的流量和流向或换向阀的通断和换向，只要实际舵角不等于操舵角，液压系统就会不停地向转舵机构提供液压能。

转舵机构将输入的液压能转换成转矩输出，推动舵叶偏转。当舵叶的实际舵角刚好等于驾驶台所输入的操舵角时，液压系统停止供油，转舵机构停止推舵，舵叶便停止并保持不动。万一由于大浪打在舵叶上，使液压系统中的连接转舵机构两侧油缸的安全阀打开，舵叶会发生偏转，这对于保护舵叶是有利的，称为防浪让舵。大浪让过去后，因实际舵角不等于操舵角了，所以，比较环节输出的偏差控制信号就不为零，变量泵就会离开中位供油给转舵机构，从而推动舵叶直到恢复原舵角为止。

四、转舵机构的主要类型和工作原理

在液压舵机中，转舵机构是液压系统中的执行元件，用于将液压泵供给的液压能转变为使舵杆转动的机械能，以推动舵叶偏转。根据其运动部件的运动方式不同，分为往复式和回转式两类。前者采用往复式转舵油缸，主要有滑式、滚轮式和摆缸式，其中滑式又根据结构不同可分为十字头式和拨叉式；后者主要是转叶式。

1. 十字头式转舵机构

图3-35所示为十字头式四缸(两对)转舵机构。每个油缸1里有撞杆(柱塞)3，每对柱塞外端的叉形头部组装在一起，以十字头轴承6支撑一对十字头耳轴7。十字头将油压作用在柱塞上的力传递给可在十字头中部圆孔内滑动的舵柄8，对舵杆4产生转舵力矩，使舵叶转动。舵转离中位后柱塞所受的侧向力经滑块9由导板10承受，以免柱塞与油缸间产生侧压力，从而改善油缸与柱塞的密封件的工作条件，减轻其磨损。

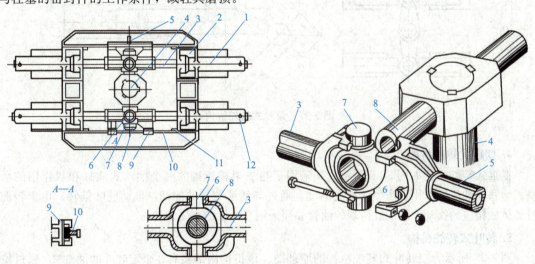

图3-35 十字头式四缸(两对)转舵机构

1—油缸；2—底座；3—撞杆；4—舵杆；5—机械式舵角指示器；6—十字头轴承；
7—十字头耳轴；8—舵柄；9—滑块；10—导板；11—撞杆行程限制器；12—放气阀

2. 拨叉式转舵机构

如图 3-36 所示，拨叉式转舵机构使用整根撞杆，并在拉杆的中部带有圆柱销，销外套有方形（或圆形）滑块。撞杆移动时，滑块一面绕柱销转动，一面在舵柄的叉形滑槽内滑动（或滚动）。

拨叉式转舵机构的柱塞侧推力直接由油缸承受，省去了十字头和导板，故结构比十字头式简单，体积减小，质量减轻，但油缸需设承受侧向力的导向套，其承载能力会限制转舵扭矩的提高。但随着转舵油缸承受侧向力性能的改善，在新造船舶上，拨叉式转舵机构已基本取代十字头式转舵机构。

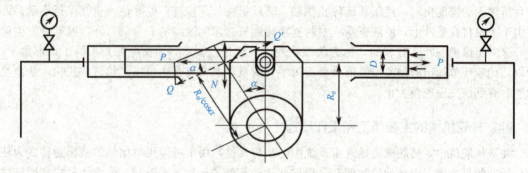

图 3-36 拨叉式转舵机构

3. 滚轮式转舵机构

如图 3-37 所示，滚轮式转舵机构用装在舵柄端部的滚轮代替滑式机构中的十字头或拨叉。工作时受油压推动的撞杆，以其顶部直接顶动滚轮，以迫使舵柄转动。这种转舵机构无论舵角如何变化，通过撞杆端面与滚轮表面的接触线作用到舵柄上的推力，始终垂直于撞杆端面，从而不会产生侧推力。

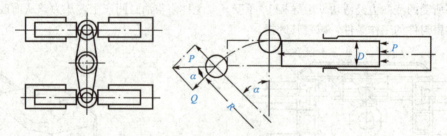

图 3-37 滚轮式转舵机构

4. 摆缸式转舵机构

摆缸式转舵机构如图 3-38 所示。其采用了与支架相铰接的两个摆动式油缸和双作用的活塞。活塞在油压的作用下产生的往复活动，通过与活塞铰接的舵柄，推动舵叶偏转。由于转舵时缸体做相应的摆动，故油缸两端的油管必须采用有挠性的高压油管。

5. 转叶式转舵机构

图 3-39 所示为三转叶式转舵机构的原理图。该机构内部装有 3 个定叶 5 的油缸 2，通过橡皮缓冲器安装在船体上。而用键与舵杆上端相固接的转毂 3，则镶装着 3 个转叶 4。由于转叶与缸体内壁及上、下端盖之间，以及定叶与转毂外缘和上、下端盖之间，均设法保持密封，故借转叶和定叶即将油缸内部分隔成为 6 个小室。当油泵如图中箭头所示那样，经油管 6 分别

从 3 个小室吸油,并将油排入另外 3 个室,则转叶就会在液压作用下通过轮毂带动舵杆和舵叶偏转。

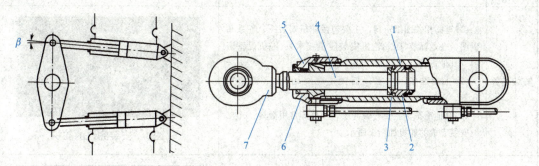

图 3-38 摆缸式转舵机构
1—油缸；2—活塞；3—活塞环；4—活塞杆；
5—端盖；6—密封环；7—接头

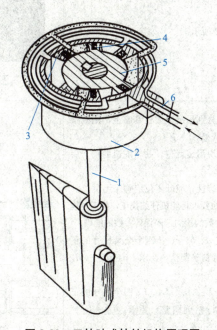

图 3-39 三转叶式转舵机构原理图
1—舵杆；2—油缸；3—转毂；
4—转叶；5—定叶；6—油管

任务实施

一、安装液压舵机

安装液压舵机步骤见表 3-4。

表 3-4　安装液压舵机步骤

安装流程	具体安装步骤	图片
安装准备	(1)审阅相关图纸资料，主要包括舵机安装图、舵系布置图、企业标准《船舶轮机安装质量要求》、舵机设备资料、其他资料。 (2)工具准备，主要包括大扎规、大平尺、调整顶丝等。 (3)其他准备，主要有眼冲子、卡尺等常用量具。 安装完成的舵机如图1所示	 图 1　安装完成的舵机
舵机安装定位的前提条件	(1)舵柄安装交验结束。 (2)舵装置间隙交验结束。 (3)舵叶角度处于零度 安装完成的舵叶如图2所示	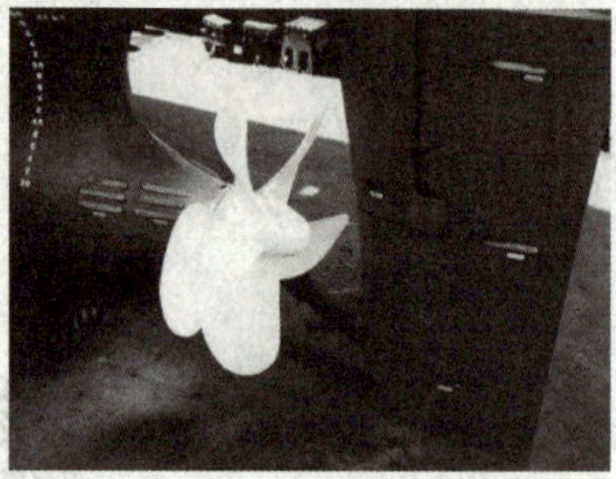 图 2　安装完成的舵叶
舵机的找正(图3和图4)	(1)将舵机按前、后段分别吊装于舵机基座上，用调整顶丝支撑好并进行初步调整。 (2)将舵机的中间定位块吊装就位，并与舵机的前、后段组装完整。 (3)检查舵叶零位的准确性，舵叶零位应确保无误。 (4)按图3和图4所示的要求将舵机仔细找正，找正过程中，应交叉兼顾各有关参数的检测，确保各参数的准确。 (5)用大扎规分别检查 a、b、c、d 四个交叉尺寸的正确性，并用调整顶丝进行精确调整。要求：$a=b=c=d$，允差不大于 0.5 mm。 (6)用大划卡分别检查 L_1、L_2、L_3、L_4 四个尺寸的正确性，并用调整顶丝进行精确调整。要求：$L_1=L_2=L_3=L_4$，允差不大于 0.5 mm。 (7)用大划卡或大扎规分别检查舵杆中心至柱塞销中心的距离 W_1 和 W_2，要求 $W_1=W_2$，允差不大于 0.5 mm。 (8)按图4的要求，用大平尺交叉检查舵机柱塞中心线所在的平面与舵柄上平面之间的平行度。具体方法是：首先检查舵柄上平面有无高点等缺陷，如有高点存在，应使用油石将其研平，然后将大平尺分别交叉平置于舵柄上平面上，再用百分表仔细检查平尺下平面至舵机柱塞上母线的高度尺寸 h(在确定 h 的尺寸时，应首先确保舵机柱塞位于舵柄拨叉的中心高度)。要求 $h_1=h_2=h_3=h_4$，允差不大于 0.05 mm。 (9)反复校验上述各项参数的准确性并进行精确调整，直至上述各项要求都达到所要求的指标时为止	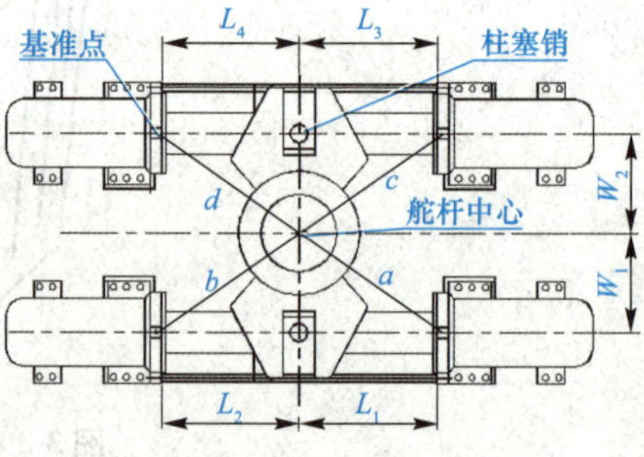 图 3　找正(一) 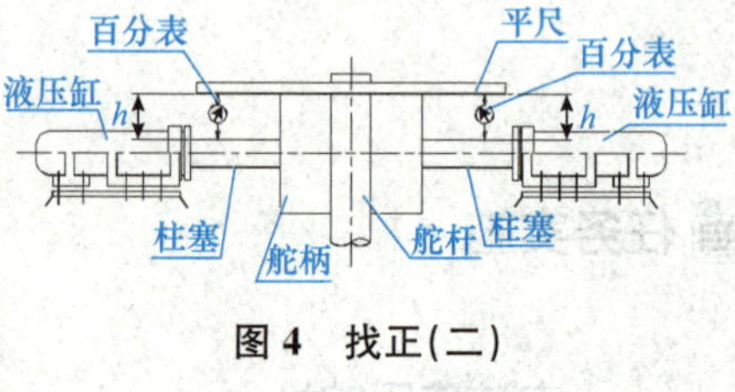 图 4　找正(二)

续表

安装流程	具体安装步骤	图片
舵机基础安装（图5）	(1)用冲子顺舵机的地脚螺栓孔在舵机座上平面打冲眼，冲子与螺栓孔之间的间隙不应超过0.10 mm。 (2)全部地脚螺栓孔冲眼完成之后，将舵机按原状态分解成几大块吊开（空间许可时也可以采用旋转角度的方法），然后，根据打好的地脚螺栓孔的中心位置将焊接垫片的位置确定下来打硬记。 (3)用小平板对焊接垫片的位置进行研磨。要求着色均匀、着色面积不小于60%。 (4)按预定位置将焊接垫片卡固于舵机座面板上，然后，按施工图的要求将其焊牢。 (5)用小平板将焊接垫片的上平面研磨好，要求着色均匀、着色面积不小于60%。 (6)将舵机按照上述的各项要求重新就位并精确找正。 (7)测量并记录调整垫片的厚度尺寸，编号加工。 (8)调整垫片加工后，采用着色的方法进行研配。要求着色均匀、总接触面积不小于70%。 (9)拧紧全部地脚螺栓。 (10)按图纸要求焊接、配研并安装舵机侧向止推装置	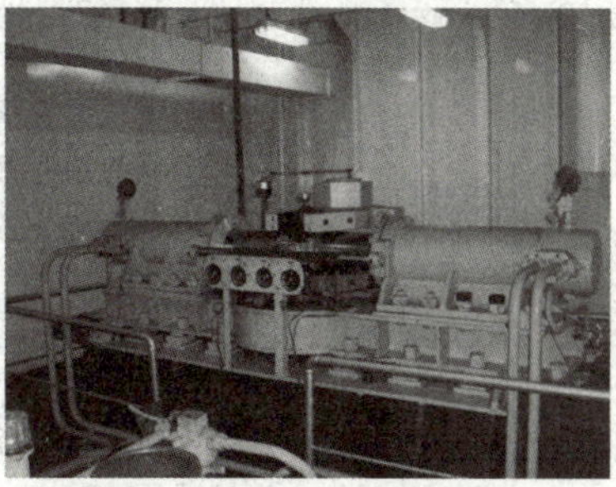 图5 舵机基础安装
后续施工（图6）	按施工图要求，完善舵机接电、接管等后续施工	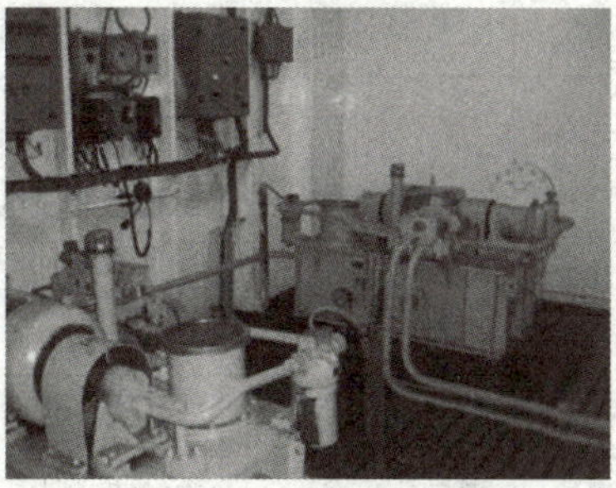 图6 后续施工

二、调试液压舵机

调试液压舵机步骤见表3-5。

表3-5 调试液压舵机步骤

调试步骤	实施调试
作业前工作	(1)舵机设备安装、电气接线完整、正确，包括设备附件、仪表、管系等安装完整、正确，并无受损情况。 (2)舵机机械零位正确无误，舵角指示器与实际舵角指示误差≤±1°，零位误差≤±0.5°。 (3)液压系统按图纸要求安装完毕，并加注液压油。 (4)各油脂润滑点加注规定牌号的润滑油脂完毕，油脂润滑系统工作。 (5)电气舵角指示器安装接线完整

续表

调试步骤		实施调试
试验程序	(1)舵机油缸占油	松开液压油缸上的透气塞,启动液压泵马达,用手按动应急操纵按钮,缓慢左右摆舵,同时观察透气塞是否有液压油溢出,如果有油溢出则停止摆舵,安装好透气塞
	(2)报警系统试验	报警系统试验包括动力源失电、断相、过载、控制电源失电、油柜低液位等模拟试验。 ①电源故障:断开相关保险,失电报警。 ②控制电源故障:断开保险,失电报警。 ③油位油温报警:拆开液压单元上的接线盒,模拟断开油位,油温开关触点,延时5 s报警。 ④液压联锁报警:拆开每台液压泵单元上压力开关插头,摆舵,经过约10 s后报警
	(3)运行试验	试验时每路电源(主电源和应急电源)、每套控制系统及每套动力源均应连续使用不少于30 mm。 ①从一舷满舵转至另一舷满舵,时间不超过设定值。 ②左右泵组应分别进行试验,并记录压力变化。 ③测量电机热态绝缘及工作电流。 ④油脂泵的报警及运转试验,检查油脂注油是否正常,同时进行检查。 ⑤试验时检查操舵装置的电气设备、液压系统的工作情况,检查泵是否有异常响声和漏泄现象。 ⑥电流式舵角指示器的调整。 ⑦检查舵角指示器与实际舵角指示误差<±1°,零位误差<±0.5°,检查时中间位置向两舷,舵角每增加5°核对一次,并做记录。 ⑧检查舵角电气限位器动作的正确性及机械限位器的可靠性。 ⑨正常供电和应急供电之间切换,对舵机进行操作和试验。 ⑩在不同的操作地点按试验大纲对舵机进行切换操作,检查随动机构的准确度和灵敏度
	(4)操舵时间测量	分别做No.1,No.2泵连续操舵试验时应在0°→左(右)→0°→右(左)→0°,交替进行,并不少于10个循环。试验时,测定自一舷转至另一舷所需要的时间
	(5)自动舵试验(航行试验)	①自动舵的反馈装置的调整,调整自动舵反馈装置的电位器,完成后紧固好连杆的螺丝,调整限位开关在左右极限时停止,完成后紧固内六角螺栓。 ②试航时自动舵试验
作业后工作		(1)试验后,将舵摆到零位。 (2)关闭电源,保护设备,清理试验现场。 (3)整理试验数据,完成试验报告,归档

拓展知识

液压舵机的形式很多,现以泵控式舵机液压系统为例加以简要介绍。

图3-40所示为国产泵控式舵机的液压系统原理图。舵机的公称扭矩为637/735 kN·m。主泵为斜盘式轴向柱塞双向变量泵,辅泵为齿轮泵,操纵系统采用直流伺服电机式远操机构和三点式浮动杠杆比较环节。

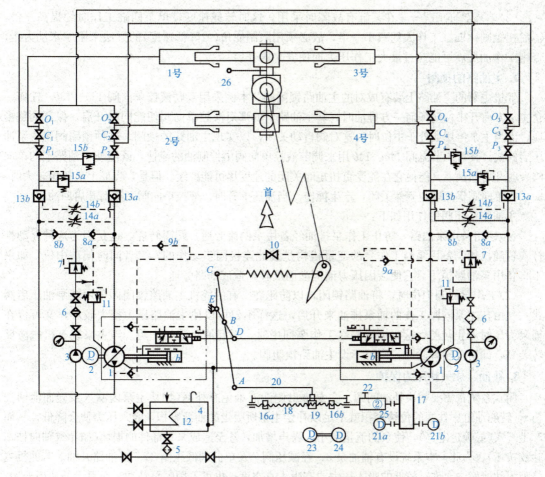

图 3-40 泵控式舵机液压系统原理图

1—主泵；2—电动机；3—辅油泵；4—油箱；5—粗滤油器；6—细滤油器；7—减压阀；
8、9—单向阀；10—旁通阀；11—溢流阀；12—冷却器；13—液控单向阀；14—可调节流阀；
15—安全防浪阀；16—限位螺帽；17—减速器；18—螺杆；19—导块；20—连杆；21—伺服电动机；
22—手轮；23—交流电动机；24—直流发电机；25—操舵角反馈装置；26—舵角发讯器

1. 工况的选择

本系统设有两台并联主泵，四个柱塞油缸，其中1号、4号和2号、3号缸各成一组，分别与主泵的两根主油管相连，可以根据需要选用不同的工况，为此设有工况选择阀。本例的工况选择阀采用两个集成阀块，共包括12个单向截止阀。$C_1 \sim C_4$ 称为缸阀，平时常开；$O_1 \sim O_4$ 称为旁通阀，平时常闭。如果某油缸因故不能工作（如严重漏泄），可将它与另一只油缸（只要不是对角布置）一起停用，这时只要将停用的一对缸的缸阀关闭，同时开启其旁通阀即可。有的舵机工况选择阀采用双阀座阀，即在关闭缸阀的同时就已将旁通阀开启，以减少阀的数目。$P_1 \sim P_4$ 称为泵阀，平时常开，以便随时能在驾驶台启用任一台泵。只有当主泵损坏需要修理时才将其一对泵阀关闭。

该系统能满足除10 000 t以上油船外的其他船舶的操舵需要。它有以下工况可供使用：

(1) 单泵四缸工况——适用于开阔水面正常航行。其最大扭矩等于公称转舵扭矩，转舵时间能满足规范要求。

(2) 双泵四缸工况——适用于进出港、窄水道航行或其他要求转舵速度较快的场合，转舵速度较单泵四缸工况约提高一倍，而转舵扭矩与上述工况相同。

(3)单泵双缸工况——在某缸有故障时采用,这时转舵速度较单泵四缸工作时约提高一倍,转舵扭矩则比四缸工作大约减小一半,故必须用限制舵角(或降低速度)的方法来限制水动力矩,否则工作油压就可能超过最大工作压力而使安全阀开启。

2. 主油路的锁闭

舵机主泵的主油路上装有成对的主油路锁闭阀。本例采用双联液控单向阀 $13a$、$13b$,任何一台主油泵离开中位向任何一方排油时,其主油路上的那对液控单向阀便能同时开启,保证油路畅通;而当主泵停用或处于中位时,这对阀自动关闭,以实现主油路的锁闭。这种锁闭阀属主泵油压启阀式,其可调节流阀 $14a$、$14b$ 用来调节液控单向阀中控制油的流速,既能使主油路上的单向阀及时开启回油,又能使它在舵受负扭矩时关闭的速度尽可能减缓。但是,当舵上负扭矩较大时,回油侧单向阀仍然难免骤然关闭,产生撞击。当油压上升时,液控单向阀又重新开启回油。

主油路锁闭阀的作用如下:

(1)锁闭备用泵油路,防止工作泵排油经备用泵倒流旁通,妨碍转舵,这是因为这种浮动杠杆式追随机构,备用泵与工作泵的变量机构是彼此连接同步动作的,二者同时偏离中位,如果不将备用泵油路锁闭,它便会因压力油倒灌而反转,造成油路旁通。

(2)工作泵回到中位时,将油路锁闭,以防跑舵。有的舵机主油路锁闭阀采用辅泵油压启阀式——由与主泵同时工作的辅泵排油来开启,这样不仅可以使主油路压力损失较小,又可以在辅泵失压时停止转舵,这时锁闭阀在工作泵回中时,不起油路锁闭作用。当主泵装有机械防反转装置,如防反转棘轮时,则可不设主油路锁闭阀。

3. 补油、放气和压力保护

闭式系统都需要解决补油问题。主泵排出侧油液难免有外漏(如从主泵内漏入泵壳而泄回油箱),转舵油缸中柱塞的位移容积就不足以补偿主泵所吸走的油液容积,吸入压力便会降低,从而产生气穴(或吸进空气),使泵的流量减小,噪声增加,甚至造成泵零部件的损坏(如导致轴向柱塞球铰拉坏)。为此,本系统设有辅油泵 3,经减压阀 7 及单向阀低压侧 $8a$、$8b$ 油路补油。若舵机主泵吸入性能好,允许有较低的吸入压力或有吸入真空度,也可不用辅泵补油,而只设补油柜。

系统还在各油缸顶部和油管高处设放气阀,以便在初次充油或必要时放气,这对闭式系统是必不可少的。

安全阀(如本系统中的 $15a$、$15b$)的作用如下:

(1)在转舵时防止油泵排油侧压力超过最大工作压力过多,以免油泵过载。

(2)在停止转舵时,当海浪或其他外力冲击舵叶而导致管路油压过高时开启,使油路旁通,以保护管路、设备的安全。

4. 辅油泵的作用

泵控型舵机液压系统大多设有辅油泵,其流量一般不低于主油泵流量的 20%。本系统所设辅油泵 3 是齿轮泵,其作用如下:

(1)为主油路补油。补油压力由减压阀 7 调定为 0.80 MPa 左右。

(2)为主油泵伺服变量机构提供控制油。本例主泵伺服变量机构的工作原理已在前面轴向柱塞泵部分述及(图 3-40 中用液压图形符号表示)。这种控制油虽可经泵内的单向阀提供,但为了在主泵零位起步时提供控制油压和保证备用泵变量机构与工作泵同步动作,故还设有单向阀 $9a$、$9b$ 和常开的旁通阀 10,以使工作泵的辅泵能向两台主泵变量机构同时供油。至于所用的控制油压则由溢流阀 11 调定为 1.50 MPa 左右。

(3)冷却主泵。以溢流阀 11 的溢油进入主泵壳体再流回油箱,以便对主泵起冷却和润滑作用。这对保证主泵在零位时的可靠运行颇有好处。有的舵机辅泵还为伺服油缸式操纵系统或电液换向阀,提供控制油、用油压开启主油路锁闭阀。

工作任务		安装调试液压舵机					
学生姓名			班级学号		组别		任务成绩
任务描述	接受舵机安装与调试任务工单，结合实训室舵机操作装置认知系统中各组成部分名称、结构、原理及功用，仔细阅读液压舵机系统的安装工艺，根据液压舵机系统安装工艺及操作规程进行舵机系统的安装与调试						
场地、设备	辅机实训室、舵机安装图纸、液压舵机						
工作方案	根据任务要求，确定所需要的知识、设备、工具，并对小组成员进行合理分工，制定完成舵机安装、舵机调试的详细方案						
液压舵机安装与调试步骤	1. 液压舵机安装步骤						
	2. 液压舵机调试步骤						
		遇到问题			解决问题		
	1.						
	2.						
	3.						
	4.						
	5.						
签字	任务完成人签字： 指导教师签字：				日期：　　年　　月　　日 日期：　　年　　月　　日		

练习与思考

1. 根据舵杆轴线与舵叶前缘的位置，舵可分为哪几类？
2. 《钢质海船入级与建造规范》中对主操舵装置的转舵时间有何要求？
3. 液压舵机的基本组成有哪些？
4. 在液压舵机中，转舵机构的作用是什么？根据动作方式不同可将其分为哪几类？
5. 液压舵机试验项目有哪些？怎样操作？
6. 舵机的找正内容有哪些？
7. 转舵机构的主要类型有哪些？

任务 3.3　安装起货机

接受起货机安装任务，仔细阅读起货机安装工艺文件，根据起货机安装工艺进行起货机安装，编制安装具体工艺、方案和完工文件。通过本任务学习，学生需要掌握以下知识和能力。

1. 知识目标

(1) 掌握起货机的类型、结构和工作原理；
(2) 掌握液压起货机操纵机构的主要类型和工作原理；
(3) 掌握回转式起货机的安全保护装置。

2. 能力目标

能够正确识读起货机安装图并按工艺规范安装起货机。

3. 素质目标

(1) 具有爱岗敬业、实事求是、与人协作的优秀品质；
(2) 具有规范操作、安全操作、环保意识；
(3) 具有创新意识，获取新知识、新技能的学习能力；
(4) 具有质量意识、成本意识，具有沟通、协调能力；
(5) 具有先进技术的拓展能力。

知识准备

起货机是船舶自行装载货物的主要设备。根据船舶装卸货物的特点，要求船舶起货设备必须能携带货物起、落，同时，还必须能够携带货物在船舶和码头之间的上空做横向移动。另外，起货设备还必须能够调整自身吊钩或装具的位置。起货设备在工作时，必须具有正反转和换向能力，必须能够调速和限速，并需要相应设置手动、脚踏、离心、电力或液压的制动设备及某种机械的固锁装置，以便有效制动，确保安全。船舶对起货机的基本要求如下。

1. 技术要求

(1) 能以额定的起货速度吊起额定的负荷。
(2) 能依据操作者的要求，方便灵敏地起、降货物。
(3) 能依据负载不同，在较广的范围内调节运行速度，并具有良好的加减速性能。
(4) 无论在起货过程中还是落货过程中，都能根据需要随时停止，并握持货物。

另外,还应具备结构简单、操纵容易、工作可靠、便于维修,以及防水、防冻和易于取得备件等优点。

2. 试验要求

(1)按规定的试验负荷试验,最低为1.1倍安全工作负荷;吊杆放在规定仰角位置,吊臂放在最大臂幅位置;重物悬挂时间不少于5 min。

(2)满速起升;工作角度变幅;最低设计幅度下按设计极限角度回转;制动;慢速全程行走。

(3)回转式起货机吊臂的不同臂幅在相应不同的试验负荷下试验,见表3-6。

表 3-6 回转式起货机的试验负荷

安全工作负荷 SWL/t(kN)	试验负荷 SWL/t(kN)
≤20(196)	1.25×SWL
20(196)<SWL≤50(490)	SWL+5(49)
>50(490)	1.1×SWL

(4)双吊杆起货机要检查两根吊货索的净空高度、吊索夹角和保险稳索位置。

(5)对超负荷保护装置、超力矩保护装置进行动作试验,校核负荷指示器。

一、船用起货机的分类

船用起货机按所用动力分类,主要有蒸汽起货机、电动起货机和液压起货机;按起货重量分类,主要有轻型起货机(10 t 以下)和重型起货机(10 t 及以上);按结构和作业方式分类,主要有单吊杆起货机、双吊杆起货机和回转式起货机(也称为克令吊)。克令吊按其自身能否移动又可分为定置式和位移式。其中,定置式又可分为单克令吊、孪克令吊(可分舱、同舱同时作业或重货合吊)和双关节克令吊(专吊集装箱)。

1. 单吊杆起货机

单吊杆起货机的具体形式很多,归纳起来,基本上可分为用支索回转和用分离顶牵索回转两类。如图3-41所示为用支索回转的单吊杆式的作业情况。回转绞车2装有绕绳方向相反的两个卷筒,分别卷绕着两根牵索4。绞车转动时,两根牵索分别卷起或放出,从而使吊杆5回转。吊杆的俯仰(变幅)则由变幅绞车3控制千斤索6的收放来实现。起重绞车1则收放吊货索控制吊钩升降。

2. 双吊杆起货机

双吊杆起货机由两根吊货杆和两台起重绞车组成。其结构如图3-42所示。作业时,一根吊杆3放在货舱口上方,另一根吊杆4则伸出舷外。两根吊杆上的吊货索7、8均与吊货钩相连,并各由一台起重绞车卷动。装卸货物时,吊杆的位置不动,由两人配合操作两台起重绞车,相应改变两根吊货索的长度,即可从船舱或码头起、卸货物。

3. 回转式起货机

单克令吊如图3-43所示。其工作情况与单吊杆起货机类似,不过操纵室和起吊马达、变幅

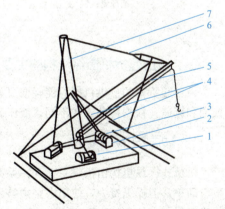

图 3-41 单吊杆起货机

1—起重绞车;2—回转绞车;3—变幅绞车;
4—牵索;5—吊杆;6—千斤索;7—起货柱

马达、回转马达，以及吊臂和索具等已被组装在共同的回转座台上。图 3-43 中示出的起吊马达和变幅马达 5 分别卷动钢丝绳控制吊货钩 2 和吊臂 3；另一立式布置的回转马达则控制一个小齿轮在与立柱 7 相连的固定平台的大齿轮（内齿圈）上转动，从而带动整个回转座台 360°回转。

与吊杆式起货机相比，克令吊具有占用甲板面积少，操作灵活，可 360°旋转，能为前、后舱服务，装卸效率较高，能准确地将货物放到货舱的指定地点，并能迅速地投入工作等优点；但它结构复杂，管理要求高，价格比吊杆式起货机高 30%～40%。一般认为当船舶经常到港和起重量超过 5 t 时，采用克令吊是合适的。目前，船用克令吊工作负载多在 25 t 左右，最大的已发展到 60 t。

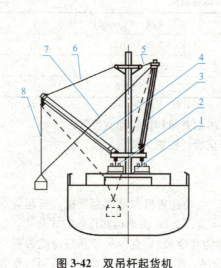
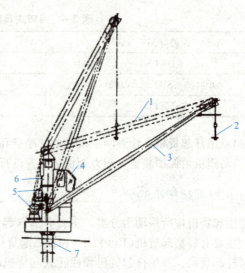

图 3-42　双吊杆起货机
1、2—起重绞车；3、4—吊杆；
5、6—千斤索；7、8—吊货索

图 3-43　单克令吊
1—钢丝绳；2—吊货钩；3—吊臂；
4—操纵室；5—马达；6—回转柱；7—立柱

二、液压起货机操纵机构的主要类型和工作原理

液压起货机的操纵机构应能轻便灵敏地操纵换向滑阀或油泵的变量机构，以实现起货机的换向和调速。根据传动方式不同，液压起货机的操纵机构有机械式、液压式和电液式等。

(一) 机械式操纵机构

机械式操纵机构由操纵手柄和一系列机械传动件组成，完全由人力操纵。机械式操纵机构虽较简单，但操纵费力，使用中必须特别注意机构的零位，各接头磨损后油泵和手柄的对中往往难以保证，故已较少采用。

(二) 液压式操纵机构

液压式操纵机构可按动力不同分为手动式和辅泵供油式两种。

1. 手动式液压操纵机构

图 3-44 所示为手动式液压操纵机构的原理图。由图可见，这种操纵机构主要包括操纵和补偿两部分。操纵部分由主动操纵油缸 10、12 和从动操纵油缸 4、9，以及连通两者的管路组成。工作时，操动操纵台上的主动操纵油缸手柄，经齿轮齿条传动，迫使主动油缸中的活塞移位，

将产生的油压传至油泵旁的从动操纵油缸,使其中活塞产生相应的位移,再经机械传动带动换向节流阀或液压泵变量机构,实现换向和调速。

补偿部分主要由手摇泵2、蓄能器3、油箱18及相应的管路系统所组成,可随时向低压管路补油,以免低压侧因漏泄出现真空和混入空气造成动作失调。使用时,打开截止阀17,用手摇泵2从油箱18吸油,将其压入蓄能器,压缩其中的空气,使压力保持在0.4 MPa左右,然后关闭截止阀17。这样,当操纵系统某侧油压较低时,蓄能器的油液就会顶开相应的单向阀向系统补油。手摇泵14用来向新装或拆修过的系统充油。

2. 辅泵供油式液压操纵机构

功率较大的装置为了操纵轻便省力,普遍采用辅泵供油作为操纵的动力。下面介绍一种常见的由辅泵供油、手控双联比例减压阀控制的液压操纵机构。

手控双联比例减压阀实际是一对手控调压的直动式减压阀。其输出油液的方向和油压的大小由手柄扳动的方向和摆角的大小决定。图3-45所示为手控双联比例减压阀结构图。

静止时,手柄3在两侧的复位弹簧6作用下保持在图示的中位,这时,阀的油出口1,2经阀芯4中的油孔9,与回油口T相通。当操作手柄向某侧克服复位弹簧6和控制弹簧5的张力向下推动柱塞7时,该侧控制弹簧5便推动阀芯4下移,油孔9使油出口1(或2)与回油口T隔断,继而与进油口P相通。一旦油出口压力与控制弹簧5张力相平衡时,阀芯4即上行切断油出口与进油口P的通路;而出口油压力低于控制弹簧5的调定值时,阀芯4又会下移,接通P口向出油口补油。

由于控制弹簧5的张力随手柄的转角增大而增大,所以油口1或油口2输出的油压p也随手柄的转角增大而增大。这样,操动手控比例减压阀控制液动换向节流阀或双向变量油泵,即可使起货机实现启停、换向和调速。

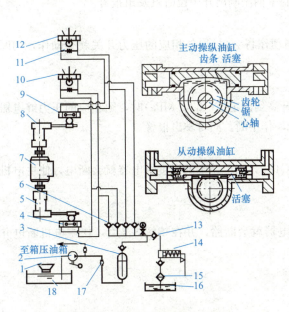

图3-44 手动式液压操纵机构

1—集中泄油漏斗;2、14—手摇泵;3—蓄能器;
4、9—从动操纵油缸;5、8—双向变量泵;
6、13—单向阀;7—电动机;10、12—主动操纵油缸;
11—旁通阀;15—滤油器;16、18—油箱;17—截止阀

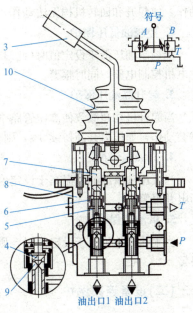

图3-45 手控双联比例减压阀

1、2—油口;3—手柄;4—阀芯;
5—控制弹簧;6—复位弹簧;7—柱塞;
8—阀体;9—油孔;10—防尘罩

(三)电液式操纵机构

电液式操纵机构是借电力传递控制信号,并经液压放大的一种操纵机构,由于其传递控制信号十分方便,且不受距离远近的影响,故特别适用于远距离操纵,并可通过便携式控制器在甲板及驾驶台等任意处所进行遥控。

1. 应用电磁比例换向阀的电液式操纵机构

目前应用的电液式操纵机构,常采用由比例电磁铁制成的电磁比例元件。比例电磁铁是一种直流电磁铁,它与普通电磁铁的差别在于所产生的电磁力与输入信号的大小成比例。用比例电磁铁控制的换向阀,称为电磁比例换向阀。应用比例电磁铁还可以制成其他各种电磁式比例元件,例如,电磁比例减压阀、电磁比例调速阀及用比例电磁铁代替调节螺栓的电磁比例溢流阀等。

2. 应用电磁行程控制器的电液式操纵机构

当操纵手柄产生动作并发出电流信号时,相应的电磁行程控制器其中的一侧电磁铁就会产生大小相应的电磁力,操纵手柄的移动方向也就是相应的电流方向决定了油泵的吸排方向,操纵手柄的移动距离决定了油泵的流量大小。

三、回转式起货机的安全保护装置

(一)液压系统工作状况保护

1. 补油低压保护

当补油压力低于系统设定时(当液压系统缺少液压油或系统局部脏堵等),压力继电器就会动作,使起升和回转机构无法动作,并在控制手柄刚刚离开中位时就发出报警。

2. 控制油低压保护

当控制油压低于设定值时(此时各类控制动作将会失灵),相应的压力开关就会动作,切断主电机控制电路,同时报警。

3. 起升高油压保护

当起升机构超载致使高压管路中的油压升高到设定值(如 30 MPa)时,则相应的压力继电器就会动作,如压力升高持续 3 s,则会使起升动作中断,同时发出报警。

4. 高油温保护

当液压油泵组的油温高于设定值(如 80 ℃时),则电路中的温度继电器就会断电,使主电机断电并报警。

5. 低油位保护

当主油箱油位低于设定值时,则油位继电器就会断路,并在持续 3 s 后,使主电机断电并报警。

(二)设备连锁保护

1. 通风连锁保护

启动起货机电机前,必须打开机组的通风门,否则,连接通风门的限位开关不能闭合,无法启动电机。

2. 油冷却器连锁保护

启动电机之前,还必须将油冷却器风机的电源打开,以便由电路中相应的温度继电器加以控制，否则，无法启动主电机。

3. 电机的自动加热

在起货机的电机中设有电加热器，工作时只要将其手动开关闭合，就会使电动机在启动以前和暂停工作期间因常闭触头闭合而投入工作，以保护电机不受潮气侵袭。

(三) 电气工作状况保护

1. 主电机过电流保护

当主电机电流高于额定值一段时间后，热敏电阻元件就会动作，使主电机断电并报警。

2. 主电机高温保护

当主电机温度上升到一定值(如155 ℃)时，电机绕组内的热敏元件就会动作，使主电机断电而停机。

3. 电子放大器高温保护

当电子放大器温度高于一定值(如85 ℃)时，通过热敏电阻切断控制回路并发出报警。

4. 控制电流过高保护

当控制电流大于额定电流时，则主开关跳闸。

除上述各种安全保护外，在电气回路中还设有短路保护和过载保护。

(四) 机械限位保护

1. 吊货钩高位保护

在起升吊货钩或降落吊臂的过程中，当吊货钩接近吊臂前端时，会使电气限位开关动作，这时相应的控制电路断开，从而阻止吊货钩的继续起升或吊臂的降落。

2. 吊货索滚筒终端保护

吊货索滚筒在吊货钩起升过程中钢丝缆绳卷满或吊货钩下降过程中钢丝缆绳只剩下3圈时，都会使各自的限位开关动作，从而使起升过程或吊货钩降落过程终止。

顺便指出，在采用油马达作变幅机构执行元件的起货机中，还设有吊臂的高位和低位限制，并只有在作业开始和结束时用钥匙闭合相应的手动开关，才能在最低限位角下操纵吊臂。另外，上述的限位保护也有靠在液压系统中设置顶杆式机械控制滑阀来实现的，对于这样的起货机，使用时必须注意防止顶杆和滑阀的卡阻。

任务实施

安装起货机步骤见表3-7。

表3-7 安装起货机步骤

安装流程	具体安装步骤	
安装准备	克令吊通常分成以下几个部分：①吊臂；②吊车本体；③吊钩及滑车；④钢丝绳(变幅和起货钢丝绳)；⑤动力单元、电气及液压附件；⑥紧固件和装配附件等。为保证安装顺利，前期的准备工作必须充分、细致。整个过程大致可以分以下几个步骤	
	(1)起吊索具的准备	在吊运克令吊本体和吊臂时，需要准备起吊索具合金钢卸扣和纤维芯钢丝绳

续表

安装流程		具体安装步骤
安装准备	（2）克令吊钢丝绳装配用具的准备	重型克令吊的起货和变幅钢丝绳直径粗大，考虑到工作现场条件的诸多限制，需要进行以下准备： ①起货钢丝绳直径大、质量重，在装配过程中钢丝轱辘容易翻倒，需要做2台轱辘托架，在钢丝绳牵引方向上分别将其焊在甲板上。 ②导引绳2种，白棕绳、钢丝绳。 ③导向滑车1部，钢丝绳装配时辅助之用。 ④主钩托架1个。在穿钢丝绳时，要求主钩最好竖起安放，所以必须做1个托架，用于固定主钩。 ⑤绑扎钢丝绳的链条和卸扣
	（3）本体、吊臂安装用具的准备	①脚手架。在吊装前应该准备好足够的脚手架，一旦克令吊本体或吊臂吊到位，马上就可以安装好，方便工人进行操作。 ②空压机1台。安装时克令吊的连接螺栓必须要用气动扳手，并且空气压力大于0.7MPa。 ③油泵1台，用于将油料打入克令吊的油柜。 ④专用安装工具2套。 ⑤照明灯具。须在安装前将足够的照明灯具放进克令吊内，以便安装、调试时照明。 ⑥电焊机1台
	（4）船舶浮态	安装前要对船舶的浮态进行计算，调整压载，使船舶在安装时满足克令吊的要求，即横倾不大于±5°，纵倾不大于±2°
本体及吊臂的安装		安装工作进行前，全船的压载和防横倾系统必须已可用，以便在安装过程中根据需要对船的浮态随时进行调整。 　　若全船有4个克令吊，其安装顺序为 No.4 克令吊→No.1 克令吊→No.3 克令吊→No.2 克令吊。这样安排的主要目的是在于安装重吊时，能够利用已完成安装的 No.4 克令吊和 No.1 克令吊，缓解起吊能力不足的状况。而且，先安装较轻的克令吊，能够取得一些经验，有利于重吊的安装。重吊的安装过程如下
	（1）前期准备工作的检查	①检查浮吊的索具是否满足要求，是否有安全隐患。 ②本体与基座的法兰及吊臂和吊臂座的法兰接触面，须清理干净，并涂上薄薄一层厂家提供的胶。 ③检查压缩空气、电源等是否可用。 ④将所有属于本体内的动力单元、液压部件及电焊机、照明灯具等全部放入基座内。 ⑤起货、变幅钢丝绳已到位，导引绳与其已连接牢固

续表

安装流程		具体安装步骤	
本体及吊臂的安装	（2）安装本体和吊臂	①吊运本体至舱盖上，拆除运输托架，如图1所示。 ②竖直吊起本体，初步调整方向，使本体驾控室正面对着吊臂托架方向，如图1所示。 ③当本体与基座对准后，按间隔1 200方位，分别插入一个定位螺杆初步固定。 ④将所有的连接螺栓、螺母和垫片装上，用气动扳手预紧。 ⑤此时，浮吊可以松钩，转去吊运吊臂。 ⑥按照吊臂停放时的角度吊起吊臂，对准吊臂座和吊臂托架，然后用气动扳手将连接螺栓预紧。 ⑦先后将本体和吊臂的连接螺栓用扭力扳手按照规定的扭矩拧紧	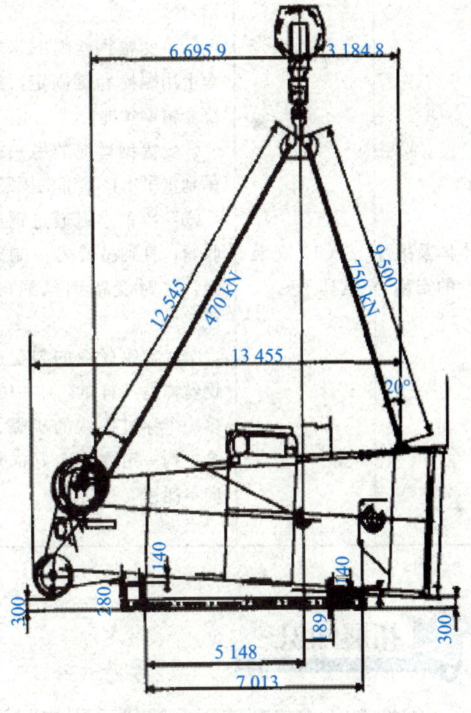 图1 克令吊本体示意
	（3）动力单元和内部部件的安装	当重吊的螺栓预紧后，此时已可以在本体内安装动力单元和内部部件。按照图纸要求，将滑环、通道梯、电缆托架、接线箱、电缆和液压部件、软管依次装好，同时用油泵将液压油充入油柜。然后对其进行初步调试，保证起重机各部件能够运行，为下一步装配索具作准备	
本体及吊臂的安装	（4）安装索具	安装前，对所要安装的索具一定要进行质量检查，以确保过程的顺利和操作的安全。 考虑到起吊能力的制约，在通常的钢缆导引绳前又加一段白棕绳做导引。这样只需利用人力就可以使白棕绳走完全程，到达重吊内的钢丝绞车，然后通过钢丝绞车来牵引。 ①装配应从变幅钢丝绳开始。十分重要的一点就是钢丝绳出绳方向千万不能错，如图2所示。 ②变幅钢丝绳和导引绳的接头要平滑、光顺，为达到钢丝绳顺利装配的目的，可以加装一个导引滑车。 ③当变幅钢丝绳在重吊内的钢丝绞车上已绕满一层时，用铁链将变幅钢丝绳固定、锁紧，然后倒车将导引绳取下	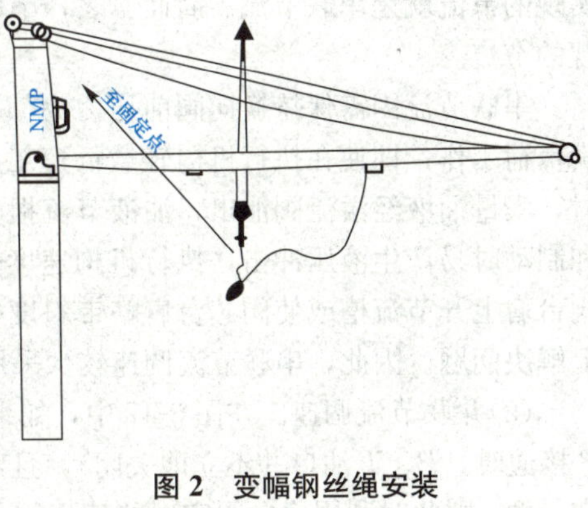 图2 变幅钢丝绳安装

续表

安装流程	具体安装步骤	
本体及吊臂的安装	（4）安装索具	④将变幅钢丝绳的末端在钢丝绞车上用螺栓和键固定，然后开始卷绕变幅钢丝绳。 ⑤变幅钢丝绳的另一端用起重机吊到重吊本体顶部的固定处固定。 ⑥变幅钢丝绳通过钢丝绞车慢慢收紧，直到吊臂另一端离开吊臂托架，这时变幅钢丝绳的装配就完成了。 ⑦起货钢丝绳的装配过程与变幅钢丝绳是一样的，唯一的区别在于多一个穿过主钩的步骤。要注意的是主钩一定要固定好，并且摆放方向不能错

拓展知识

阀控型开式起升液压系统是采用定量泵和定量液压马达的阀控开式系统，简称定—定开式系统。该系统是起重类机构液压系统，承受单向负载，负载源主要是重力。任何采用定量泵的系统必定采用换向阀来控制换向。

1. 换向和调速

换向由手动换向阀实现。换向操作切忌过猛，否则因起重机构惯性较大，在启、停、换向时就会产生较大的液压冲击，虽然系统中设有安全阀和制动溢流阀，但其开启动作有一定滞后，动态压力超调量较大时，仍可能造成管路、密封和仪表的损坏。

（1）串联节流调速。在图3-46中，如果换向阀采用闭式过渡结构（一离开中位 P、T 油口就互不相通），且将安全阀2作为定压阀用，以便和定量泵1一起组成定压源，则此时利用换向阀实现的节流就是串联节流。简而言之，串联节流是在定压源条件下用闭式过渡结构的换向阀实现的节流。

串联节流因需保持换向阀前压力为额定工作压力，且油泵流量是恒定的，所以，油泵始终满负荷工作，即使在执行机构轻载低速工况时也是如此，因此经济性很差。另外，在低速工况时，大量油液经溢流阀泄出，油液节流损失大，发热严重；换向阀的闭式过渡结构也使得换向和制动时易产生液压冲击，执行机构速度受负载影响较大。当然，用适当延长滑阀行程、在滑阀台肩上开节流槽或使阀芯台肩略带斜度等方法，可使上述弊病有所减轻，但终究不能从根本上解决问题。因此，串联节流调速较少采用。

（2）并联节流调速。在图3-47中，如果换向阀采用开式过渡结构（一离开中位，P、A 或 P、B 接通时，P、T 油口并不立即关闭），且将安全阀2作为安全阀用，以便和定量泵1一起组成定量源，则此时利用换向阀实现的节流就是并联节流。简而言之，并联节流是在定量源条件下用开式过渡结构的换向阀实现的节流。

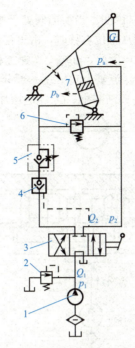

图 3-46 采用单向节流阀限速的
阀控开式起升液压系统

1—定量泵；2—安全阀；3—手动换向阀；4—液控单向阀；
5—单向节流阀；6—制动阀；7—液压缸

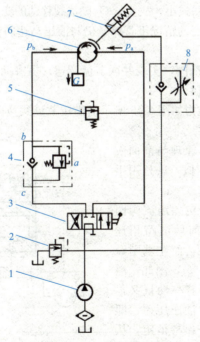

图 3-47 采用平衡阀限速的
阀控开式起升液压系统

1—定量泵；2—安全阀；3—手动换向阀；4—溢流阀；
5—制动阀；6—液压马达；7—制动器；8—单向节流阀

并联节流的原理可用图 3-48 加以说明。当换向阀处于中位(图示位置)时，P、T 接通，液压泵卸荷，执行机构不动。当换向阀从中位右移时，由于在油路 P、A 接通时 P、T 并不立即隔断，而是随 P、A 的开大而逐渐关小，因此，在整个调速过程中，液压泵的流量 Q_1 被分成两个部分：一部分经 P、A 流入执行机构，流量为 Q_2；另一部分则经 P、T 流回油箱，流量 $Q_3 = Q_1 - Q_2$。显然，随着滑阀的继续右移，Q_3 逐渐减小，Q_2 相应增加，因而也就实现了调速的目的。

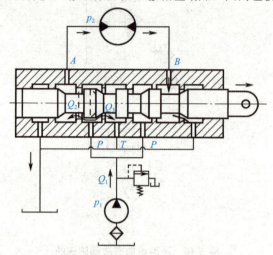

图 3-48 并联节流调速原理图

与串联节流相比，并联节流因轻载和低速时回油口开得较大，使 p_1 的数值较小（一般小于溢流阀的整定压力，溢流阀作安全阀用），所以调速效率稍好，油液发热较轻；而且轻载时换向阀前后的压降（$p_1 - p_2$）也较串联式小，故流量 Q_2 随滑阀移动的变化比较平缓，调速性能也将有所改善。然而，在滑阀开度不变的情况下，流量仍与液压马达的负载有关，所以，调速性能仍然不够理想。

采用上述具有过渡结构的滑阀，实现并联节流调速，虽有助于获得比较平缓的调速性能，但操纵换向阀时动作仍不可过猛。

(3) 溢流节流调速。采用结构如图 3-49 所示的溢流节流式换向阀时的节流调速就是溢流节流调速。

溢流节流式换向阀的工作原理与前面液压阀件中介绍的溢流节流阀相似，只是用手动换向阀代替了其中的节流阀。

在溢流式换向阀中，由于定差溢流阀两端的油腔分别同换向阀节流前后油路相连通，即右端通入液压泵的排压，而左端则经梭阀承受液压马达的进油压力 p_2，因此，溢流阀的弹簧可做得很软，其阀芯移动量又很小，那么，换向阀节流前后的油压压差，即可像溢流节流阀那样，接近于保持恒定，从而使流经换向阀的流量，基本上取决于换向阀的阀芯位置，而不受液压马达载荷大小等影响。

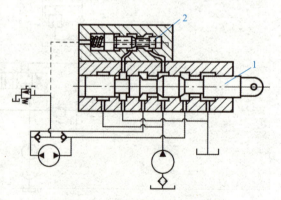

图 3-49 溢流节流调速原理图
1—手动换向阀；2—定差溢流阀

溢流节流调速不仅可使流经换向阀的流量与载荷的变化无关，执行机构的速度因而比较稳定，同时，还因定差溢流阀的调整压力通常不大（为 0.2~0.4 MPa），所以调速也较平稳，即执行机构的速度不会随滑阀位置的移动发生急剧变化，调速效率较高，轻载时尤为显著。

上述各种节流调速的方法，无论具体方案如何，只要是节流调速，都必须使定量泵排出的多余油液重返油箱，并使供至执行机构的油液经过节流，故功率损失总是不可避免的，并因此而导致油液发热。这是节流调速的固有缺陷。

2. 限速和制动

起重类机构工作时，无论其处于起升、制动还是下降阶段，在起货卷筒上都始终承受着因货重而造成的单向静负载。显然，在开式液压回路中，如果在下降时不设法控制液压马达的排油，而使其直通油箱，那么，在重力的作用下，货物的下降速度就会达到危险的程度。为防止造成坠货事故，在系统中就需采取相应的限速措施。

起重类开式液压系统的制动事关安全，非常重要，通常同时采用液压制动和机械制动两种方法，来确保制动可靠。

(1) 液压制动是通过具有中位锁闭机能的换向阀回中实现的。换向阀回中时，执行机构因进出油路被锁闭而制动。由于换向阀密封性有限，易产生泄漏，造成货物慢慢移动，即不能可靠握持货重。因此，需提高换向阀回中后的下降工况时执行机构回油管路的密封性。对于采用单向节流阀限速的系统，需在单向节流阀和换向阀之间的管路上串联液控单向阀；对于采用直控和远控平衡阀限速的开式系统，因平衡阀具有良好的密封性，故不必另采取锁封措施。尽管如此，液压制动仍不具备良好的锁闭作用，因为即使阀件不漏，液压马达内部仍不可避免地会发生泄漏。因此，必须为液压马达加设机械制动器。

(2) 机械制动是通过具有"泄油抱闸，进油松闸"功能的机械制动器实现的。根据抱闸和松闸的快慢，机械制动器可分为延时抱闸即时松闸、即时抱闸即时松闸和即时抱闸延时松闸三种。

① 延时抱闸即时松闸。机械制动器在液压马达靠液压制动停转后才抱闸，可避免制动器磨损过快，但制动时间较长。如图 3-47 所示，在制动器 7 的控制油管上加装单向节流阀 8，如图所示的方向安装，则泄油受阻，延迟抱闸；进油无阻，即时松闸。

② 即时抱闸即时松闸。机械制动器可缩短制动时间，减少重物下滑距离，但磨损较快。如图 3-47 所示，若在制动器 7 的控制油管上不装单向节流阀 8，则可实现即时抱闸即时松闸。

③ 即时抱闸延时松闸。机械制动器可以让液压系统有关元件有一定的动作时间，确保安全，但制动器磨损严重，制动带寿命短。如图 3-47 所示，若将制动器 7 的控制油管上的单向节流阀反向安装（进出油口对换安装），则可实现即时抱闸延时松闸。

3. 限压保护

起货机在吊货时，液压泵的排油压力主要取决于液压马达的负荷。为了防止起货机超负荷时因液压泵排压过高导致原动机过载或装置损坏，故在液压泵的出口处，设有安全阀。

起货机在下降制动时，执行机构的排油油压，会因换向阀回中、排油路突然锁闭，以及货重和惯性力的影响而瞬间升高。这时，为了防止油压因液压制动而过分升高，在高低压管路之间，设置有制动溢流阀。为缩短制动时间，制动溢流阀的整定压力可以比油泵出口处的安全阀提高 5%~10%。

阀控式开式液压系统虽然设备简单，油液在油箱中也能较好地散热和沉淀，但必须采用节流调速（能耗限速），工作时能量损失较大，油液容易发热，而且空气渗入机会较多，也易导致油液变质，故多应用于压力较低、功率较小或不经常工作的场合。

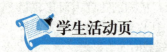

学生活动页

工作任务	安装起货机系统					
学生姓名		班级学号		组别		任务成绩
任务描述	接受安装起货机系统任务工单，仔细阅读起货机系统的安装工艺，根据起货机系统安装工艺及操作规程进行起货机系统的安装					
场地、设备	辅机实训室、起货机系统安装图纸、起货机系统					
工作方案	根据任务要求，确定所需要的知识、设备、工具，并对小组成员进行合理分工，制定完成起货机系统安装详细方案					
起货机系统安装步骤	起货机系统安装步骤					
	遇到问题			解决问题		
	1.					
	2.					
	3.					
	4.					
	5.					
签字	任务完成人签字：　　　　　　　　　　日期：　　年　　月　　日 指导教师签字：　　　　　　　　　　　日期：　　年　　月　　日					

练习与思考

1. 对起货机有哪些基本的技术要求？
2. 船用起货机可分为哪几类？
3. 简述液压起货机操纵机构的作用和分类。
4. 回转式起货机有哪几个方面的安全保护？分别举一个例子。

任务 3.4 安装调试锚绞机

接受锚绞机安装与调试任务，根据锚绞机安装工艺和操作规程进行锚绞机系统安装调试，编制完工文件。通过本任务学习，学生需要掌握以下知识和能力。

1. 知识目标

(1)掌握锚机、绞缆机的结构、组成和工作原理；
(2)掌握规范对锚机、绞缆机的要求，以及工作过程中的具体操作要点。

2. 能力目标

能够正确安装、调试锚铰机系统。

3. 素质目标

(1)具有爱岗敬业、实事求是、与人协作的优秀品质；
(2)具有规范操作、安全操作、环保意识；
(3)具有创新意识，获取新知识、新技能的学习能力；
(4)具有质量意识、成本意识，具有沟通、协调能力；
(5)具有先进技术的拓展能力。

知识准备

一、液压锚机

1. 锚设备的功用和组成

船舶有时为避风或驶达港口时因等候泊位、引水及接受检疫、候潮等原因而需要抛锚，以抵御风及水流作用在船体上的力，为保持船位不变，故船舶需设置锚设备。另外，锚设备也是操纵船舶的辅助设备，如靠离码头、系离浮筒、狭水道调头或需紧急减刹船速等，都要用到锚。锚设备的组成如图 3-50 所示。根据锚机所用动力不同，目前主要有电动锚机和液压锚机；按链轮轴线布置的方向不同，又有卧式和立式之分，大船多用卧式。

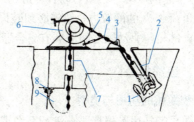

图 3-50 锚设备的组成
1—锚；2—锚链筒；3—止链器；4—掣链钩；5—锚链；
6—锚机；7—锚链管；8—弃锚器；9—锚链舱

锚机通常同时设有绞缆卷筒，其结构形式如图 3-51 所示。原动机 1(图示为电动机)通过涡轮减速器 3 转动绞缆卷筒 5，再通过齿轮减速转动锚链轮 4。用于绞缆时，可借离合器手柄 7 使锚链轮的牙嵌式离合器 6 脱开。浅水抛锚也可脱开离合器，靠锚链自重进行，用刹车手柄 2 调节刹车带松紧控制抛锚速度。深水抛锚可将离合器合上，由于涡轮减速器有自锁功能，抛锚速度由原动机转速决定。

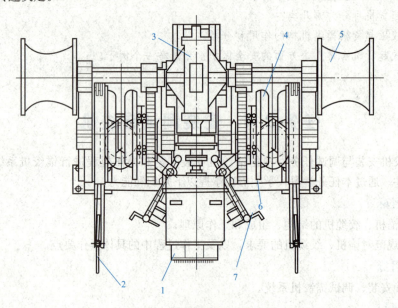

图 3-51　锚机的结构形式
1—电动机；2—刹车手柄；3—减速器；4—锚链轮；5—绞缆卷筒；6—离合器；7—离合器手柄

2. 锚机应满足的基本要求

(1)独立驱动必须由独立的原动机或电动机驱动。对于液压锚机，其液压管路如果与其他甲板机械的管路连接时，应保证锚机的正常工作不受影响。

(2)在船上试验时，锚机应能以不小于 9 m/min 的平均速度将 1 只锚从水深 82.5 m 处(3 节锚链入水)拉起至 27.5 m 处(1 节锚链入水)。

(3)一定的短时工作能力和抗堵转能力。在满足以上规定的平均速度和工作负载时，应能连续工作 30 min；并应能在过载拉力(不小于工作负载的 1.5 倍)作用下连续工作 2 min，此时不要求速度。

(4)可靠的制动、锁紧与离合。链轮或卷筒应装有可靠的制动器，制动器刹紧后应能承受锚链断裂负荷 45% 的静拉力；锚链必须装设有效的止链器。止链器应能承受相当于锚链强度的试验负荷；链轮与驱动轴之间应装有离合器，离合器应有可靠的锁紧装置。

二、绞缆机

1. 绞缆机的功用与类型

绞缆机的功用是根据要求进行系缆或放缆，为船舶停靠码头、系带浮筒、旁靠它船和进出船坞等作业服务，是系泊设备的重要组成部分。系泊设备主要由系缆索、带缆桩、导缆孔(或导缆钳)、绞缆机等组成。

绞缆机按动力可分为电动绞缆机和液压绞缆机；按张力是否自动调节可分为普通绞缆机和恒张力绞缆机（自动系缆机）；按轴线布置可分为卧式绞缆机与立式绞缆机。

在船首，常用锚机兼作绞缆机。此时，绞缆卷筒通常和锚机一起，用同一动力驱动，并可以通过离合器啮合或脱开。有的起货机也同时带有绞缆卷筒，但在船尾则大多设置独立的绞缆机。

2. 对绞缆机的基本要求

(1) 足够的强度。应能保证船舶在受到 6 级风以下作用时(风向垂直于船体中心线)仍能系住船舶。

(2) 足够的拉力。其拉力大小应根据船舶尺寸，按《钢质海船入级与建造规范》所推荐的值选取。

(3) 足够的速度。绞缆速度一般为 15~30 m/min，最大可达 50 m/min，达到额定拉力时速度取下限值。

3. 液压恒张力绞缆机的基本工作原理

采用普通型绞缆机的船舶，即使在船舶停泊期间，也需视潮汐的涨落和船舶吃水的变化，相应调整缆绳的松紧，而且操作时也很难保证各根缆绳受力均匀，若有一根缆绳因过载而拉断，则其他几根也将受到影响，特别是在巨型油船、散装船与大型集装箱船上，由于缆绳的直径很大，更增加了操作上的困难和不安全性。为此，在许多船舶上采用了自动调整张力的绞缆机，即恒张力绞缆机。

液压恒张力绞缆机的形式虽然很多，但工作原理基本相同。因为液压马达的输出扭矩是由马达的每转排量和工作油压所决定的，故对定量液压马达而言，只要能自动控制液压马达的工作压力，就能控制液压马达的扭矩，即可自动调整绞缆张力。根据具体实现张力调整的方法不同，液压恒张力绞缆机可分为以下两大类：

(1) 阀控式恒张力绞缆机。图 3-52 所示为阀控式恒张力绞缆机液压系统原理图。这种系统采用定量液压泵，一般都用溢流阀来控制液压马达收缆供油管的油压。由于系泊期间液压泵的排油仅需补充马达和系统漏泄，而多余的排油都要经溢流阀溢回油箱，为减轻功率的消耗和油液的发热，常在停泊时改用流量小的辅泵供油，或改用蓄能器 1 维持供油压力，而用压力继电器 9 根据蓄能器压力使主泵间断工作。

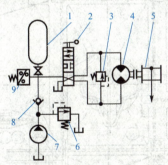

图 3-52 阀控式恒张力绞缆机液压系统原理图
1—蓄能器；2—换向阀；3—溢流阀；4—油马达；5—卷筒；
6—溢流阀；7—油泵；8—单向阀；9—压力继电器

(2) 泵控式恒张力绞缆机。图 3-53 所示为带压力继电器的泵控式自动绞缆机液压系统原理图。主泵采用恒功率变量泵；或采用压力继电器对普通变量泵进行二级变量控制，以使主泵在达到所要求的工作压力时就能改以小流量工作。这虽可省辅泵，但存在主泵价格较高和系泊期间工作时间长、效率低的缺点。为此，在有的泵控式系统中设有大、小两台液压泵，在系泊工况两泵同时供油，在停泊工况只有小泵供油，以减少功耗。

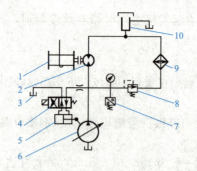

图 3-53 带压力继电器的泵控式自动绞缆机液压系统原理图

1—卷筒；2—油马达；3—油箱；4—电磁换向阀；5—变量机构油缸；6—油泵；7—压力继电器；8—溢流阀；9—冷却器；10—膨胀油箱

任务实施

一、安装锚绞机

锚绞机基座结构图如图 3-54 所示。锚绞机外形尺寸如图 3-55 和图 3-56 所示。安装锚绞机步骤见表 3-8。

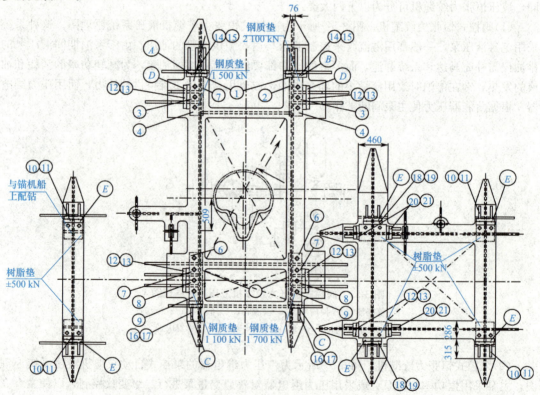

图 3-54 锚绞机基座结构图

1—焊接垫 1；2—调整垫 1；3—调整垫 2；4—调整垫 3；5—焊接垫 2；6—调整垫 4；7—调整垫 5；8—调整垫 6；9—调整垫 7；10—止推块 1；11—楔块 1；12—止推块 2；13—楔块 2；14—止推块 3；15—楔块 3；16—止推块 4；17—楔块 4；18—止推块 5；19—楔块 5；20—止推块 6；21—楔块 6

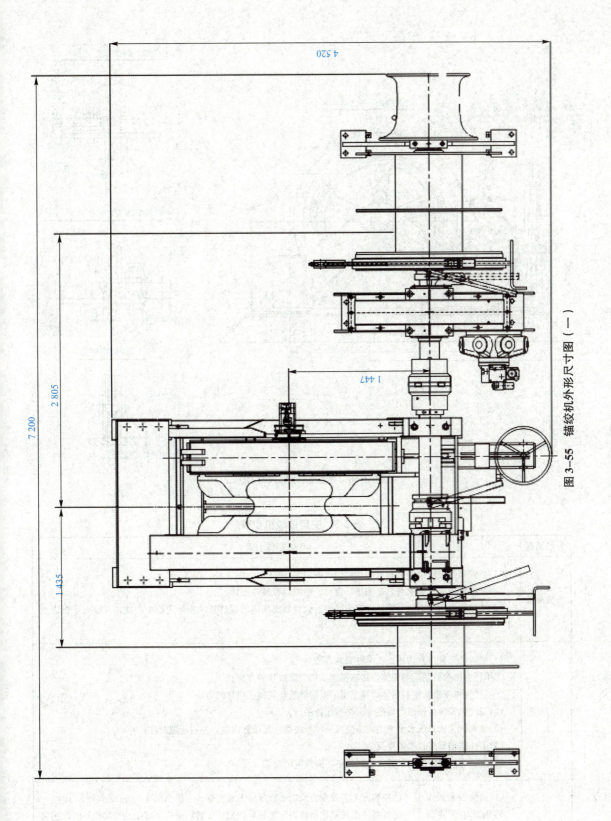

图 3-55 锚绞机外形尺寸图（一）

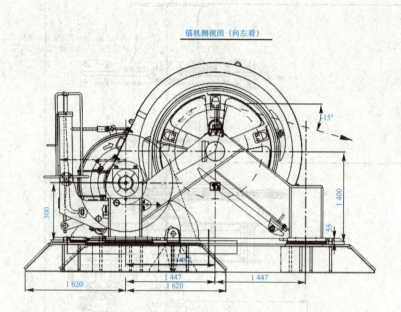
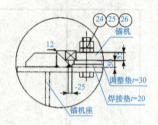
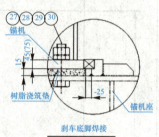

图 3-56　锚绞机外形尺寸图(二)

表 3-8　安装锚绞机步骤

安装流程	具体安装步骤	
安装准备	(1)有完整的锚绞机安装布置图和锚绞机安装图(图 3-54、图 3-55、图 3-56)。 (2)准备好玻璃连通水管，琴钢丝，直尺，切割、焊接等工具。 (3)按锚绞机布置图的要求，在安装处甲板区域划出相应的锚绞机的安装定位中心线，并检查甲板表面不平度，应不超过 5 mm/m	
工艺要求	(1)锚绞机安装可分为甲、乙两种安装方法。 ①甲种为锚绞机基座与船体焊接基座间采用金属垫片的方法。 ②乙种为锚绞机基座与船体焊接基座间采用浇筑环氧树脂垫片的方法。 (2)锚绞机安装后轴系与底座平面必须保持平行。 (3)锚绞机主轴直线水平度的调节应保持轴与底部轴瓦接触均匀，左右间隙对称。 (4)刚性联轴节离合器操作灵活。 (5)连接螺栓紧固件的预紧力达到设备厂商规定的要求	
工艺过程	(1)锚绞机金属固定垫板基座安装前的内场准备工作(仅适用于甲种安装法)	①按装配工艺要求将固定垫板接触面加工好，上平面刨 1∶100 的斜度。 ②按基座图或实物每块固定垫板放在相应位置，垫板高度小的一端朝外侧，用夹紧装置将机身、固定垫板、基座一一对应夹紧进行定位，将垫板与基座焊接。 ③划出所有螺孔的位置并钻孔

续表

安装流程		具体安装步骤
工艺过程	(2)锚绞机基座在船上的安装及焊接	①必须在甲板电焊、火工校验全部结束后，方可吊上基座安装。 ②将锚绞机基座吊运到船相应的部位后找准中心，用琴钢丝、玻璃连通水管检查并调整基座上平面，使其保持水平，划出基座上需要气割的部位并做好记号。 ③用气割修整基座，使基座肘板下沿平面与甲板密接，间隙应不大于 5 mm，同时检查基座上平面的水平要求。 ④基座与甲板焊接按工艺图要求，先点焊定位，接着按每边最长焊接 100 mm，交叉进行，然后依次渐进。焊缝须致密，肘板焊脚高度按图纸要求
	(3)金属调整垫片的制作和安装(仅适用于甲种安装法)	①锚绞机设备吊装到基座上，用顶升螺栓调整锚绞机机座底平面，顶升高度约为活动垫片的厚度，使锚绞机设备处于水平状态。在整个调整过程中用塞尺检查联轴器两平面之间的间隙及外圆平行度，使其保持一致，轴承间隙应符合技术要求。此时，离合器啮合、分离自如。 ②测量锚绞机底平面与公共基座垫板之间的间隙，并配置相应的金属垫片。垫片与锚绞机底座平面进行着色检验，要求着色均匀且接触面大于 60%。用 0.06 mm (局部允许 0.1 mm)塞尺允许塞入度不大于 10 mm。 ③上述垫片做好交验合格后，插入垫片并拧紧紧固螺栓和螺母。拧紧力矩达到设定要求。 ④拧紧螺栓后，复检各轴承的间隙，检查离合器的啮合与分离，直到符合要求为止。 ⑤将止推块放到指定位置，使活络楔块露出接触面约 1/3 长度，并将止推块焊牢，拂配活络楔块，使其与锚机底座紧密贴合，当接触长度符合要求后将活络楔块与止推块沿接触方向均匀点焊 3 点
	(4)浇筑环氧树脂垫片的安装(仅适用于乙种安装法)	①浇筑环氧树脂垫片前锚绞机机座状态应达到要求。 ②选择合适的浇筑环氧树脂垫片的供应商(服务商)，其浇筑材料、操作规程等均应得到有关船级社的认可，并有多条船浇筑工艺的实践经验。必要时应有书面认可文件。 ③垫片浇筑前准备。 a. 检查所需材料已准备好。 b. 环氧树脂固化剂使用之前，至少将其置于 20 ℃～25 ℃温度下 12 h。这可以保证最好的搅拌效果和浇筑黏度。 c. 吊装前应清除浇筑环氧树脂垫片区域内的牛油、锈斑、氧化铁屑、灰尘、油漆等。 ④拦挡安装。 a. 根据各种设备及安装浇筑环氧树脂区域的不同，由供货商提供拦挡尺寸。 b. 安装挡板使防溢出的高度与宽度在规定的范围内。即宽度为 12～18 mm，高度大于 15 mm，点焊挡板。并在挡板的底边用密封胶泥填住缝隙。 c. 将泡沫条切割成围料，使其高度大于 6 mm，按照环氧树脂垫片布置图，塞于机身底平面与基座平面之间，螺孔(紧配螺孔除外)也可以用螺栓插入并将螺母用手拧紧，无论采用哪种方法都要先用不融化油脂充分涂抹。 d. 将挡板密封好，用脱膜剂喷洒内表面，确认所有可能的泄漏处均很好地被密封。在浇筑前防止泄漏比浇筑后堵漏容易得多。 ⑤浇筑样块。浇筑样块应采用与垫块相同的材料并在相同的环境下同时浇筑。当环氧树脂足够固化后，必须用巴氏硬度计，检测垫块硬度，达到 40 即表明环氧树脂已彻底底固化，并取得验船师和船东认可后，将加热器移走，使浇筑垫块回到常温

安装流程	具体安装步骤
	(5)按图纸要求调整刹车支架。 (6)按上述止推块要求配置好止推块
检验	(1)锚绞机安装结束后,检查锚绞机主轴直线度是否符合上述工艺要求。 (2)锚绞机安装结束后,检查离合器的操作是否符合上述工艺要求。 (3)锚绞机安装结束后,检查联轴螺栓的预紧力是否符合上述要求

二、调试锚绞机液压系统

调试锚绞机液压系统步骤见表3-9。

表3-9 调试锚绞机液压系统步骤

调试步骤	实施调试
作业前准备	(1)检查锚绞机控制箱的安装完整性。 (2)检查本地控制台的安装和接线完整性。 (3)检查设备的连接线是否正确。 (4)检查设备绝缘。 (5)检查齿轮箱、液压油柜是否已经加满油,液压管串油与否
试验步骤	(1)锚绞机液压单元试验:液压油泵切换试验,油高温报警、油低压报警等试验,同时测量液压马达启动电流、工作电流、工作压力。 (2)锚绞运转试验:在机旁进行锚绞高低速、正反转、手动、电动、应急停止试验,检查是否有异常响动和发热,检查液压马达及液压管系、阀件是否正常工作,同时测量工作压力、锚机转速。 (3)负荷试验:连上钢丝绳和连上拉力计,对锚绞机进行拉力试验。对于装有拉力自动调节的设备,将拉力从100%分别调到75%、50%、25%,观察拉力计所示拉力是否是原拉力的75%、50%、25%。 (4)刹车试验:用液压顶撑装置试验,在锚绞机刹车的情况下顶撑绞筒,检查力矩是否达到设计要求。 (5)抛锚试验:脱开锚闸,在机旁控制锚机把锚链放入,边放边试刹车功能,然后用锚机收起锚链,检查收链速度和制动装置的可靠性,锚链冲水效果检查,分别操作左右试验
作业后工作	(1)松开缆绳,脱下拉力计,再盘好缆绳。 (2)按下应急停止按钮。 (3)断开电源。 (4)保护好设备,防止设备被撞坏或被油漆污染

下面以采用定量叶片泵和二级变量叶片式油马达的阀控型闭式系统(图3-57)的液压锚机为例,说明其液压系统的组成和工作原理。

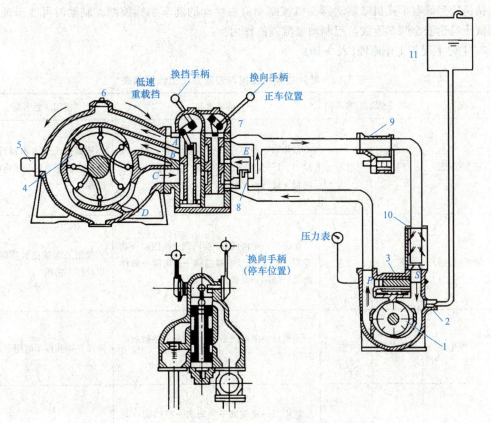

图 3-57 叶片式液压锚机原理图

1—液压泵；2—补油阀；3—安全阀；4—液压马达；5—液压马达安全阀；
6—放气阀；7—控制阀；8—单向阀；9—磁性滤油器；10—回油滤油器；11—重力油箱

1. 主要组成部件

(1) 液压泵。液压泵 1 为双作用叶片式液压泵，由电动机带动恒速回转，最大使用压力为 6.86 MPa。为防止压力过高，液压泵上还设有安全阀。

(2) 液压马达 4 采用双作用叶片式液压马达，结构与双作用叶片泵类似，由定子、转子和叶片等所组成。在转子上均匀分布的 8 个叶片槽中设置有叶片，为使叶片能紧贴在定子的内表面上，在转子端面的弧形凹槽中，每两个叶片之间，设有矩形截面的弧形推杆。工作时，叶片在压力油的作用下，带动转子在定子中转动。由于转子是用键与轴相连，所以，当转子转动时，即可直接带动锚链轮回转，从而完成起锚或抛锚任务。

(3) 控制阀。控制阀 7 具有两个阀腔：一个是换向阀腔，内装换向阀和单向阀 8，用以控制液压马达的正转、反转或停转；同时，它又是一个开式过渡滑阀，可通过并联节流，对液压马达进行无级调速。另一个是换挡阀腔，内装换挡阀，控制液压马达的低速或高速工况。

(4) 重力油箱。重力油箱 11 中的液压油依靠重力产生的静压保持液压泵的吸入压力，并对系统进行补油。

(5) 磁性滤油器。叶片式液压马达叶片与定子内表面的比压较大，会产生一定的磨损，另外，其他摩擦副在运行中也会产生磨屑，而叶片与叶片槽是选配偶件，对磨屑很敏感，因此，必须配置磁性滤油器。

(6) 带式制动器。液压锚机的限速和制动除控制换向手柄做液压能耗限速和液压制动外，还在锚链轮旁设有带式机械制动器。机械制动器由手动的刹车手柄控制。制动时可能出现的高压由液压马达安全阀 5 泄放，起制动溢流阀的作用。

2. 主要工况与工作原理(表 3-10)

表 3-10　叶片式锚机工况与液压系统工作原理表

工况		换挡手柄	换向手柄	油液流向	使用注意事项
低速挡	正车(起锚)	向左	向右	泵出口→单向阀 8→换向阀→换挡阀→油口 A、B→油口 C→换挡阀→换向阀→磁性滤器→滤网→泵吸入口	拔锚破土或入水锚链多、负载大时用，以及锚将就位时用
	倒车(放锚)	向左	向左	泵出口→单向阀 8→换向阀→换挡阀→油口 C→油口 A、B→换挡阀→换向阀→磁性滤器→滤网→泵吸入口	控制入水锚链长度时用，以及停车前用
	停车	中位	中位	泵出口→单向阀 8→换向阀→油路被阀芯封闭	液压制动和停车时用
高速挡	正车(起锚)	向右	向右	泵出口→单向阀→换向阀→换挡阀→马达油口 A→马达油口 B、C、D(马达油口 B 和 C 为一有效作用工作组，A 和 D 为另一有效作用工作组。B、C 相通，自我循环，使该作用失效；A 口进油，D 口回油，因而马达仅按单作用工作，扭矩减小一半，转速提高一倍)→换挡阀→换向阀→磁性滤器→滤网→泵吸入口	常在收系锚链时或系缆时用，不可在拔锚破土或重负载时用，否则会造成高压，安全阀起跳
	倒车(放锚)	向右	向左	泵出口→单向阀→换向阀→换挡阀→马达进出口 B、C、D(由于 B、C 相通，自我循环，油仅从 D 口进入，马达呈单作用，扭矩减小一半，转速提高一倍)→马达油口 A→换挡阀→磁性滤器→滤网→泵吸入口	放锚初期或系缆时使用
	停车	中位	中位	泵出口→单向阀→换向阀→油路被阀芯封闭	液压制动时用

学生活动页

工作任务		安装调试锚绞机				
学生姓名		班级学号		组别		任务成绩
任务描述	接受锚绞机安装任务工单，结合实训室锚绞机操作装置认知系统中各组成部分名称、结构、原理及功用，仔细阅读锚绞机系统的安装工艺、实验册，能根据锚绞机系统安装工艺及操作规程进行锚绞机的安装、调试					
场地、设备	辅机实训室、锚绞机安装图纸、锚绞机系统					
工作方案	根据任务要求，确定所需要的知识、设备、工具，并对小组成员进行合理分工，制定完成安装锚绞机、调试锚绞机详细方案					
锚绞机安装与调试步骤	1. 安装锚绞机步骤					
	2. 调试锚绞机步骤					
	遇到问题			解决问题		
	1.					
	2.					
	3.					
	4.					
	5.					
签字	任务完成人签字： 指导教师签字：			日期：　年　月　日 日期：　年　月　日		

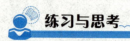

练习与思考

1. 锚装置的功用是什么?锚装置主要由哪几部分组成?
2. 电动锚机的特点有哪些?
3. 按张力是否能自动调节,绞缆机可以分为哪几类?
4. 请简述锚机应满足的要求。
5. 请简述对绞缆机的基本要求。
6. 请简述船舶配备恒张力绞缆机的必要性。

模块 4　船舶制冷装置安装与调试

思维导图

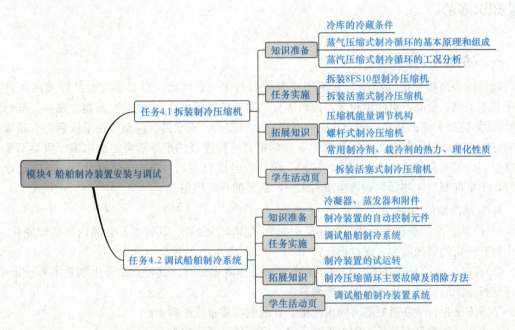

制冷就是从某一物体或空间吸取热量，并将其转移给周围环境介质，使该物体或空间的温度低于环境的温度，并维持这一低温的过程。用于完成制冷过程的设备称为制冷机或制冷装置。在船舶上，制冷技术广泛应用于货物冷藏运输、食品冷藏、鱼类保鲜、天然气液化和储运、冷藏集装箱"冷藏链"运输和船舶舱室的空气调节等。船舶冷藏包括海上渔船、商业冷藏船、海上运输船的冷藏货舱和船舶伙食冷库，以及海洋工程船舶的制冷和液化天然气的储运槽船等。因此，制冷装置的安装与调试是相关技术人员必须掌握的基本技能。

任务 4.1　拆装制冷压缩机

接受拆装制冷压缩机任务，按照拆装规范对蒸汽压缩式制冷压缩机进行拆装训练，掌握制冷设备安装要点，会对热力膨胀阀进行合理选用。通过本任务学习，学生需要掌握以下知识和能力。

1. 知识目标

（1）掌握蒸汽压缩式制冷装置的组成；

（2）掌握蒸汽压缩式制冷循环的工作原理；

（3）掌握蒸汽压缩式制冷系统主要部件的结构；

（4）了解螺杆式制冷压缩机的结构；

（5）了解常用制冷剂的性质和选用。

2. 能力目标

(1)能够准确识读活塞式制冷压缩机结构图；

(2)能够按照拆装规程正确拆装压缩机。

3. 素质目标

(1)在拆装制冷压缩机过程中培养安全操作、规范拆装和环保意识；

(2)在拆装制冷压缩机过程中培养团队协作意识和吃苦耐劳的精神。

知识准备

一、冷库的冷藏条件

食品冷藏是船舶冷库制冷装置的主要服务项目之一。因此，有必要对食品冷藏的条件有一个基本了解，食品冷藏的原理是：肉鱼等食品腐坏的原因主要是微生物(细菌、霉菌、酵母菌等)活动繁殖所分泌的物质，使食物中的有机物水解变质。而水果、蔬菜等在采摘后仍有新陈代谢的呼吸作用，吸收氧气，放出二氧化碳和热量。这种呼吸作用虽然可防护水果、蔬菜不受微生物侵害，但又会使水果、蔬菜继续成熟、消耗养分以致腐烂。用冷库保存食品，主要是创造条件，尽量抑制微生物活动和适当减弱水果、蔬菜的呼吸作用。

1. 食品冷藏的方法

(1)冷却。冷却是在大于 0 ℃的环境中对食品作降温处理。其特点是食品内部组织变化大，微生物有一定的繁殖能力，保存期短。

(2)冻结。冻结是在低于 0 ℃的环境中对食品作降温处理。其特点是微生物基本停止繁殖，保存期长。冻结又可分为速冻和冷冻两种。

①速冻是指食品在极短的时间内冻结，食品内在质量受影响小。

②冷冻是指食品在较长时间内冻结，食品内在质量受影响大。

2. 食品储藏的条件

(1)合适的温度条件。低温一般不能杀灭微生物，但可以使微生物活动受抑制，直至食品中的水分完全冻结，微生物活动完全停止。低温还可以使水果、蔬菜的呼吸作用减弱。对不同的食品，需要创造不同的冷藏条件，通常有"冷却""冷冻""速冻"的处理方法。

远洋船舶鱼肉库的温度一般保持在 -18 ℃～-20 ℃，因 -60 ℃下食品水分完全冻结，而 -20 ℃时，食品仅剩约 10%的水分，保存期可达半年以上。近海船库藏时间短，保存期不超过 2～3 个月，常取 -10 ℃左右，蛋库、菜库以保鲜为主，库温一般为 -1 ℃～$+1$ ℃和 3 ℃～5 ℃。

(2)适宜的湿度条件。相对湿度过低，会使食品表面干缩和失水减重，品质变差，相对湿度过高，库温在 0 ℃以上的冷藏食品表面发潮，微生物更易繁殖，但对冷冻食品影响不大。

适宜的相对湿度条件是：鲜肉蛋类 70%～80%，蔬菜 70%～90%，水果 90%左右，冻鱼、冻肉 70%～100%。

(3)二氧化碳和氮气浓度。水果、蔬菜、食品的呼吸作用是不断吸氧，排出二氧化碳、水蒸气和热的新陈代谢活动，如果在冷冻贮藏的同时，控制库内空气成分，适当减小氧的浓度，而增大二氧化碳的浓度或氮的浓度，会更有效地延缓代谢过程，有利于提高贮藏质量和延长贮藏时间。通常，二氧化碳浓度控制在 2%～8%，氧气浓度控制在 2%～5%，气调库的储藏期可比普通库延长 0.5～1 倍。

(4) 臭氧浓度。臭氧是一种极易自行分解为普通氧气和单原子氧的气体,单原子氧有杀灭微生物的作用,消毒、去异味;臭氧还可抑制水果、蔬菜的呼吸作用,防止其成熟过快。水果、蔬菜、肉类舱,臭氧连续供给浓度应控制在 $0.3 \sim 0.4 \ mg/m^3$,供臭氧时间为 15 min;鱼和其他有气味货物舱,臭氧连续供给浓度应控制在 $0.4 \sim 0.8 \ mg/m^3$,供臭氧时间为 20 min。

船舶冷藏舱中臭氧是通过臭氧发生器得到的,臭氧发生器是利用其两个金属电极之间的高压放电使空气中的氧气变为臭氧,这与自然界的臭氧产生原理是相同的。当臭氧浓度超过 $2 \ mg/m^3$,会刺激人呼吸道黏膜,使人头痛,人在进入冷库前 $2 \sim 3 \ h$,应停止臭氧发生器工作。

二、蒸汽压缩式制冷循环的基本原理和组成

船舶制冷技术广泛采用的是液体汽化吸热的制冷方法。此法也称为蒸汽制冷。蒸汽制冷可分为蒸汽压缩式、蒸汽喷射式和吸收式三种。其中以活塞式、单级压缩制冷装置应用最为广泛。

1. 蒸汽压缩式制冷循环的基本原理

蒸汽压缩式制冷装置是由压缩机、冷凝器、膨胀阀和蒸发器 4 个基本设备组成的,如图 4-1 所示。

4 个基本设备和管系形成了一个封闭系统,系统中有制冷工质(制冷剂)循环,制冷剂流过膨胀阀时,因膨胀阀有节流作用,制冷剂的压力降低,温度降低,使制冷剂进入蒸发器后吸取冷库内空气的热量而汽化,压缩机将此低温低压的制冷剂蒸汽吸入汽缸,并对其进行压缩,使制冷剂的压力升高,温度升高,排至冷凝器,冷凝器利用来自舷外海水对制冷剂蒸汽冷却冷凝,使其液化,将从冷库中带来的热量和压缩机压缩功转换的热量放出,再次进入膨胀阀节流降压,进入蒸发器汽化吸热,如此循环,以实现连续不断的制冷。

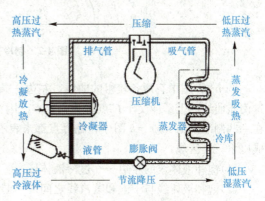

图 4-1 制冷装置基本原理

制冷剂在蒸发器和冷凝器内,主要是物态变化,其功用是将冷库的热量传递给舷外海水,实现制冷。制冷剂在压缩机、膨胀阀内,主要是热力参数的变化,一是使制冷剂压力降低,以保证制冷剂在蒸发器内能够汽化;二是使制冷剂压力升高,为在冷凝器内液化提供了条件。

在制冷循环中,从膨胀阀至压缩机进口为系统的低压部分,因为吸气管的流动阻力不大,可近似地认为蒸发器的蒸发压力等于压缩机的吸入压力(可从压缩机吸入压力表读得),等于低压系统的压力。制冷剂的蒸发温度为蒸发压力所对应的饱和温度,压缩机进口的制冷剂温度与蒸发温度之差即吸气过热度。蒸发压力的大小主要取决于蒸发器在单位时间内的产气量和压缩机单位时间吸气量的动态平衡。如果库温较低,蒸发器传热不良或进入蒸发器的制冷剂液体太少,则蒸发量小,蒸发压力低;反之,蒸发压力就高。从压缩机出口到膨胀阀前为系统的高压部分,可近似地认为压缩机的排压等于冷凝器中的冷凝压力,它所对应的饱和温度为冷凝温度,冷凝温度与制冷剂在膨胀阀进口处的温度之差,称为过冷度。冷凝压力的大小主要取决于压缩机的排气量和冷凝器单位时间内的冷凝量的动态平衡。可通过调节冷却水量来调节冷凝温度和冷凝压力。

2. 压焓图

在制冷循环的各个过程中制冷工质的热力状态是变化的,也就是用以描述工质热力状态的参数——压力、温度、焓和比容等值是变化的。掌握和了解工质在制冷循环中的热力状态及其

变化对于管理好制冷装置非常重要。压焓图是帮助人们了解和掌握工质的热力状态的简单而直观的有效工具。压焓图($\lg p - h$图)是以焓值h(kJ/kg)作为横坐标，以压力p(MPa或kPa)的对数值作为纵坐标而绘制的坐标图。纵坐标采用压力的对数值作为度量刻度的原因是便于缩小图形尺寸，并使低压区内的线条交点清晰。压焓图($\lg p - h$)如图4-2所示。

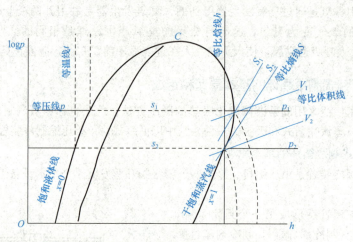

图4-2　制冷剂的$\lg p - h$图

$\lg p - h$图中有两条较粗的曲线，左边一条称为饱和液体线，右边一条称为干饱和蒸汽线，这两条曲线向上延伸交于C点称为临界点。因为一般制冷循环都是在远离临界点下进行的，故在一些制冷剂的$\lg p - h$图中，临界点都未表示出。饱和液体线与干饱和蒸汽线将$\lg p - h$图分成以下三个区域：

(1)饱和液体线的左边——过冷液体区。

(2)饱和液体线与干饱和蒸汽线之间——湿饱和蒸汽区。

(3)干饱和蒸汽线的右边——过热蒸汽区。

饱和状态下制冷剂蒸汽与液体的混合物称为湿饱和蒸汽。在湿饱和蒸汽中制冷剂蒸汽所占的质量百分比称为干度，用代号x表示。显然，饱和液体的干度$x=0$，干饱和蒸汽的干度$x=1$，湿饱和蒸汽的干度$0<x<1$。在饱和液体线与干饱和蒸汽线之间绘有等干度线。

在$\lg p - h$图的纵坐标上，等温线在湿饱和蒸汽区域内与等压线相重合；过热蒸汽区内，等温线与等压线分开，而成为往右下倾斜的一组曲线；在过冷液体区，等温线是垂直线，即与等压线相重合。在图中还有等比熵线及等比体积线，共8种，分别如下：

(1)饱和液体线($x=0$)。

(2)干饱和蒸汽线($x=1$)。

(3)等干度线，参数x($x=$定值)。

(4)等压线，参数p($p=$定值)。

(5)等温线，参数t($t=$定值)。

(6)等比焓线，参数h($h=$定值)。

(7)等比熵线，参数S($S=$定值)。

(8)等比体积线，参数V($V=$定值)。

上述参数中饱和压力和饱和温度，两者是互不独立的状态参数，知道其中一个的值，即可从制冷剂的饱和热力性质中查得第二个值。除此之外，一般只要知道上述参数中任何两个，即可在$\lg p - h$图中找出相对应的状态点，在这个点上可以读出其他有关参数。

三、蒸汽压缩式制冷循环的工况分析

理想的制冷装置应该是以最小能量消耗获得最大的制冷量,但实际上装置的制冷量、耗能量不但与装置本身有关,还与装置的工况(冷凝温度、蒸发温度、过冷度、过热度)和使用的制冷剂有关,所以,对一个特定的制冷装置,用于不同航区与季节,其装置的性能也会发生变化,下面以蒸汽压缩制冷的理论循环为基础,来讨论装置运行工况对制冷量和制冷系数的影响。

1. 其他条件不变,蒸发温度变化的影响

图 4-3 所示为冷凝温度相同、蒸发温度不同的两个理论制冷循环。当蒸发温度从 T_0 降为 T_0',循环从 $A-B-C-D-A$ 变为 $A-B'-C'-D'-A$,可见,蒸发温度降低,单位质量制冷量和制冷系数均减小,而单位绝热压缩功增大,这是由于蒸发压力相应降低,液态制冷剂流经膨胀阀节流降压时,蒸发量增大,在蒸发器中的吸热量减小,而压缩比的增大却提高了单位绝热压缩功。由于吸气压力的降低,使装置中制冷剂的循环量 G 减小,故装置的制冷量 Q_0 和制冷系数会明显下降。因此,在使用管理中,切忌将蒸发温度调得过低。过低的蒸发温度有害无益。

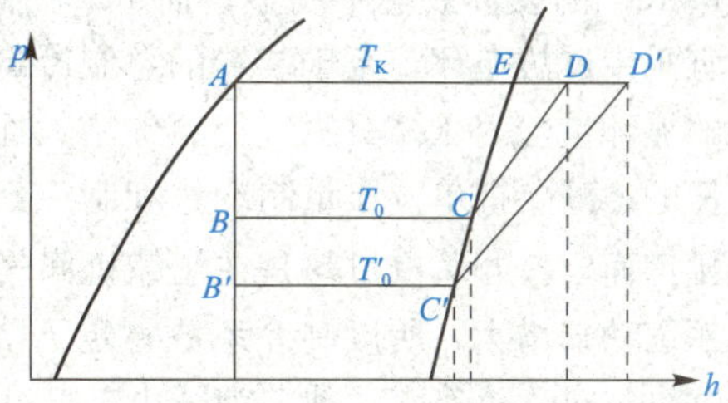

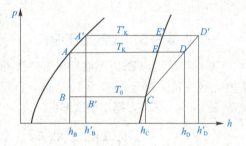

图 4-3 冷凝温度相同、蒸发温度不同的两个理论制冷循环

2. 其他条件不变,冷凝温度变化的影响

冷凝温度不同、蒸发温度相同的两个理论循环如图 4-4 所示。当冷凝温度 T_K 升高至 T_K',制冷循环由 $A-B-C-D-A$ 改变为 $A-B'-C-D'-A'$。可见蒸发温度相同的情况下,随冷凝温度的升高,单位质量制冷量和制冷系数均降低,而绝热压缩功却增大,其原因与蒸发温度降低时类同。一方面,由于膨胀阀前后压差的增大使制冷剂循环量增大;另一方面,排气压力的升高导致余隙容积影响的增大,会使压缩机排气量减小,制冷剂的循环量减小。两个方面的影响相互抵消后,制冷剂的循环量 G 没

图 4-4 冷凝温度不同、蒸发温度相同的两个理论循环

有明显的变化,所以,冷凝温度提高后,装置制冷量 Q_0' 也会降低。可见,采取措施降低制冷剂的冷凝温度,既能提高装置的制冷量,又能提高其运行的经济性。但冷凝温度过低,可能会因膨胀阀前后压差明显下降而导致制冷剂流量不足,反而使装置制冷量下降。

3. 其他条件不变,过冷度的影响(图 4-5)

图 4-5 所示的 $A-A'$ 即工质的过冷过程。节流阀前液体工质过冷后,可提高单位制冷量 $h_A - h_{A'}$。由于轴功率不变,装置制冷量和制冷系数增加。液体工质的过冷,如在冷凝器中获得,数值较小,一般为 3℃~5℃;如果通过回热器获得,数值较大,并可防止液体在膨胀阀前"闪气"。

4. 其他条件不变,吸气过热度的影响(图 4-5)

在实际制冷循环中,压缩机吸入具有一定过热度的制冷剂蒸汽,可避免压缩机产生"液击"冲缸现象,也可避免由于液滴进入气缸与缸壁产生强烈热交换而导致液滴汽化,使压缩机实际吸气量减少,制冷量下降。所以,在 R12 制冷机中广泛采用,过热度一般取 3℃~7℃。如果

过热过程是在蒸发器内完成，被称为有益过热。图 4-5 中的 $C'-D'-A-B$ 为吸气过热的制冷循环，与理论循环 $C-D-A-B$ 比较，吸气过热后，制冷循环的单位压缩功的增量为 $(h'_D-h'_C)-(h_D-h_C)$。而单位质量制冷量的增量为 h'_C-h_C，制冷系数是升是降，需视单位质量制冷量增量和单位压缩功增量的增幅而定。对于采用 R12 和 R502 制冷装置，采用过热循环是有利的，过热度以 3 ℃～5 ℃为宜；采用 R22 的装置效益不明显；而 R717 制冷装置则不宜采用过热循环。至于装置的总制冷量，因制冷剂的循环量会因压缩机吸气比容的增大而减小，故其值的增减要视单位质量制冷量和制冷剂循环量增

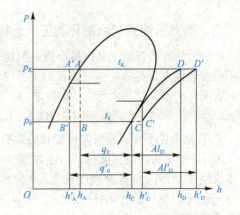

图 4-5　过冷度不同的两个理论制冷循环

减幅度而定。若蒸汽过热是在压缩机回气管中从外界吸热所致，单位质量制冷量不变，单位绝热压缩功却增大，所以制冷系数肯定下降，装置的制冷量也会因制冷剂循环量的减小而降低，故这种过热称为有害过热。为减小有害过热，回气管外通常都包有隔热材料。

显然，采用过热循环主要不是为了提高制冷量，而是减小有害过热，实现"干压"，避免"液击"。

任务实施

一、拆装 8FS10 型制冷压缩机

图 4-6 所示为 8FS10 型制冷压缩机总体结构剖面图。8 个缸分两列，呈扇形布置，相邻两缸的中心线夹角为 45°，缸径为 100 mm，行程为 70 mm，转速为 1 440 r/min，采用 R22 时，标准制冷量为 156.3 kW，属中型压缩机。

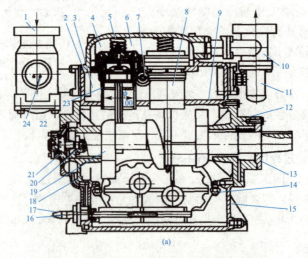

(a)

图 4-6　8FS10 型制冷压缩机总体结构剖面图

1—吸气接管；2—气缸体；3—吸气腔；4—缸套组件；5—气缸盖；6—排气腔；7—能量调节机构；8—气缸套；9—下隔板；10—排气接管；11—安全阀；12—轴承座；13—轴封；14—润滑油管；15—曲轴箱；16—润滑油三通阀；17—吸入滤油器；18—轴承座；19—曲轴；20—油泵传动机构；21—油泵；22—连杆；23—活塞销；24—吸气滤网

(b)

图 4-6　8FS10 型制冷压缩机总体结构剖面图(续)
25—吸气集管；26—假盖弹簧；27—活塞；28—假盖；29—卸载油缸；
30—回油均压孔；31—视油镜；32—曲轴箱侧盖；33—油压调节阀

压缩机主要零部件见表 4-1。

表 4-1　压缩机主要零部件

主要零部件		图片
机体	如图 4-6 所示，该机机体由高强度铸铁整体浇铸而成，上有缸盖，下有底板前后轴承盖，构成一个封闭的空间。机体内空间被上下隔板分成上、中、下三个部分，隔板上镗有 8 个缸套孔，8 个缸套安装于此。上隔板以上空间为排气腔，缸套组件用螺栓固定在上隔板，缸套上部凸缘和上隔板之间设有垫片，以防止隔板上、下空间(吸排气腔)漏气。余隙高度一般为 0.5～1.5 mm。下隔板 9 上部是吸气腔 3，下部是曲轴箱，下隔板上开有回油均压孔 30，使吸气腔与曲轴箱相通。其作用是使经活塞环漏入曲轴箱的制冷剂能经吸气腔抽走；让吸气从系统中带回的润滑油流向曲轴箱；必要时能用压缩机本身抽空曲轴箱，回收其中制冷剂或抽除其中空气	—
活塞连杆(图1)	如图 4-6 所示，活塞 27 采用铝合金制造，其上装有三道密封环和一道刮油环。连杆 22 由可锻铸铁制成，断面为工字形，大端采用锡基合金薄壁瓦，小端采用磷青铜衬套	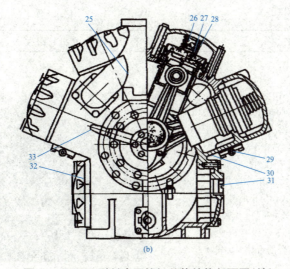 **图 1　活塞连杆**

续表

主要零部件	图片
曲轴（图2）	如图4-6所示，曲轴19为双拐曲轴，曲柄夹角为180°，球墨铸铁制造。前后主轴承均为钢套，内浇巴氏合金，并在其中开有油孔和油槽，曲轴伸出曲轴箱处设有轴封装置，轴封13为摩擦环式，防止曲轴箱制冷剂和润滑油外漏，并防止空气漏入曲轴箱；曲轴另一端设有一个小型润滑油泵（内啮合的齿轮泵）作为润滑油系统的动力件 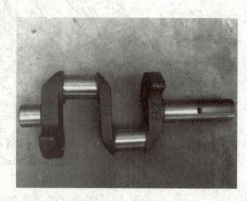 图2 曲轴
双阀座截止阀（图3）	吸气管和排气管上分别装有吸气截止阀和排气阀。 该阀为双阀座结构，设有常接通道（接压力表、压力继电器）和多用通道（用于充、抽制冷剂，添加润滑油，充气、排气）。当阀杆朝里旋进，阀处于关闭位置，压缩机与系统断开，多用通道开启；若将阀杆退足，主阀全开，压缩机与系统相通，多用通道关闭，如阀杆退足又反过来旋进一圈，则主阀与多用通道都开启。常接通道不受主阀位置的影响，与压缩机常接通 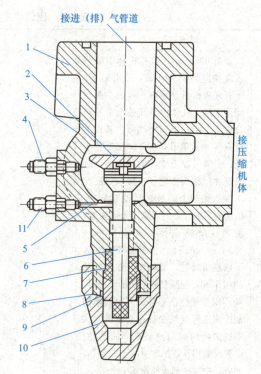 图3 双阀座截止阀 1—阀体；2—阀盘；3—主阀体；4—常接通到；5—阀座；6—阀杆；7—填料；8—垫片；9—填料压盖；10—阀罩；11—多用通道

续表

主要零部件	图片
缸套和缸头气阀组件（图4）	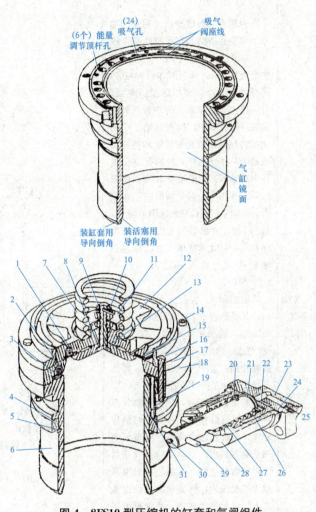 **图4　8FS10型压缩机的缸套和气阀组件** 1—排气阀弹簧；2—吸气阀弹簧；3—吸气阀片；4—转环； 5—卡环；6—缸套；7—假盖弹簧；8、24—垫片；9—阀座螺栓； 10—开口销；11—铁皮套圈；12—假盖（排气阀片限位器）； 13—排气阀座芯；14—内六角螺钉；15—排气阀片；16—螺栓； 17—假盖导圈；18—吸气阀片限位器；19—顶杆弹簧；20—挡圈； 21—卸载活塞杆；22—调整垫片；23—卸载油缸盖；25—油管接孔； 26—卸载活塞；27—弹簧；28—卸载油缸；29—横销； 30—制动螺钉；31—启阀顶杆

如图4所示，吸排气阀皆用环阀，在气缸套6的上端面，有两圈阀座线，阀座线间钻有24个吸气孔，6个顶杆孔，吸气孔使气缸与气缸套外围的吸气腔相通，吸气阀片位于两圈阀座线上，阀片上是限位器18，限位器上吸气阀弹簧将吸气阀片紧压在缸套端面的吸气阀座上。排气阀位于气缸顶部，排气阀片15的阀座内外两圈均与假盖密贴。排气阀也是环阀，用6只小弹簧压住，排气阀的限位器称作假盖，假盖上有通道与排气腔相通，假盖上有弹簧。导圈17、吸气阀片限位器18，由内六角螺钉14固定在缸套6上，当气缸内排气时，排气环阀顶开，制冷剂蒸汽经过排气阀及假盖通道进入排气腔，当气缸内吸入较多制冷剂，发生"液击"时，假盖将克服弹簧的弹力而顶起，使缸内压力不致过高而损坏零件。这时，假盖导圈17起导向和定位作用，在缸内压力降低时帮助假盖落回原来位置，恢复正常工作状态

续表

主要零部件	图片
润滑油系统（图5）	曲轴箱中的润滑油经过网式滤油器1和装放油阀2被润滑油泵3吸入，油泵排出的压力油一路经手动能量调节阀4，分送到卸载油缸6，同时通油压表5和油压差继电器；另一路由设在曲轴内的油管送到机械轴封油腔8中，再由曲轴9中的油孔将润滑油送到主轴承和连杆大端轴承，并经连杆上的油孔送至连杆小端轴承。润滑油从各轴承间隙溢回曲轴箱。为调节润滑油工作压力，在油泵端还设有油压调节阀10，8FS10型压缩机最大工作压力由此阀调定，有效润滑压力由油压差控制器限定，油压差定为0.15～0.30 MPa。 装放油阀2，实际上是一只三通阀，其手柄置于"工作"位置，则使曲轴箱与油泵吸口相通；置于"放油"位置，则使曲轴箱与通机处的外接管相通；置于"加油"位置，则使外接管与油泵吸口相通。 氟利昂易溶于油，压力越高、温度越低，溶解量就大，当压缩机启动时，曲轴箱压力降低，大量氟利昂从油中析出，使油中的含气量过多，俗称"奔油"，奔油使润滑油泵建立不起压力，严重时大量油泡沫进入气缸而产生液击，通常可采用关闭吸入阀后进行"点"启动，来使油中氟利昂析出，也可在启动前开启曲轴箱内的电加热器，将油加热到30 ℃左右，使氟利昂析出，润滑油正常工作温度为30 ℃～50 ℃，最高不应高于76 ℃。	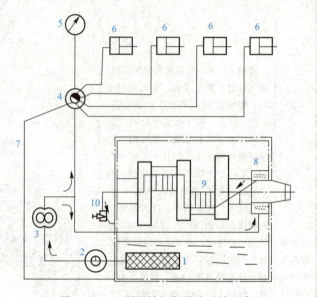 图5　8FS10型压缩机润滑油系统示意 1—网式滤油器；2—装放油阀；3—润滑油泵； 4—手动能量调节阀；5—油压表；6—卸载油缸；7—回油管； 8—轴封油腔；9—曲轴；10—油压调节阀

二、拆装活塞式制冷压缩机

拆装活塞式制冷压缩机步骤见表4-2。

表 4-2 拆装活塞式制冷压缩机步骤

拆装流程	拆装步骤		
拆装前的准备工作	(1)技术准备。通过观看实物和图纸，熟悉结构，拟订拆装顺序。有条件的要阅读随机拆装说明书，了解技术要求。 (2)工具备件准备。准备好所需的工具，包括放置零部件的工作台(或木板)和小木箱。判明可能损坏的部件，并准备好备件。 (3)对象准备。即通过一系列工作将被拆对象——压缩机准备好，使之处于可拆状态。这些工作包括以下几项： ①制冷压缩机拆卸前可根据检修范围将压缩机内的制冷剂抽到储液器中，或将制冷剂集中到钢瓶中。切断电源，在开关处挂上"禁用"牌。 ②关闭有关阀件，切断压缩机与系统的联系。 ③如有必要，拆掉有关接管。 ④用油性记号笔或钢字码等工具在各部件配合处标上号码和接缝记号，以保证装配时能按原来的顺序和位置装复		
拆卸过程	(1)先将传动皮带拆下； (2)拆下压缩机曲轴端皮带轮； (3)拆下气缸盖，取下阀板； (4)拆下气缸体； (5)拆下活塞连杆组件； (6)拆下机械轴封； (7)拆下润滑油泵； (8)拆下后轴承座； (9)轻轻取出曲轴； (10)最后拆下前轴承座。 拆卸的各零部件要仔细放妥，对所用接合面和精密件清洗完毕后应及时干燥，并用冷冻机油油封。若放置时间较长，应涂防锈油油封		
安装过程	(1)装配基本要点	①装配前应将所有零部件用煤油或轻柴油清洗干净，并将各孔道用压缩空气疏通。 ②装配时应该按一定组装工艺和顺序进行，尽可能使用专用工具。零件必须装配到位。 ③对所有零部件的配合面(特别是各动密封面)应先涂上压缩机润滑油再组装，装好后及时盘车试车，以免卡死。 ④所有结接面的密封纸垫应先浸油再使用。所有紧固件均应旋紧，对重要紧固件应装上开口销或其他保险。 ⑤密封件必须装配紧密，不产生泄漏	
	(2)装配过程	①部件装配	活塞连杆组：将活塞放在温度为 80 ℃~100 ℃的油中加热 2~3 min 后取出。将连杆小头放于活塞两销座中间，三孔对直，然后，将活塞销推进三孔中，并装上弹簧挡圈。活塞冷却后，活塞销和活塞销孔为不大的过盈配合。装活塞环时，先装油环，再装汽环，活塞连杆组装配完毕。 阀板组：将排汽阀片、弹簧和升程限制器依次装上阀板。测量阀片升程，其大小应限制在 1.5 mm±0.2 mm 范围内，最后用开口销锁紧槽形螺母，阀板组装配完毕

续表

拆装流程				拆装步骤
安装过程	(2)装配过程	②整机装配		装曲轴箱：把曲轴箱放上装配台，拧上出油接头及回油接头。在滤油器上装上支撑螺钉、密封橡皮垫圈，并将滤油器整个由上面插进曲轴箱底部的孔道中，转动支撑螺钉使滤油器夹紧不动，然后，旋紧支撑螺钉上的锁紧螺母，以防松开。在曲轴箱侧面，装上油面指示器。 装前盖：把前轴套推进前盖轴承孔中。当轴套止推面与前盖端面接近时，要转动轴套，使其凸缘上的定位孔对准端面上的定位销，并继续向前推到贴紧为止。定位销是用以防止轴套的转动。在前盖的密封面上覆上涂油石棉纸箔，并把整个前盖推进曲轴箱的前盖孔中。旋紧螺栓时要对称均匀地分几次上紧，即不要一次旋紧。这样做的目的是使密封面受压均匀，防止前盖变形；对其他盖板也应如此操作。 装曲轴：把曲轴掉头放置。在曲轴的前后轴颈上涂上冷冻机油，并将它从后盖孔塞进曲轴箱推入前轴承，直到推足为止。盘动一下曲轴，看是否灵活。若不灵活，要检查原因，并加以纠正。 装后盖和润滑油泵：在曲轴后轴颈端的偏心孔上装上传动销和油泵传动块。在后盖轴承孔中推入后轴套后，再把涂油的石棉纸箔覆上密封面，并将整个后盖推入曲轴箱的后盖孔中。注意：要把后盖上油压调节孔转到朝上位置后，再用螺栓均匀分次旋紧，每旋紧一次，都应盘动曲轴，检查是否有过松过紧现象，发现问题要及时纠正。在后盖的油泵内腔里，装入转子泵的内外转子，再装垫片和泵盖，并用螺栓旋紧。注意在旋紧泵盖螺栓时应转动曲轴，以防有卡住现象。 装活塞连杆组：在曲轴曲柄销上涂上一层冷冻机油，拆开活塞连杆组的连杆大头盖，并将这两半合在曲柄销上，装上连杆螺栓和螺母，并将它分次均匀旋紧。转动一下连杆，若是松紧合适，转动灵活，可用开口销将螺母锁紧。注意装连杆大端轴承盖时，应对准记号，不可装错。 装汽缸体：在两个活塞连杆组都装上曲轴后，接下来就可装汽缸体。先将吸汽阀的升程限制器压入汽缸上的相应环槽中。在曲轴箱汽缸体的密封面上插好定位销，覆上涂油石棉纸箔，将每只活塞上的三根汽环的切口相互错开120°，盘动曲轴使两曲拐处于一高一低的位置，然后，便可把汽缸向曲轴箱上装。两只活塞一先一后地塞入汽缸，汽缸壁下端的60°扩口是使套上活塞时塞环能自行收缩而滑进汽缸。两只活塞装进汽缸后，便可对准两个定位销，使汽缸体和曲轴箱合上，并用螺栓分次均匀旋紧，其间，要经常转动曲轴，检查是否有过紧或卡住等现象。 装气阀组件及汽缸盖：阀板组装完毕后，将吸气阀弹簧放进吸气阀升程限制器的弹簧窝内，再在其上面放上吸气阀片。汽缸顶面上覆以涂油石棉纸箔（厚0.5 mm），合上阀板，再覆纸箔，再合上气缸盖。其中要注意区别高低压方向，分次均匀旋紧气缸盖螺栓后，要盘动曲轴，检查是否有卡住现象。 装轴封：先将密封橡皮环套上紧圈和钢壳，再依次往前轴颈套入托板（弹簧座）、轴封弹簧、密封橡皮环和石墨摩擦环。在前盖端面覆上涂油石棉纸箔，在石墨摩擦环磨合面上涂冷冻机油，然后将压板盖上，并推进去作弹力试验：即推进后就松手，若石墨环与压板在弹簧力的作用下能慢慢地向外弹出，则安装正确，若弹不出，则说明紧圈箍得太紧，若弹出很快，则紧圈太松。后面两种情况都会招致轴封泄漏，应更换紧圈，使达到第一种情况，才能把压板固紧并转动曲轴，检查安装是否正常。石墨摩擦环与压板的摩擦面应先研磨光洁。 装吸汽过滤网、截止阀：吸汽腔的一端装涂油纸箔并将封盖盖上，用螺栓旋紧。将整台压缩机掉头，从吸汽腔的另一端装入弹簧、垫圈、滤汽网和套筒，在密封面上贴涂油纸箔，然后装上吸汽截止阀。再在排汽腔出口处装排汽截止阀。 其他：装回油嘴、弯头并用油管连接起来。在加油孔处加冷冻机油直至油面升到指示器的半高处，装配工作基本结束

一、压缩机能量调节机构

通常，压缩机的启动功率比正常运转功率要大两倍多，造成对电网冲击也大，为此当压缩机驱动电机大于 5 kW 时均需设卸载启动机构。

如图 4-7 所示，手动能量调节器是一个转阀，它放在不同角度，能使各卸载油缸的配油接管 11 或经孔 b 与压力油接通，而使所控制的缸加载，或经孔 a 与曲轴箱连接而使其所控制的缸卸载。当压缩机润滑油泵的压力从接管 11 被引入卸载油缸 1 时，卸载活塞 2 克服弹簧张力左移，推动推杆 4、传动杆 5（卡在转环 6 的凹槽中）使转环转动一角度，顶杆 9 下落至转环的斜切口底部，顶杆下落，不再妨碍吸气阀片正常启闭，该缸投入工作。当压缩机刚启动而油压尚未建立起来，或工作中油管与压力油隔断，卸载活塞在弹簧作用下外移，转环回转一角度，顶杆上移至转环平面处，强行顶起吸气阀片，使该缸卸载。每个卸载油缸可同时控制同一列的两个气缸。如果八个缸中只有两个设有卸载油缸，则配油接管 11 只有两根，能实现八缸（100%）、六缸（75%）、四缸（50%）的能量调节。

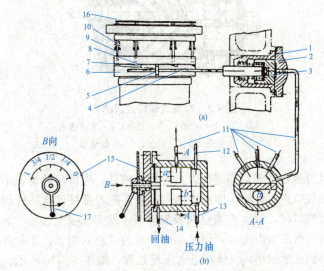

图 4-7 油压顶杆启阀式卸载机构和手动能量调节器

1—卸载油缸；2—卸载活塞；3—弹簧；4—推杆；5—传动杆；6—转环；7—缺口；
8—斜面切口；9—顶杆；10—顶杆弹簧；11—配油接管；12—压力表接管；
13—供油接管；14—回油接管；15—刻度盘；16—吸气阀片；17—能量调节手柄

通常，制冷压缩机的制冷量是根据装置设计时所需的最大热负荷来选配的，当热负荷变化较大时，压缩机的制冷量最好能自动作相应变化，这样既可满足制冷量的要求，又可提高装置运行经济性，能量调节机构多用吸入压力作感受信号，吸压增高时，表示热负荷增大，需要增加压缩机输气量；反之，则减小压缩机输气量。能量调节机构同时可启动卸载机构，常用的能量调节方法如下：

（1）间歇运行法：用于对库温恒定性要求不高，功率小于 10 kW 以下的装置，常用温度控制器控制。

(2)吸气回流法：该法通过卸载机构，使卸载缸吸气阀片强行保持开启，停止对外供气，属有级调节，因其耗功少，使用广泛。

(3)排气回流法：在吸、排气管之间设置回流阀，按需对回流阀开度进行调节，减少实际输气量。因其经济性差，排温高，故只能用于小型机。

(4)变速法：经济性好，但变速交流电机价格较高，实际使用少。

(5)进气节流法：改变压缩机吸入截止阀的开度来改变吸气阻力，使吸气比容改变，使排气量改变。此法不经济，但简便易行。

二、螺杆式制冷压缩机

1. 螺杆式压缩机的工作原理、结构

螺杆式压缩机是容积式压缩机中的一种，空气的压缩是靠装置于机壳内互相平行啮合的阴阳转子的齿槽的容积变化而达到的。转子副在与它精密配合的机壳内转动使转子齿槽之间的气体不断地产生周期性的容积变化而沿着转子轴线由吸入侧推向排出侧，完成吸气、压缩、排气三个工作过程，如图4-8所示。

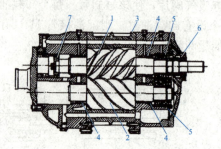

图4-8 喷油式螺杆式压缩机
1—阳转子；2—阴转子；3—机体；4—滑动轴承；
5—止推轴承；6—轴封；7—平衡活塞

当转子上部一对齿槽和吸气口连通时，由于螺杆回转，齿槽间的容积不断扩大，自蒸发器来的制冷剂气体由吸气口进入齿槽，即进行吸气过程。随着螺杆继续回转到吸气的这对齿槽完全脱离轴向和径向吸气口时，该对齿槽空间吸满蒸汽，即完成吸气过程，如图4-9(a)所示。此后，吸气齿槽前端的齿尚未脱离啮合，而后端的一对齿又进入啮合，于是开始压缩。螺杆继续回转，封闭的槽间容积逐渐缩小，气体就进入压缩过程，如图4-9(b)所示。这样，直到封闭的齿槽空间与端盖上的排气口相通，压缩过程才终止。螺杆再继续回转，齿槽空间将与排气口相通，则开始排气过程。将已被压缩的气体通过排气口排入排气管道，直到压缩气体全部排出，即完成排气过程，如图4-9(c)所示。

图4-9 螺杆压缩机的工作过程
(a)吸气过程；(b)压缩过程；(c)排气过程

工作时，螺杆上的每对齿槽空间都经历着吸气、压缩、排气三个过程，并且在同一时刻同时存在，它们只是发生在不同的齿槽空间内。

螺杆式压缩机与活塞式压缩机均属于容积式压缩机，螺杆式压缩机转子上的齿相当于活塞，而转子的齿槽、机体内壁、端盖等构成的工作容积视为气缸，这就与活塞式制冷压缩机的工作过程相似。

2. 螺杆式制冷压缩机的能量调节方法和性能特点

(1)螺杆式压缩机的理论排气量取决于螺杆的几何尺度和转速。

(2)螺杆式压缩机压缩结束时的压力 p_2 仅与吸气压力 p_1、排气口的位置、转子的几何形状(即内容积比——吸入结束时容积与压缩结束时容积之比，它直接影响内压力比)和采用的制冷剂品种有关，而与装置的冷凝压力(即排气腔内压力 p)无关。因此，螺杆式压缩机与往复式不同，其压缩终点压力 p_1 并不一定等于排气腔的压力 p_a。

(3)输气系数随压力比的增加而减少。这是因为在螺杆式压缩机中，输气系数主要取决于泄漏损失，而泄漏的多少又取决于压力比。

(4)螺杆式压缩机是回转式机械，运动机构没有往复惯性，而且不需要吸、排气阀，所以可采用较高的转速(1 500～30 000 r/min)，从而具有体积小、质量轻、金属材料消耗较少的优点。

(5)螺杆式压缩机没有余隙容积，因此，在压力比较大时输气系数就要比往复式压缩机大得多。所以，螺杆式压缩机即使在低蒸发温度和高压力比的情况下工作时也能具有良好的性能。

(6)喷油式螺杆式压缩机因喷入大量润滑油，故排气温度可以降低。因此，在压力比较大时也可以采用单级压缩。

综上所述，螺杆式与活塞式压缩机相比，具有结构简单、体积小、输气系数高、排气温度低、单级压力比大、对吸入蒸汽不敏感、排气脉动小、易损件少、检修周期长、能量可无级调节等优点。但油路系统和辅助设备较复杂，耗油量大，噪声较大，转子加工精度要求高，价格高。

三、常用制冷剂、载冷剂的热力、理化性质

1. R22 及 R134a、共沸和非共沸冷剂的热力、理化性质

(1)临界温度不太低，以便在常温及普通低温下能够液化。

(2)在工作温度范围内具有适宜的饱和蒸汽压力，即蒸汽压力不低于大气压力，以免外部空气渗入系统，冷凝压力不宜过高，否则会引起压缩机耗功增加。

(3)单位容积制冷量大。

(4)黏度和密度小，减少流动阻力。

(5)热导率高，以减少换热设备的传热面积。

(6)不燃烧、不爆炸、无毒，对金属材料不腐蚀，与润滑油不发生化学作用，高温下不分解。

(7)绝热指数小，以降低排气温度，提高机器的安全运行和使用寿命。

(8)凝固温度低。

(9)具有良好的电绝缘性能。

(10)价格低廉、易于获得。

(11)对人类生态环境无破坏作用。

2. 几种常用制冷剂

(1)R22($CHClF_2$)。R22 的热力学性能与氨相近。但 R22 不燃、不爆，使用安全可靠。R22

的标准汽化温度为-40.8 ℃，通常冷凝压力不超过 1.6 MPa。

R22 对水的溶解度大，能部分与润滑油互溶，但在低温制冷系统仍然可能产生"冰塞"或集油。因此，在制冷系统中必须安装过滤-干燥器和分油器。

(2)R134a(CH_2FCF_3)。R134a 是一种新型制冷剂，其标准蒸发温度为-26.5 ℃时，R134a 不含氯原子。其臭氧耗减潜能值(ODP)为 0，全球变暖潜能值(GWP)为 0.26；标准蒸发温度为 30 ℃时，其冷凝压力为 0.771 MPa。R134a 的绝热系数为 1.11，压缩机气缸无须用水冷却。R134a 宜采用不吸附 R134a 的合成泡沸石作为干燥剂。

R134a 密封材料宜采用氢化丁腈橡胶、氯化橡胶。R134a 本身无润滑性能，因此，对润滑油的润滑性有更高的要求，使用普通冷冻机润滑油会造成回油困难及压缩机功耗增加。

R134a 不含氯元素，不能用卤素检漏灯检漏。

(3)非共沸混合制冷剂。非共沸混合制冷剂是由两种或多种不同制冷剂按任意比例混合而成的，性质与溶液相似，液相和气相中具有不同的组成成分，气相中低沸点组分较多，液相中高沸点组分较多。在一定压力下冷凝或蒸发时，冷凝温度和蒸发温度都要发生变化。

目前已经编号的非共沸混合制冷剂及其组成见表 4-3。组分相同、质量分数不同时，则在编号后面加 A、B……，如 R407A、R407B、R407C 等。

表 4-3 非共沸混合制冷剂代号及组成

代号	组分	代号	组分
R401	R22/R152a/R124	R407	R32/R125/R134a
R402	R125/R290/R22	R408	R125/R143a/R22
R403	R290/R22/R218	R409	R22/R124/R142b
R404	R125/R134a/R143a	R410	R32/R125
R405	R22/R152a/R142a/RC318	R411	R1270/R22/R152a
R406	R22/R600a/R142a		R124/R134a/R600a

系统中使用非共沸混合制冷剂后，一旦发生制冷剂漏泄时，在系统内剩余的混合物的质量分数就会改变，从而影响制冷机的性能，要想向系统中补充制冷剂，使其达到原来的数量和混合比是相当困难的，对于小型制冷机，可采用将剩余制冷剂全部排出，抽空系统，然后重新充灌的方法。

(4)共沸混合制冷剂。共沸混合制冷剂是由两种或两种以上不同制冷剂，按一定比例相互溶解而成的一种混合物，它与单一的物质相同，在一定的压力下蒸发时，能保持恒定的蒸发温度，而且气相和液相具有相同的成分。共沸混合制冷剂的热力性质与组成它的原制冷剂的性质是不同的，采用共沸混合制冷剂后，热力性质可望获得改善。

学生活动页

工作任务	拆装活塞式制冷压缩机					
学生姓名		班级学号		组别		任务成绩
任务描述	在实训室内,学生接受活塞式制冷压缩机拆装任务,按照拆装规程对活塞式制冷压缩机进行拆装训练,掌握制冷设备结构及拆装要点					
场地、设备	辅机实训室、拆装用活塞式制冷压缩机					
工作方案	根据任务要求,确定所需要的知识、设备、工具,并对小组成员进行合理分工,制定完成活塞式制冷压缩机拆装详细方案					
活塞式制冷压缩机拆装步骤	活塞式制冷压缩机拆装步骤					
	遇到问题			解决问题		
	1.					
	2.					
	3.					
	4.					
	5.					
签字	任务完成人签字: 　　　　　　　　　　日期:　年　月　日 指导教师签字: 　　　　　　　　　　日期:　年　月　日					

练习与思考

1. 船舶上的制冷技术主要有哪些应用？
2. 常见的船用制冷压缩机的种类有哪些？
3. 蒸汽压缩式制冷的基本原理是什么？基本组成有哪些？
4. 现在普遍使用的制冷压缩机类型有哪些？它们都有哪些功用？
5. 活塞式制冷压缩机的主要结构如何？
6. 制冷压缩机是怎样影响制冷工况的？
7. 拆卸活塞式压缩机应注意的事项有哪些？
8. 开启式压缩机采用嵌入气缸套的结构并在气缸套的法兰上设置吸气阀座，其优点有哪些？
9. 活塞式制冷压缩机的拆卸步骤是怎样的？

任务 4.2　调试船舶制冷系统

接受调试船舶制冷系统任务，按照调试规范对制冷装置进行基本操作和调试训练，能够掌握制冷设备调试要点，掌握制冷装置操作运行管理要点，编制调试规程。通过本任务学习，学生需要掌握以下知识和能力。

1. 知识目标

(1) 掌握制冷装置自动控制元件结构和原理；
(2) 掌握制冷装置基本操作工艺方法；
(3) 了解制冷装置常见故障分析和排除。

2. 能力目标

(1) 能够通过现场操作，对制冷装置进行基本操作；
(2) 能够正确按照调试规程对制冷系统进行调试。

3. 素质目标

(1) 在制冷装置操作过程中培养严谨细致的工作态度和良好的职业道德意识；
(2) 在制冷装置调试过程中培养团队协作意识、沟通协调能力；
(3) 培养获取新知识、新技能的学习能力。

知识准备

一个完整的制冷系统除压缩机、冷凝器、蒸发器外，还装有一些必要的附属部件。如图 4-10 所示为船舶伙食冷库制冷装置系统简图。

一、冷凝器、蒸发器和附件

1. 冷凝器

冷凝器是气体制冷剂与冷却介质（水或空气）进行热量传递的热交换器。热量传递包括三个过程，即过热制冷剂蒸汽等压冷却为干饱和蒸汽，干饱和蒸汽冷凝为饱和液体，饱和液体进一步冷却为过冷液体。按冷却介质不同，冷凝器可分为水冷式、空冷式和蒸发式三种。船舶制冷

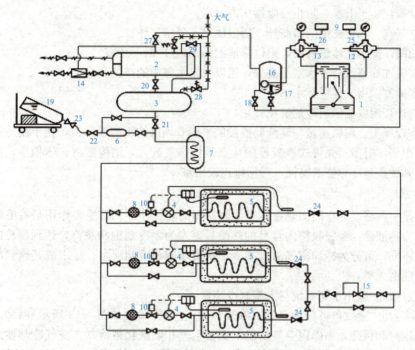

图 4-10　船舶伙食冷库制冷装置系统简图

1—压缩机；2—冷凝器；3—储液器；4—热力膨胀阀；5—蒸发器；6—干燥器；7—气液换热器；
8—滤器；9—压力继电器；10—电磁阀；11—温度继电器；12—吸入截止阀；13—排出截止阀；
14—水量调节阀；15—背压阀；16—润滑油分离器；17—浮球式自动回油阀；18—手动回油阀；
19—冷剂钢瓶；20—冷凝器出液阀；21—储液器出液阀；22—充剂阀；23—冷剂钢瓶阀；24—止回阀；
25—吸入截止阀上的多用通道；26—排出截止阀上的多用通道；27—冷凝器进口；28—安全阀；29—平衡管

装置大都采用卧式壳管式水冷冷凝器。

如图 4-11 所示，在卧式壳管式冷凝器中，制冷剂在管外冷凝，冷却水在管内流动而将热量带走，壳体一般采用锅炉钢板卷制焊接而成。壳体两端板之间排列着很多无缝钢管，以电焊固定在端板上，两端封盖内侧铸有限水筋条，以增加冷却水流程和流速，冷却水进出口设在端盖上，从下面流进，上面流出。大型的壳管式冷凝器上还有下述附件：

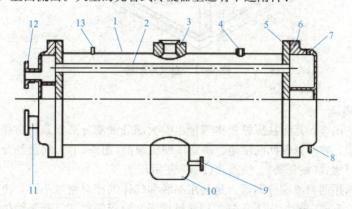

图 4-11　卧式壳管式氟利昂冷凝器

1—壳体；2—冷却管；3—进气管接头；4—平衡管接头；5—管板；
6—水侧端盖；7—放空气阀接头；8—泄放水阀接头；9—出液管接头；
10—集液筒；11—进水管接头；12—出水管接头；13—安全阀接头

· 155 ·

(1)安全阀：装于上部，防止冷凝器压力过高。
(2)放空气阀：装于壳体的最高处，用以放出不凝结气体。
(3)泄油阀：设于壳体最低处，用以排泄润滑油(氨冷凝器才有)。
(4)水室放气旋塞：装于水室最高处，用以放出水室中的空气。
(5)泄水旋塞：用于放尽存水。
(6)液位计：用以显示制冷剂液位。
(7)平衡管接头：用以连接与储液器连接的平衡管，以均衡两者压力，便于制冷剂流入储液器和将蒸汽引回冷凝器。壳管式冷凝器的优点是传热系数大，结构紧凑，体积小，在船舶机舱易于布置；其缺点是冷却管易腐蚀，污垢排出较困难。

2. 蒸发器

蒸发器是一种将制冷空间的热量传递给制冷剂的热交换器。其主要作用是将毛细管送来的低温低压制冷剂液体，经吸收箱内食品的热量后蒸发为制冷剂饱和蒸汽，达到制冷的目的。按其冷却介质不同，可分为冷却空气的直接冷却式蒸发器和冷却淡水、盐水或其他载冷剂的间接冷却式蒸发器两大类。

(1)间接冷却一般用于氨系统与大型制冷装置。

(2)直接冷却式蒸发器可分为盘管式和表面式(空气冷却器如图 4-12 所示)两种。蒸发盘管布置于冷库四壁和顶部，靠库内空气自然对流使空气和贮藏物被冷却。空气冷却器式蒸发器是船用伙食冷库中使用较多的一种，使用时常将空气冷却器与风机组合在一起称为冷风机。

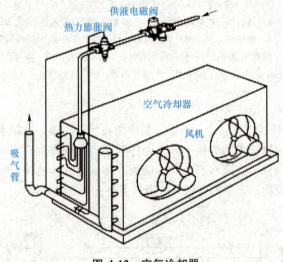

图 4-12 空气冷却器

3. 润滑油分离器

位于压缩机的出口，是将从压缩机排气带出的大部分油滴分离出来，防止润滑油进入热交换器影响传热效果，并使其返回曲轴箱，防止压缩机缺油(图 4-13)。润滑油分离器按分离原理可分为撞击式、过滤式(氟利昂)、洗涤式(R717 使用)。

氟利昂系统所用的润滑油分离器，是利用油滴和气体的相对密度不同，由于流道面积突然扩大，流速降低并且流向转折向下，较大油滴被壁面、滤网等拦截，落至筒体的底部。气体经滤网折回向上，由顶部出气管流出到冷凝器。筒底积油油位达到一定高度时，将使浮球升起。与浮球杆连在一起的自动回油阀失灵时，筒内积油过多，会被气体大量带入系统；还设有备用的手动回油阀可定期开启。回油管中设有节流孔板，防止回油过快，使部分排气冲入曲轴箱，

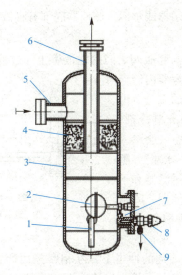

图 4-13 润滑油分离器
1—手动回油管；2—浮球；3—壳体；4—滤网；
5—进气管；6—出气管；7—自动回油阀；
8—自动回油管截止阀；9—自动回油管接头

以及对浮球阀的冲蚀。

自动回油阀的常见故障如下：

(1)回油阀卡死在关闭位置，此时回油管始终不发热，同时，曲轴箱润滑油油位有不断下降现象，大量润滑油被带入系统，而正常工作时，回油管是间隔使用(至少 1 小时以上)，对应的回热管应是时热时凉。

(2)回油阀不能关闭或关闭不严，会造成高压排气窜回曲轴箱和吸气腔，使压缩机排气量下降，排气温度升高，并使压缩机频繁启停不止。此时回油管始终是温的。

4. 储液器

储液器(图 4-14)位于冷凝器出口的下部，供存放制冷剂用，当制冷工况变动时，制冷剂可存入储液器或由储液器向外补充，以取得供液量与工况平衡，储液器还对供液管起"液封"作用，装置停用时可将制冷剂收入储液器内，减少泄漏。小型装置可不设储液器，储液器内正常的液位控制在 1/3～1/2 处，装置中全部制冷剂储入后不超过容积的 80%。

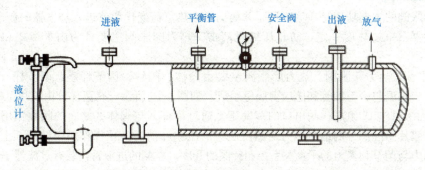

图 4-14 储液器

储液器结构简单，就是利用优质锅炉板卷制成密封圆筒，上有进出液管接头及平衡管接头，平衡管沟通储液器及冷凝器，以便于储液器中气体返回冷凝器及液态制冷剂进入储液器。大型储液器还常装有安全阀和液位指示器或示镜。储液器底部有存液井,其作用是液封与污物沉淀。

5. 干燥—过滤器

过滤器和干燥器装于储液器与膨胀阀之间的输液管上。过滤器用以阻挡铁屑、焊渣和污物等固体物体,以免堵塞通道。干燥器内储存干燥剂,用来吸收制冷剂中混入的水分。由于系统低压部分可能有漏泄,或充制冷剂、添加油等操作管理不当,外界湿空气会渗入系统,造成膨胀阀和通道处发生"冰塞",阻碍甚至完全停止制冷剂的循环。过滤器和干燥器组合在一起,构成干燥—过滤器,其结构如图 4-15 所示,干燥剂的两端均装有滤网。

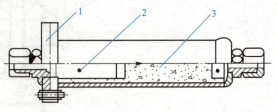

图 4-15 干燥—过滤器
1—封盖;2—滤网;3—干燥剂

为避免干燥剂颗粒在液体制冷剂的冲击下,互相摩擦而产生粉末被带出,填充干燥剂时,应墩压结实,安装时应使液流方向与干燥—过滤器上箭头的方向一致,以保证让出口端的毡垫阻止干燥剂的粉末进入系统。

常用的干燥剂有硅胶、分子筛、活性氧化铝和无水氯化钙等。

硅胶呈颗粒状,吸水后其颜色会发生变化,通常加染色剂,以便判断吸水程度。按所加入的染色剂的不同,硅胶吸水前后的颜色变化为:白色变黄色,棕色变蓝色,绿色变无色,红色变淡粉色,深蓝黑变桃红色等,吸水后的硅胶可以在 140 ℃~160 ℃下烤 3~4 h 再生,继续使用。

活性氧化铝吸水性能比硅胶强,但吸足水后易粉化,适宜在临时外接的体积较大的干燥器中采用。

无水氯化钙,吸水性能好,但吸水后易成粉末,因此,一般只在应急时采用,24 h 以内应拆除。制冷装置的自动化元件有热力膨胀阀、温度继电器、电磁阀、高低压继电器、蒸发压力调节阀、水量调节阀、油压差继电器。

二、制冷装置的自动控制元件

制冷装置的自动控制元件有热力膨胀阀、温度继电器、电磁阀、高低压继电器、油压差继电器、蒸发压力调节阀、冷却水量调节阀。

1. 热力膨胀阀

热力膨胀阀的主要功用是节流降压,并根据冷库热负荷变化调节进入蒸发器的制冷剂流量,并保持蒸发器出口过热度一定,防止压缩机液击。热力膨胀阀主要分为内平衡式和外平衡式两种。

(1)内平衡式热力膨胀阀。热力膨胀阀主要由阀体、阀针、调节杆座、调节杆、弹簧、滤器、传动杆、感温包、毛细管和感应薄膜等组成。如图 4-16 所示,感温部分由膜片 1 的上腔室,传压管 15 和感温包 12 组成。阀出口的蒸发压力通过顶杆 2 与阀体 3 之间的间隙作用于膜片下方。作用于膜片感温部分的信号压力与蒸发压力的压差经前后两顶杆作用于针阀 6 上。靠压差产生的作用力与调节弹簧力的平衡关系控制针阀的开度。左侧的进液管内装有过滤器 13,以滤挡污物,防止堵塞阀的通道。转动调节杆 10 可以改变调节弹簧的预紧力,即调节关闭过热度。填料 8 靠压盖 11 压紧,以防止制冷剂沿调节杆与调节杆座 7 之间的间隙泄漏。

膨胀阀节流后的制冷剂压力 p_z,再加上弹簧力 p_2 与感温包内压力 p_1 相平衡,由于这种平衡力来自阀体内部,故称内平衡式,如图 4-17 所示,当阀开度稳定时,有 $p_1 = p_z + p_2$。

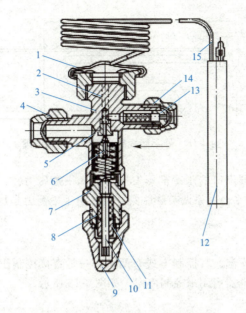

图 4-16　FR 型内平衡式热力膨胀阀

1—膜片；2—顶杆；3—阀体；4—螺母；5—阀座；6—针阀；7—调节杆座；
8—填料；9—帽罩；10—调节杆；11—压盖；12—感温包；13—过滤器；14—螺母；15—传压管

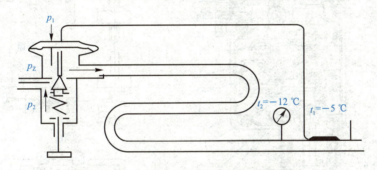

图 4-17　内平衡式热力膨胀阀的控制原理

当热负荷增加时，蒸发器出口过热度增加，感温包相应的压力 p_1 增加，使 $p_1 > p_z + p_2$，推动阀杆向开大方向移动，增加向蒸发器的供液量，相反，热负荷减少，阀口关小，减少向蒸发器的供液量。所以，热力膨胀阀能根据过热度变化自动开大或关小阀口，控制供液量，保持过热度稳定。注意，热力膨胀阀接受的信息（或者说输入热力膨胀阀的信息）是过热度，不是温度，热负荷的变化是通过蒸发器出口的过热度来反映的，热负荷增大，蒸发器管路的蒸发段变短，过热段变长，过热度增加；蒸发段变长，过热段变短，过热度减小。

(2) 外平衡式热力膨胀阀。在上述讨论中，平衡式 $p_1 = p_z + p_2$，没有考虑从膨胀阀出口到蒸发器进口的流动阻力，但如流阻大，压力平衡式则为 $p_1 = p_z + p_2 + \Delta p_z$。

Δp_z 为压力降，此时，膨胀阀控制的过热度将大于由弹簧当量压力 p_2 设定的过热度，过热度的提高会造成蒸发器的过热段过长，换热面积利用率降低，制冷能力下降，供液量不足，装置运行的经济性变差。可见内平衡式热力膨胀阀只适用于蒸发温度不太低，容量不大和制冷剂流阻不大的盘管式蒸发器。对于通路较长，蒸发温度上下波动较大的蒸发器一般采用如图 4-18 所示的外平衡式热力膨胀阀。

外平衡式热力膨胀阀，在膜片下方分隔出一个平衡压力腔，隔断了与节流后的制冷剂的联

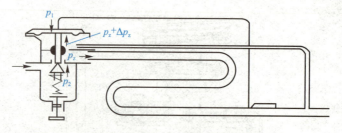

图 4-18 外平衡式热力膨胀阀控制原理

系。用外平衡引管将蒸发器出口的制冷剂蒸发压力引入平衡压力腔，作用于膜片下方，保证膜片受力仍按 $p_1 = p_z + p_2$ 的平衡关系调节膨胀阀开度，由于平衡力是从阀外引入的，所以称为外平衡式热力膨胀阀。

2. 温度继电器

温度继电器用于控制库温。其控制方式有两种：一是直接控制压缩机启动和停机来控制库温；二是通过控制供液继电器启闭来控制库温，如图 4-19 所示。

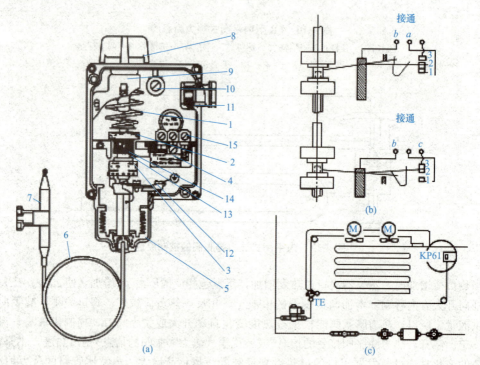

图 4-19 RT型温度继电器

1—调节弹簧；2—顶杆；3—幅差调节螺母；4—微调开关；5—波纹管组件；
6—毛细管；7—感温包；8—调节旋钮；9—主标尺；10—接线柱；11—控制线引入；
12—地线接线柱；13—微调开关拨臂；14—固定圆盘；15—接线柱

温度继电器通过感温包将温度信号转变为压力信号作用于波纹管，波纹管压力直接作用于主弹簧，通过幅差调节螺母及固定盘拨动电触点，以接通或切断电路。当库温低于下限值时，波纹管伸长，并通过顶杆使固定圆盘下移，拨动开关触头跳开，控制回路被切断，电磁阀关闭，供液停止。当温度回升之后，感温包内压力增加，波纹管被压缩，并通过顶杆压缩调节弹簧，使固定圆盘及幅差调节螺母上移，幅差调节螺母拨动开关拨臂，触头闭合，控制回路被接通，电磁阀开启,向蒸发器供液。

温度继电器的常见故障如下:
(1)温包内充剂泄漏,使触点无法闭合,应及时更换。
(2)触点烧毛或烧毁,使触点接触不良或接不通,可用细砂纸擦平或更换。

3. 电磁阀

供液电磁阀安装在热力膨胀阀前的液管上,根据温度继电器送来的电信号启闭,控制是否向蒸发器供液。

直接作用式供液电磁阀如图 4-20 所示。当库温降至下限时,温度继电器切断电路,电磁阀芯铁靠自重下落,阀关闭停止供液。一般直接作用式电磁阀只用于小型制冷装置。

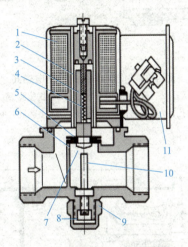

图 4-20 直接作用式供液电磁阀
1—电磁线圈;2—铜套筒;3—芯铁;4—复位弹簧;5—阀盘;6—阀座;
7—阀孔;8—垫片;9—封帽;10—强开顶杆;11—接线盒

间接作用式供液电磁阀如图 4-21 所示。阀芯由主阀和导阀组成。导阀同于直接作用式,只是其阀孔和阀座安装在主阀的阀盘上。主阀阀盘为膜片式,膜片直径大于主阀座直径,阀座外膜片上有一很小的平衡孔。当电磁阀线圈通电,导阀开启,主阀膜片上方空间与出口沟通,压力降低后,膜片的上下压差使膜片向上移动,打开主阀。当电磁阀线圈断电时,导阀先关闭,隔断主阀膜片上方空间与出口,制冷剂经平衡孔流进膜片上方,使其压力回升,与膜片下方压力平衡,因膜片上方压力作用面积大于下方,主阀下落紧压阀座上而关闭。

电磁阀损坏主要发生在线圈烧断、阀芯卡阻和芯铁剩磁三个方面。线圈通电时可用锯条感知磁力,可用手动开关检查阀芯有无动作声响判断其是否正常;剩磁过大时可取出芯铁加热或摔打解决。

4. 高低压继电器

高压继电器常安装于系统高压侧排气管上或排出截止阀的常用通道上;低压继电器常安装于低压管道或吸入截止阀的常用通道上,用于压缩机的高、低压保护。

图 4-22 所示为组合式高、低压继电器结构原理图。当压缩机吸气管压力升高至上限值时,低波纹管 7 被压缩,推动角杆 6 克服低压调节弹簧 3 拉力作用顺时针转动,带动推杆 2 下移,在夹持器内走完自由行程后把夹持器连同动触头板 12 一起下拉,使触头闭合;反之,当吸气压力低于下限值,触头断开,切断电源,停机保护。

低压调节弹簧 3 的拉力决定低压断开压力值的大小。顺时针转动低压调节螺钉 19,加大低

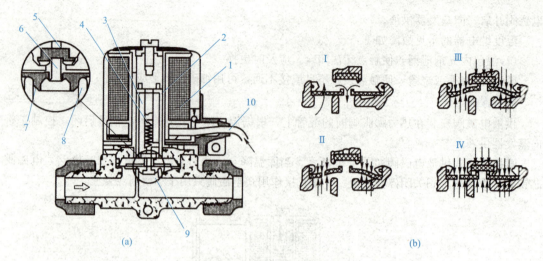

图 4-21 间接作用式供液电磁阀

1—电磁线圈；2—铜套筒；3—芯铁；4—复位弹簧；5—辅阀；
6—辅阀孔；7—主阀；8—主阀座；9—主阀孔；10—电线

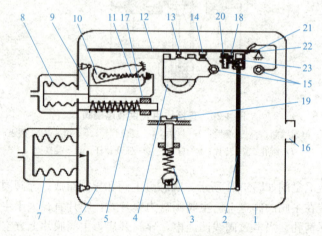

图 4-22 高、低压继电器原理图

1—外壳；2—推杆；3—低压调节弹簧；4—磁钢；5—高压调节弹簧；6—角杆；7—低压波纹管；
8—高压波纹管；9—杠杆；10—跳脚；11—跳簧；12—动触头板；13—辅助触头；
14—主触头；15—接线柱；16—进线孔；17—高压调节螺母；18—板形螺母；
19—低压调节螺钉；20—低压差动调节螺丝；21—夹持器；22—轴（支点）；23—直角拨

压调节弹簧 3 的拉力，断开值与闭合值同时增加，逆时针转动则减小弹簧拉力，断开值与闭合值同时减小。夹持器内的自由行程大小决定断开值与闭合值的差值，自由行程大，断开值与闭合值的差值大；自由行程小，差值小。

低压的上限值应根据库温而定，通常要低于库温的上限值所对应的制冷剂饱和压力，下限值由幅差决定，幅差值 R12 一般取 $0.07 \sim 0.1$ MPa，R22 取 $0.1 \sim 0.2$ MPa，幅差过小会使压缩机启停频繁。

高压部分由高压波纹管 8、高压调节弹簧 5、高压调节螺母 17、跳簧 11、跳脚 10、杠杆 9 组成。当作用在高压波纹管 8 上的排气压力升高至设定值上限时，顶针推动杠杆 9 克服高压调节弹簧 5 的弹力做逆时针方向转动，移动跳簧位置，使跳脚起跳，撞击动触头板 12 使触头断开。当高压低于设定值下限时，触头闭合。高压设定值的调整是通过高压调节螺母17进行，顺时针转动，弹簧压力增加，使断开闭合值同时增大；反之减小，幅差值一般不可调节，固定为0.3～0.4 MPa，高压继电器断开后大多采用人工复位。

5. 油压差继电器

油压差继电器是以润滑油泵排压和曲轴箱压力(吸入压力)之差为信号进行控制的电开关。

图4-23所示为国产JC 3.5型油压差继电器原理图。当压差(50～90 s)低于整定值(大型机0.15 MPa，小型机0.1 MPa)时，在经过一定延时后会自动切断压缩机电路，实现保护性停车。因为油压差不足，压缩机需要润滑部位的润滑油量不足，以油压为动力的部件也不能有效地工作。

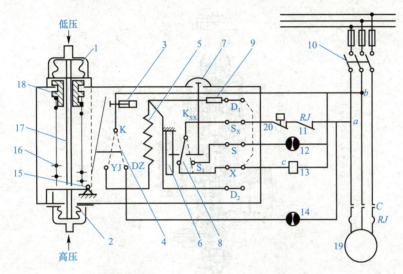

图4-23　JC 3.5型油压差继电器原理图
1—低压波纹管；2—高压波纹管；3—试验按钮；4—压力差开关；5—加热器；6—双金属片；
7—手动复位按钮；8—延时开关；9—降压电阻；10—压缩机电源开关；11—热继电器；
12—事故信号灯；13—交流接触器线圈；14—正常工作信号灯；15—杠杆；16—主弹簧；
17—顶杆；18—压差调节螺钉；19—压缩机电动机；20—高低压继电器

其动作原理为：高压波纹管2接润滑油泵出口，低压波纹管接曲轴箱，其差值所产生的力由主弹簧16平衡，当压差值大于给定值时，角形杠杆15处于实线位置，将开关K与DZ接通，一路电流由压缩机电路的b点经K、DZ，正常信号灯14亮，再回到a；另一路由b点经交流接触器线圈13、X、K_{sx}、S_x再回到a点。因为热继电器11、高低压控制器20均处于正常闭合状态，电机电源接通，压缩机正常运转。

当压差小于给定值时，杠杆15逆时针偏转至虚线位置，开关K与YJ接通，正常信号灯熄灭，电流由b点经K、YJ、电加热器5、D、X、K_{sx}、S_x再回到a，此时压缩机仍能运转，但电加热器通电后发热，加热双金属片，经60 s后，双金属片向右侧弯曲程度逐渐增大，推动延时开关K_{sx}与S_1接通，切断交流接触器线圈13与电加热器5的电源，接触器脱开，压缩机停止运转，而事故信号灯12亮，同时加热器停止加热。

双金属片冷却后不能自动弹回复位，再次启动压缩机，待故障排除后，按手动复位按钮7，使K_{sx}恢复到与X接通的位置，才能启动压缩机。

供油压力是油泵出口压力与压缩机曲轴箱油压之差，其下限值通过改变主弹簧的张力来设定，上限值由润滑油泵出口的安全阀设定。设定值约为曲轴箱压力加0.3 MPa(即压差调节范围0.049～0.34 MPa)。

6. 蒸发压力调节阀

蒸发压力调节阀也称为背压阀，安装在高温库的蒸发器出口管路上，能在阀前的蒸发压力变化时自动调节开度，保持蒸发压力大致稳定。

图 4-24 所示为 JVA 型直接作用式蒸发压力调节阀，左面接管为进口，接高温库蒸发器出口，右面接管是出口，接压缩机吸气总管。当蒸发压力升高到整定值时，通过阀盘 3 上的小孔作用在调节弹簧 10 底部的制冷剂蒸汽压力会克服调节弹簧座 9、调节弹簧 10 的张力而将阀开启；蒸发压力升高，阀开度加大；蒸发压力降低或小于整定值，阀会自动关小或关闭，使压力值控制在一定变化范围内。

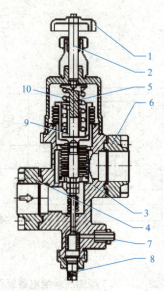

图 4-24　JVA 型直接作用式蒸发压力调节阀
1—手轮；2—调节杆；3—阀盘；4—进口接管；5—阻尼器；
6—出口接管；7—压力表接头；8—压力表阀；9—弹簧座；10—调节弹簧

为了消除阀出口压力变化影响，阀盘 3 用密封波纹管与出口端隔离，为减轻在调节过程中的振荡，设有气缸活塞式阻尼器 5。

蒸发压力调节阀的调整原则是：当库温达到要求的下限时，阀应恰好关闭。调整步骤如下：

(1) 按库温上下限的平均值，加上 5 ℃～10 ℃ 的传热温差初步确定制冷剂的蒸发温度。

(2) 按所采用的制冷剂的性质查出该蒸发温度所对应的饱和压力。

(3) 安装上压力表开启压力表阀。

(4) 转动调节杆或调节手轮，改变弹簧的张力，使压力表的表压值等于饱和压力。

(5) 当库温达下限时，观察压力表的指针是否稳定。若不稳定，说明阀尚未关闭，则应继续调节弹簧的张力，直至指针的指示稳定为止。此时，表的指示值为蒸发压力的下限，也即背压阀的调定值。关闭并拆除压力表。背压阀应垂直安装，调节杆在上。制冷剂的流向与阀体上所标的箭头一致。

7. 冷却水量调节阀

图 4-25 所示为直接作用式冷却水量调节阀的结构原理图。传压管 1 接压缩机排气管上或冷凝器顶部，当冷凝压力升高时，通过传压管，波纹管被压缩，通过承压板 2 推动，调节螺杆 11 下移，而调节螺杆则通过卡在其环槽中的片簧 4 带动阀芯 12 下移，阀开大，冷却水流量增加，使冷凝压力下降；反之，当冷凝压力降低时，阀关小，冷却水量减小，使冷凝压力上升，从而

保持冷凝压力稳定。

转动调节螺杆 11 底部的六角头调节杆便可在阀芯中转动,使可调弹簧座 3 在螺杆上轴向移动,改变调节弹簧张力,从而改变冷凝压力的整定值,此阀可在 0.35～0.9 MPa 范围内调节。

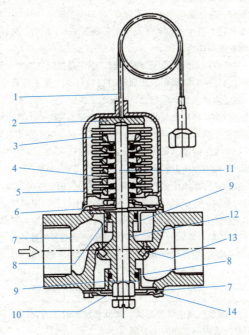

图 4-25 直接作用式冷却水量调节阀

1—传压管；2—波纹管承压板；3—可调弹簧座；4—片簧；5—调节弹簧；6—下弹簧座；7—O 型圈；8—防漏活塞；9—导向套；10—底板；11—调节螺杆；12—阀芯；13—阀盘密封橡胶圈；14—螺钉

任务实施

调试船舶制冷系统步骤见表 4-4。

表 4-4 调试船舶制冷系统步骤

调试流程	调试步骤
制冷装置启动前要求	(1)压缩机曲轴箱内的润滑油油位应在示油镜中间位置或偏上。 (2)储液器内制冷剂液面应在液镜 1/3～1/2 处。 (3)开启压缩机排气阀及高低压系统有关阀门。 (4)检查装置四周有无障碍物。新安装或检修复装后首次启动的压缩机,应手动盘车试转。 (5)对具有卸载—能量调节装置的压缩机,应将能量调节手柄放在最低的容量位置。 (6)检查电源电压,接通电源。 (7)开启冷却水泵,直接吹风冷却系统应开启风机,间接冷却系统则应开启盐水循环泵。 (8)调节压缩机高压、低压、油压控制器及各温度控制器给定值。 (9)检查制冷循环系统所有的管系,保证气密无泄漏
启动	启动准备工作完毕,瞬时启动压缩机,并立即停车,观察压缩机、电动机的启动状态和转向,然后反复启动 2～3 次,确认启动正常,即可正式启动。 启动后逐渐开启压缩机吸气阀及储液器出液阀。若制冷装置设有卸载—能量调节机构,应逐步调节到所要求的容量。在启动时还应观察机器运转、振动情况,系统高、低压及油压是否正常,检查电磁阀、能量调节阀、膨胀阀及回油阀的工作等,直到确认装置工作稳定

续表

调试流程	调试步骤
运转中的检查	(1)压缩机的转向是否正确。 (2)油压是否正常。油应高于吸气压力0.1~0.15 MPa。 (3)电磁阀是否开启，若用手摸电磁阀外壳有热感和微小振动，则表明阀已经开启。 (4)检验压力继电器工作压力。 ①低压继电器的校验：逐渐关小吸气截止阀，缓慢降低吸气压力直到压缩机停机，逐渐开大吸气阀直至压缩机重新启动，核对停机和重新启动时的吸气压力是否符合低压继电器断开和闭合压力的要求，若不符合，则应调整。为准确起见，宜校验3次以上。 ②高压继电器的校验：开足吸气截止阀，关小冷却水泵的排出截止阀，减小冷却水量使排气压力逐渐升高，直至压缩机停机。然后开大水泵的排出截止阀，减小冷却水量使排气压力逐渐升高，直至压缩机停机。然后开大水泵的排出截止阀直至压缩机重新启动。校验停机和重新启动时的排气压力是否符合高压继电器断开和闭合压力的要求。若不符合，则应调整。 ③压力继电器检验：转动油压调节阀的调压螺钉，使油压逐渐下降，直至压缩机停机。核对停机时的油压与吸气压力差值是否在0.06~0.15 MPa。若不符合，则应调整。 (5)按动压差继电器的试验按钮，校验延时机构工作的可靠性。要求按动试验按钮后压缩机应应停机。 (6)检查压缩机能量调节装置的工作，若为手动能量调节装置，可分别置于各能级，用手摸缸的发热情况，判断工作的缸数是否与能级相符。若为自动能量调节装置，压缩机应全负荷运行，全部缸均应发热。 (7)倾听膨胀阀是否有制冷剂流动声，以检查膨胀阀是否畅通
制冷装置的停车	正常停车	(1)关闭节流阀或供液总阀，降低蒸发器的压力，以便下一次启动。若是氟利昂系统应关闭储液器或冷凝器的出液阀。 (2)关闭吸入阀，当曲轴箱表压降到0.03~0.05 MPa时，截断电流，关闭排出阀。如停车不当，曲轴箱表压已降到负压，使曲轴箱表压上升到0 MPa以上。 (3)将油浸启动变阻器手轮从运行位置移动到启动位置。对于新系列产品应将能量调节位置移向"0"位。 (4)待2~3 min后，将冷却水系统和冷冻水系统关闭，停止搅拌机，记录停车时间及做好交班准备。 (5)若是长期停车，除全封闭式制冷机外，应将制冷剂收集到储液器中，即将储液器或冷凝器出液阀关闭，将蒸发器中的制冷剂抽回。这时，除安全阀的截止阀、表阀、均压阀、液面指示器开启外，其他阀门均呈关闭状态，然后消除制冷剂泄漏处，做好机器设备的油封工作，并每隔半月盘车一次，对于氟阀门除压紧杆填料外，还应将阀帽旋紧。 (6)各种制冷装置，在长期停车中，应将系统中水放掉，以防因环境温度较低而冻坏设备。若在南方地区，因气温较高，可不必放水，因放水后空气进入，对管内壁腐蚀比有水的情况下要严重些
	事故停车	(1)电源突然中断停车。应立即关闭调节站节流阀，停止向蒸发器供液，以免下次启动时，因蒸发器内液体过多而产生湿压缩，然后关闭制冷机吸、排气阀。对于氟利昂有电磁阀的条件下，可不作处理，拉下电源开关。检查停电原因，确认故障排除后，可重新启动。 (2)突然停水停车。由于检修管路或其他原因，冷却水突然中断时，应立即切断电源，停止制冷机运转，避免冷凝压力过分升高，然后关节流阀，制冷机吸、排气阀(对水冷式氟利昂制冷机同样要切断电源)。经查明原因并消除后，可再进行启动。如因停水，系统或设备安全阀超压跳开，还应对安全阀试压一次。 (3)遇火警停车。当与冷冻站相邻的建筑物发生火灾危及冷冻系统的安全罐时，应立即切断电源，迅速打开储液器、油水分离器、蒸发器各放油阀(一般设计时，这些放油阀与紧急泄氨器相连)，开启紧急泄氨器，使系统氨液集中于紧急泄氨口迅速排出，以防止由于火灾蔓延而使制冷系统发生爆炸

续表

调试流程	调试步骤
充注制冷剂 (图1、图2)	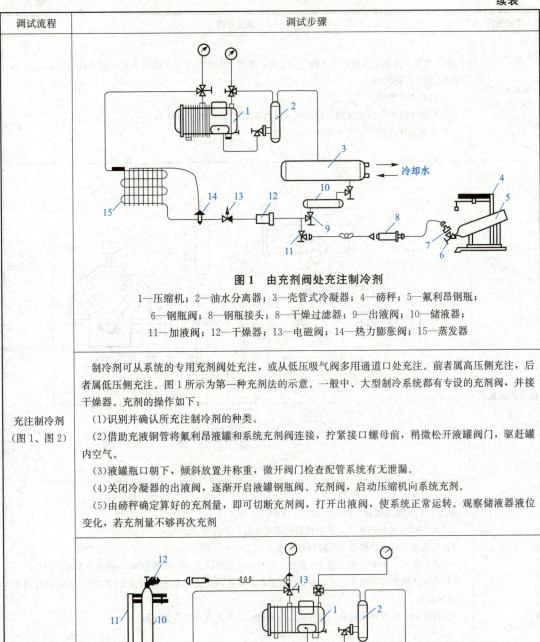 **图1 由充剂阀处充注制冷剂** 1—压缩机；2—油水分离器；3—壳管式冷凝器；4—磅秤；5—氟利昂钢瓶； 6—钢瓶阀；8—钢瓶接头；8—干燥过滤器；9—出液阀；10—储液器； 11—加液阀；12—干燥器；13—电磁阀；14—热力膨胀阀；15—蒸发器 制冷剂可从系统的专用充剂阀处充注，或从低压吸气阀多用通道口处充注。前者属高压侧充注，后者属低压侧充注。图1所示为第一种充剂法的示意。一般中、大型制冷系统都有专设的充剂阀，并接干燥器。充剂的操作如下： (1)识别并确认所充注制冷剂的种类。 (2)借助充液铜管将氟利昂液罐和系统充剂阀连接，拧紧接口螺母前，稍微松开液罐阀门，驱赶罐内空气。 (3)液罐瓶口朝下，倾斜放置并称重，微开阀门检查配管系统有无泄漏。 (4)关闭冷凝器的出液阀，逐渐开启液罐钢瓶阀、充剂阀，启动压缩机向系统充剂。 (5)由磅秤确定算好的充剂量，即可切断充剂阀，打开出液阀，使系统正常运转。观察储液器液位变化，若充剂量不够再次充剂 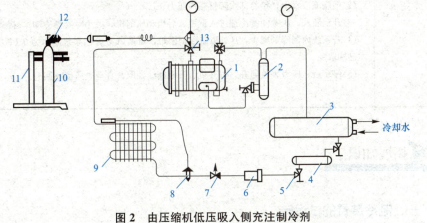 **图2 由压缩机低压吸入侧充注制冷剂** 1—压缩机；2—油水分离器；3—壳管式冷凝器；4—储液器； 5—出液阀；6—干燥器；7—电磁阀；8—热力膨胀阀；9—蒸发器； 10—氟利昂钢瓶；11—秤磅；12—钢瓶接头；13—三通阀头

续表

调试流程	调试步骤
充注制冷剂 (图1、图2)	图2所示为由压缩机吸入截止阀多用通道,充剂,需借助吸气三通阀将充剂铜管连接在钢瓶阀上,与以上操作不同的是: (1)钢瓶直立放置。 (2)充剂中随时调整钢瓶阀,控制吸入压力不超过200 MPa(表压)。 (3)如需加速充剂,可用温水淋浇或浸泡
制冷剂的取出 (图3)	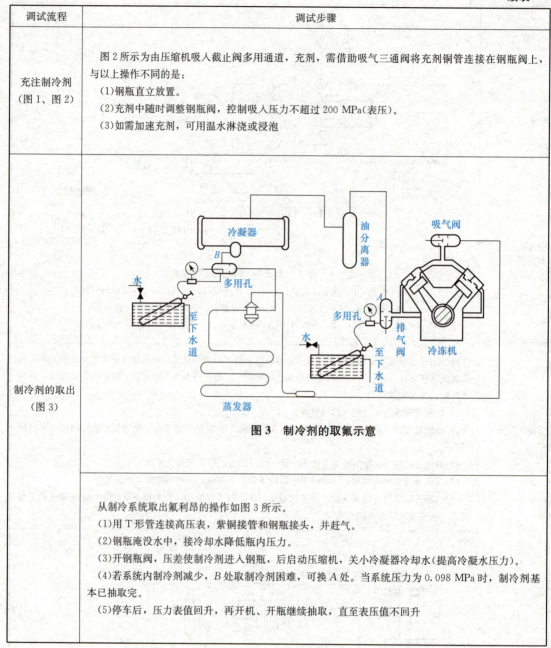 图3 制冷剂的取氟示意 从制冷系统取出氟利昂的操作如图3所示。 (1)用T形管连接高压表,紫铜接管和钢瓶接头,并赶气。 (2)钢瓶淹没水中,接冷却水降低瓶内压力。 (3)开钢瓶阀,压差使制冷剂进入钢瓶,后启动压缩机,关小冷凝器冷却水(提高冷凝水压力)。 (4)若系统内制冷剂减少,B处取制冷剂困难,可换A处。当系统压力为0.098 MPa时,制冷剂基本已抽取完。 (5)停车后,压力表值回升,再开机、开瓶继续抽取,直至表压值不回升

一、制冷装置的试运转

在制冷装置调试之前,先进行试运转。在试运转中应注意以下问题:

(1)检查电磁阀是否打开(指装有电磁阀系统),可用手摸电磁阀线圈外壳,若感到发热和微小振动,则表明阀已被打开。

(2)检查油泵压力是否正常,它的油压(指油泵出口压力及吸气压力之差值)应为 0.075~0.15 MPa;对于新系列压缩机使用转子式油泵,有能量调节装置,它的油压应为 0.15~0.30 MPa。若发现不符合要求,应进行调整。对油压继电器的低油压差动作试验,检查油泵系统油压差值低于规定范围时,看油压继电器能否工作。

(3)注意润滑油的温度,一般应不能超过 60 ℃(许可条件是<70 ℃)。因为油温过高会降低润滑油的黏度,影响润滑效果,但油温也不宜过低,如低于 5 ℃,黏度太大,也会影响润滑效果。

(4)注意压缩机的排气压力和排气温度。按照规定,排气压力 R12 不能超过 1.18 MPa,R22 及 R717 不能超过 1.67 MPa;排气温度 R12 不能超过 130 ℃,R22 及 R717 不能超过 150 ℃,对于老系列产品不能超过 100 ℃。排气温度过高会使滑油积炭,缩短阀片寿命,加快汽缸与活塞磨损。对于高压继电器的试验:将吸入阀开足,关小冷凝器冷却水阀,使排气压力逐渐升高,看高压继电器动作时的排气压力值是否与要求的压力值相符合。若不符合,则应进行调整,直到符合要求为止。

(5)氟利昂系统的吸气温度一般应不超过 15 ℃,吸气温度的增高要引起排气温度的升高,油温也会升高。对低压继电器的试验:在压缩机运转以后,慢慢关小吸入阀,使吸气压力逐渐下降,检查低压继电器动作时是否与要求的压力值相符。若不相符,则应进行调整,直至与要求相符为止。

(6)检查分油器的自动回油情况。正常情况下,浮球阀自动地周期性开启、关闭,若用手摸回油管,应该有时热时冷的感觉(当浮球阀开启时,油流回曲轴箱,回油管就发热,否则就发冷)。若发现回油管长时间不发热,就表示有回油管堵塞或浮球阀失灵等故障,应及时检查排除。

(7)听压缩机运转的声音。正常运转时,只有进、排气阀片发出清晰均匀的起落声,汽缸、活塞、连杆及轴承等部分不应有敲击声,否则应停机检查,并及时排除故障。

(8)对备有能量调节装置的压缩机,应检查该机构的动作是否正常。

(9)检查整个系统的管路和阀门,是否存在泄漏处。在运转正常的情况下,即可着手对制冷装置的工作进行调试。

二、制冷压缩循环主要故障及消除方法

制冷装置可能发生的故障有多种形式,其原因也各异,一定要仔细鉴别,下面介绍几种常见故障及清除方法,见表 4-5。

表 4-5 制冷压缩循环主要故障及清除方法

故障	消除方法
冰塞	(1)拆下冰塞元件除冰:用纯酒精清洗,再用压缩空气吹干装复。 (2)化冰后用干燥剂吸水:在冰塞部位外敷毛巾并用热水浇使冰融化,接着启动制冷装置,使水分随制冷剂流动,并被干燥剂吸收。采用这种方法时,往往很快又在原来冰塞处后面形成冰塞,需反复进行上述操作。 (3)用"解冰剂"(纯甲醇)消除冰塞:应急时加入占制冷剂总量 1%的甲醇,此法对机械设备有损,不提倡。 (4)用干燥气体吹除水分并换新制冷剂:当系统大量进水时,上述方法不起作用,这时只能将系统中制冷剂放掉或收入钢瓶,然后用 0.6~0.8 MPa 的二氧化碳或氮气吹扫系统,最后用抽空除水法使系统干燥

续表

故障	消除方法	
系统中制冷剂不足	(1)蒸发温度低于0 ℃的蒸发器后部结霜融化。 (2)吸气过热度增加。 (3)吸入压力、排气压力均下降。 (4)储液器中液位低于1/3以下。 (5)膨胀阀因制冷剂中夹有过多气体而发出较明显的"丝丝"声。 (6)开启膨胀阀的旁通阀吸气压力无明显的回升	
压缩机启动不久就停，之后就无法启动	(1)高压控制器断开引起	①排出阀未开或开度不足； ②冷凝器冷却水中断或水量不足； ③高压控制器上限调得太低或未人工复位
	(2)低压控制器断开引起	①低压控制器下限调得太高； ②供液阀故障，供液过少
	(3)油压差控制器断开引起	①曲轴箱缺油或奔油或吸油滤器阻塞； ②油压调节阀调压过低或泄漏
压缩机长时间运转不停	(1)蒸发器结霜太厚或存油过多； (2)制冷剂循环量不足或管路不畅通； (3)压缩机实际排气量显著减少； (4)冷库隔热层损坏，库门关不严或放入大量热货等； (5)温度控制器、低压控制器调节不当，温包安放不当等	
压缩机运转中有异响	(1)液击； (2)余隙过小，运动部件间隙过大造成敲击； (3)缸内有异物； (4)连杆大端螺栓松动； (5)机座螺栓松动，润滑油泵磨损等	

工作任务		调试船舶制冷装置系统				
学生姓名		班级学号		组别		任务成绩
任务描述		在实训室内,按照调试规范对制冷装置进行基本操作和调试训练;能够掌握制冷设备调试要点,掌握制冷装置操作运行管理要点				
场地、设备		辅机实训室、需要调试的制冷装置、瓶装氮气、真空泵等设备				
工作方案	根据任务要求,确定所需要的知识、设备、工具,并对小组成员进行合理分工,制定完成调试船舶制冷装置系统详细方案					
调试船舶制冷装置系统步骤	调试船舶制冷装置系统步骤					
	遇到问题			解决问题		
	1.					
	2.					
	3.					
	4.					
	5.					
签字	任务完成人签字:　　　　　　　　　　　　　　日期:　　年　　月　　日 指导教师签字:　　　　　　　　　　　　　　日期:　　年　　月　　日					

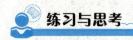 练习与思考

1. 制冷系统中的辅助设备有哪些？
2. 热力膨胀阀的主要功用是什么？
3. 当蒸发器流动阻力损失大时，应使用什么样的膨胀阀？为什么？
4. 如何判断冷凝系统中的润滑油分离器是否工作？
5. 船舶上制冷装置的自动化控制元件有哪些？
6. 制冷装置的自动控制内容包括什么？
7. 温度继电器的分类及功用有哪些？
8. 电磁阀的功用及基本结构如何？
9. 遇到哪些情况，应做紧急停车处理？
10. 压缩机抽空的操作步骤和注意事项是什么？
11. 系统中制冷剂不足时，其具体症状有哪些？
12. 蒸发压力调节阀的调整步骤是什么？

模块 5　船舶空调装置调试

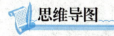
思维导图

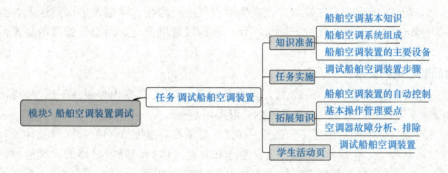

海船，特别是远洋船，由于航区、季节及气象条件的变化，外界气候有时酷热，有时严寒，有时干燥，有时潮湿，舱室内的空气随之变化，加上船员和旅客也不断呼出二氧化碳，以及机械设备产生的热量和水蒸气等，为了改善劳动和生活条件，现代船舶上常对船员和旅客的住舱、公共场所及驾驶台、海图室、报务室等位于船舶上层建筑的公共场所都采用空气调节措施。因此，现代船舶大都设有空气调节装置。因此，船舶空气调节装置的安装与调试是轮机修造人员必须掌握的基本技能。

任务　调试船舶空调装置

本任务是进行船舶空调装置调试，按照工艺规范对空调装置基本设备及系统进行调试；掌握船舶空调调试要点，对空调系统进行合理调试。通过本任务学习，学生要掌握以下知识和能力。

1. 知识目标

(1)了解空调的任务和空调基本原理；
(2)了解空气的基本参数；
(3)掌握船舶空调系统的结构类型；
(4)掌握船舶空调系统的种类、组成及特点。

2. 能力目标

(1)能够正确按照调试规程对船舶空调装置及系统进行调试；
(2)能够正确填写调试记录并形成报验报告。

3. 素质目标

(1)在空调装置安装调试过程中培养严谨细致的工作态度和良好的职业道德意识；
(2)在安装调试空调设备过程中培养团队协作意识、沟通与协调意识、吃苦耐劳与爱岗敬业精神。

知识准备

一、船舶空调基本知识

"空气调节"是指空气先经过处理，成为温度和湿度合适的洁净的空气，然后送入舱室，从而在舱室中创造一种与外界气候条件不同的"人工气候"。空调的任务就是对外界空气进行除尘、加热或冷却、加湿或去湿，并将加工处理后的空气送至各舱室。通过空调系统，在冬季对空气进行除尘、加湿及加热后送入各舱室；在夏季对空气进行除尘、降温及去湿后送入各舱室；在春、秋两季气候适宜时仅对空气进行除尘净化，并给以通风换气。对空气处理的装置，称为空调装置。

1. 对船舶空调的要求

(1)空气温度：冬季为19 ℃～22 ℃，夏季为24 ℃～28 ℃，室内外温差不超过6 ℃～10 ℃，室内垂向温差不超过3 ℃～5 ℃。夏季室内外温差不超过6 ℃～10 ℃。

(2)空气湿度：冬季相对湿度$\varphi=30\%～40\%$，夏季相对湿度$\varphi=40\%～50\%$。

(3)空气清新程度：包括空气清新(少含粉尘和有害气体)和新鲜(足够的含氧量)两项要求，满足人呼吸对氧气的需要，新鲜空气供给量每人2.4 m^3/h即可，要使二氧化碳、烟气等有害气体降到允许值以下，新风量要求每人30～50 m^3/h。

(4)空气流速：舱室内，空气有轻微的流动，使人感到不气闷，要求气流速度以0.15～0.2 m/h为宜，最大不超过0.35 m/h，否则人也会感到不舒服。

(5)噪声：距室内空调出风口处，测试的噪声应不大于55～60 dB(A)。

2. 空气的基本参数

湿空气的物理性质除与它的组成成分有关外，还取决于它所处的状态。湿空气的状态通常可以用压力p、温度t、相对湿度φ、含湿量d及比焓h等参数来度量和描述。这些参数称为湿空气的状态参数。

(1)空气压力。根据道尔顿分压力定律：混合气体总压力等于各组成气体分压力之和。湿空气的总压力就等于干空气分压力和水蒸气分压力之和，即$p=p_g+p_s$。

湿空气中含水蒸气的分压力大小，是衡量湿空气干燥与潮湿程度的基本指标。标准大气压力是$p=101\ 325$ Pa。

(2)空气的温度。

①干球温度：是温度计在普通空气中所测出的温度，即一般天气预报里常说的气温。

②湿球温度：是指同等焓值空气状态下，空气中水蒸气达到饱和时的空气温度，在空气焓湿图上是由空气状态点沿等焓线下降至100%相对湿度线上，对应点的干球温度。

③露点温度：在含湿量不变的条件下冷却空气，一直冷却到空气中的水蒸气开始凝结成水的那一时刻的温度。

一般情况下，干球温度高于湿球温度，湿球温度高于露点温度。如果三者相等，则空气一定是饱和空气。

(3)空气湿度。

①绝对湿度(Z)：1 m^3湿空气中含有的水蒸气质量，单位是kg/m^3。

②相对湿度(φ)：是空气中水蒸气分压力和同温度下饱和水蒸气分压力之比，也称为饱和度。相对湿度反映了湿空气中水蒸气含量接近饱和的程度。

空气的相对湿度φ越大，也就越潮湿。φ的最大值是1(或100%)，这相当于饱和空气。如

果 $\varphi=0$，这表明空气中不含水蒸气(干空气)。

③含湿量(d)：单位质量干空气中含有的水蒸气量，单位是 kg/kg(干空气)或 g/kg(干空气)。

含湿量 d 能确切反映空气中含的水蒸气量的多少，但不能反映空气的吸湿能力，不能表示湿空气接近饱和的程度。

相对湿度 φ 能反映湿空气中水蒸气含量接近饱和的程度，但不能表示水蒸气的含量。φ 值小，表示空气距离饱和程度远，空气较为干燥，吸收水蒸气能力强；φ 值大，表示空气更接近饱和程度，空气较为潮湿，吸收水蒸气能力弱。

二、船舶空调系统组成

船舶空调系统一般由四个主要系统组成，即冷、热源系统，空气处理系统，空气输送和分配系统及自动控制系统，如图 5-1 和表 5-1 所示。舱外新鲜空气和舱内回风进入空气混合室，经过滤器清除空气中的尘埃，再经风机送至空气加热器、加湿器、冷却器处理，使空气达到要求的送风温度和湿度。然后经挡水板至空气分配室，再沿各送风管经空气分配器或诱导器送入舱室，从而完成其空气调节过程。

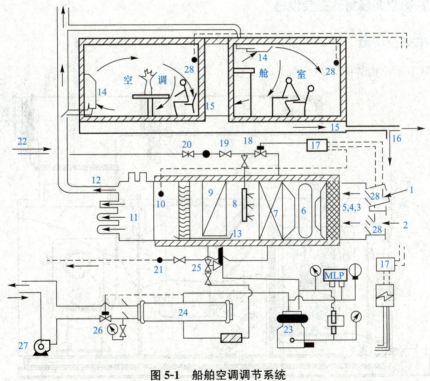

图 5-1 船舶空调调节系统

1—回风进口；2—新风进口；3—调风门；4—空气混合室；5—空气过滤器；6—风机及消声室；7—空气加热器；8—空气加湿器；9—空气冷却器；10—挡水板；11—空气分配室；12—送风管；13—承水盘；14—空气分配器和诱导器；15—回风；16—排风与回风；17—温度控制器；18—蒸汽控制阀；19—过滤器；20—蒸汽恒压阀；21—疏水器；22—蒸汽引入总管；23—压缩机；24—冷凝器；25—膨胀阀；26—水量控制阀；27—海水泵；28—测温元件

表 5-1 船舶空调系统组成

船舶空调系统	各组成部分作用
冷、热源系统	(1)冷源：空调系统的冷源是指用于空气降温、减湿的制冷装置。其主要有活塞式、螺杆式、离心式和吸收式等制冷机。 (2)热源：船舶空调通常采用蒸汽、热水或电能对空气进行加热，以蒸汽对空气进行加湿。蒸汽、热水由锅炉或动力装置的冷却水供应
空气处理系统	完成对空气的混合、净化、加热、加湿、冷却、减湿及消声等任务。在空调器中设置进风口、出风口、调风门、空气过滤器、加热器、加湿器、冷却器、挡水板，以及空气混合、分配、消声室等
空气输送和分配系统	将经过空调器处理的空气输送和分配到各空调舱室，并将舱室内的污浊空气排出舱外，使空调舱室得到均匀送风和满意的气流组织。包括通风机、进排风管、空气分配器或空气诱导器
自动控制系统	用于控制空调舱室的空气温度、湿度及其所需冷、热源的能量供给等。它是保证空调舱室得到良好空气参数、气流组织和冷、热能量合理供给所不可缺少的设备

三、船舶空调装置的主要设备

(一)中央空调器

空气调节器结构如图 5-2 所示。

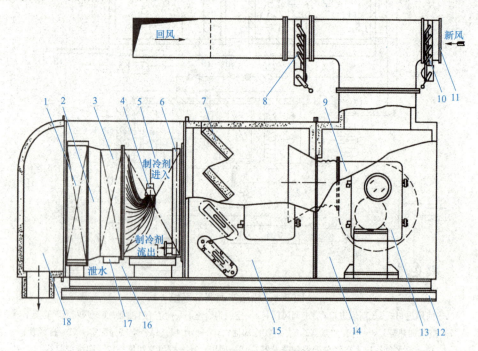

图 5-2 空气调节器结构

1—空气加热器；2—加湿器；3—挡水板；4—空气冷却器的制冷剂分配器；5—空气冷却器；
6—制冷剂流出集管；7—滤器；8—回风量调节门；9—风机；10—新风量调节门；
11—具有滤网的新风入口；12—底架；13—检查门；14—混合室；15—消声室；
16—空气处理室；17—集水盘；18—分配室

1. 空气的混合、消声和过滤

新风和回风经各自的调节门由风机吸入在混合室中混合后进入消声室,气流进入消声室,因流通断面扩大,流速突降,使低频声衰减,而中、高频声则为四壁的消声材料(泡沫塑料)所吸收。消声室内有四块滤板组成的栅墙,用于滤除空气中的灰尘,滤块材料常用粗孔泡沫玻璃纤维、无纺布等,也有用涂以矿物油的金属网格或皱折钢皮。

2. 空气的冷却与除湿

空气处理室内设有空气冷却器和挡水板,降温工况时,空气流经蛇形肋片管时,被管内低压蒸发的制冷剂冷却,空冷器壁面结露所产生的凝水沿管外肋片下流落入集水盘,由泄水管泄出。冷却器后设有挡水板,挡水板有许多竖立并列放置的曲折板组成(图5-3),空气气流不断改变,所带水滴便附着曲板上,流到下面集水盘中。

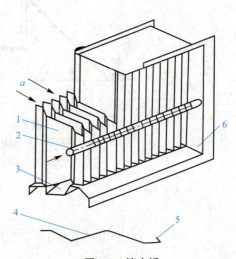

图 5-3 挡水板
1—挡水曲板;2—加湿器;3—集水盘;
4—挡水曲板线条图;5—挡水沟;6—支架

(二)供风设备

1. 供风管

供风管由 0.5～2 mm 镀锌薄钢板制成,设于天花板中,表面有隔热层,以防散热与结露。供风管的截面有矩形和圆形两种,矩形管占据空间的高度小,管路与支路交接方便,常用于中、低速空调系统;圆形管,当流通截面面积相同时其湿周最小,摩擦阻力小。另外,由于供风管的制造、安装和维修均方便,常用于高速空调系统。

2. 布风器

布风器是空调系统最末端的设置,装于空调舱室内,其任务是将加工处理后的空气以一定的流速和方向供入舱室,使供风与室内空气混合良好,温度分布均匀,能保持人的活动区内风速适宜。布风器按安装位置的不同可分为壁式和顶式两类。壁式布风器靠舱壁底部垂直安装,使用方便;顶式布风器安装在天花板上,不占舱室地面,在艺术造型上能与顶灯配合,起到装饰效果,在船舶空调中采用较多。

(1)直布式布风器实例。图5-4所示为一种顶式单风管直布式布风器,其出口做成有利于送风气流扩散的形状,如喇叭形、格栅形等。从进风管1供入空调器处理好的空气,经消声箱5消声,通过调风门2进喇叭形出口,向室内空间扩散和空气混合。转动风门调节旋钮6可使调风门2沿风门导杆3上下移动,调节供风量。除直布式布风器外,还有孔板式、百叶窗式、转球式等布风器。

(2)诱导式布风器实例。图5-5所示为一种壁式诱导器。从空调器来的风(一次风)经风管和调风门进入静压箱,由于喷嘴作用,一次风以 15～30 m/s 的速度喷出,产生局部低压,诱导室内空气(二次风)从下部格栅进入,并与一次风混合后,以 2～4 m/s 从顶部栅格吹出,并对舱室内空气产生二次诱导作用。调风旋钮用来调节风门开度,改变一次风风量,做变量调节。调温旋钮用来调整电加热器接入电路的电阻丝长度,改变发热量,做变质调节。

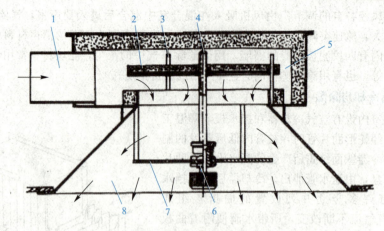

图 5-4 单风管直布式布风器
1—进风管；2—调风门；3—风门导杆；4—调节螺杆；
5—消声箱；6—风门调节旋钮；7—挡风板；8—出风口

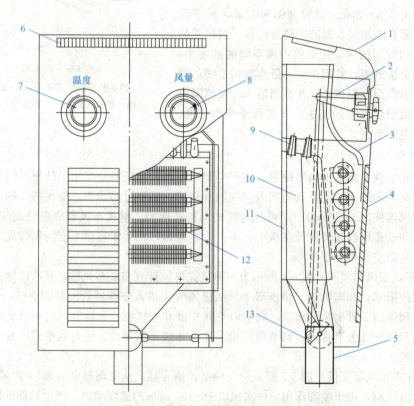

图 5-5 带电加热器的壁式诱导器
1—外罩；2—风门调节传动机构；3—导流板；4—进风栅；5—供风管；6—出口格栅；
7—调温旋钮；8—调风旋钮；9—喷嘴；10—静压箱；11—吸声层；12—电热器；13—调风门

任务实施

调试船舶空调装置步骤见表5-2。

表5-2 调试船舶空调装置步骤

调试流程	调试步骤	
调试前准备工作	(1)检查相关工具工装/测量仪器的有效期限。 (2)设备机组冷却管安装完整、正确,达到供水状态;系统的附件安装完整。 (3)设备的联轴器、皮带轮保护罩安装完整,进行轴系对中。各舱室的布风器应安装完整。 (4)检查系统主电源、配电线路的绝缘情况、通电。 (5)协助服务工程师对整个系统的接线进行校对,以及系统通用报警点的模拟试验。 (6)根据试验册和说明书,确定调试参数	
调试空调装置	(1)系统的吹洗。系统的吹洗工作按照工质流动的方向逐段延伸,吹洗剂选用氮气,压力为1.0 MPa以上,吹洗过程轻敲管壁,对排污出口以手堵突放。待无碎渣冲击时用白纸堵截,至纸上无污渍为止	
	(2)密性试验。试验应在管路接头包绝缘之前进行;试验分为低压与高压两部分。低压部分包括膨胀阀之后至压缩机吸入截止阀前的管路、阀件与蒸发器;高压部分包括压缩机排出阀至膨胀阀前的油水分离器、冷凝器、储液器、过滤器、干燥器及管路与阀件。其中,冷凝压缩机组空气处理单元中的制冷盘管、膨胀阀、安全阀不做此项试验	①试验压力。 低压部分:2 MPa; 高压部分:2.5 MPa(以设备厂商提供数据为准)。 ②试验方法。关闭压缩机制冷剂进气阀,关闭电磁阀前与热力膨胀阀后的截止阀,打开系统中所有其余的阀,加制冷剂充入干燥氮气到低压部分试验压力时,继续充气到高压部分试验压力后,关闭加液阀,保持压力24 h,在管系接头、阀件处可喷肥皂水检漏。 ③试验要求。前8 h压力降(包括由温度下降而引起的压力降在内)应不大于0.034 MPa,后16 h应能保持压力稳定,记录测试数据
	(3)冷却水管路。试验范围:自机舱淡水冷却泵出口至各冷凝器出口舷侧截止阀间所有管路、附件与冷凝器(冷却水空间)。 试验压力:不低于0.56 MPa。检查各管路接头、附件,应无漏泄,在不补充加压情况下保压2 h,压力应无下降。 试验要求:系统冷却水流量必须按照说明书所提供的流量参数调整。对冷却水由中冷器提供的系统,必须对所有冷却水使用单元做统一调配,启闭相应的阀门调整各支路流量,以满足空调系统的需求量,并将冷却水温度调整为进水32 ℃以备机组运行	
	(4)冷冻润滑油的加注。冷冻润滑油在真空状态下用手摇泵充注,充注过程须谨慎小心,不允许有空气带入,液位至视液镜的3/4以上为宜	
	(5)制冷剂的充注与装置的试运行。真空试验合格后,充注制冷剂,检查系统不应有任何泄漏。机组启动前先注入少量的制冷剂,压力为适合值,以检漏仪再次检漏,系统在确认不泄漏的状态下充注制冷剂。联合机组充至储液瓶满,让压缩机运行30 min以上,运行过程将冷却水进出口温差调整为适合值,根据运行压力和蒸发压力判断制冷剂的充注量是否合适。如制冷剂量不足,重复上述操作,至合适为止,不允许过量。如设计为独立机组,必须以单机组运行进行充液,至液位镜3/4处时检测充注量,合适后停机,并关闭该机组吸排气截止阀,再以同样的方式对另一机组进行充液	

续表

调试流程		调试步骤
调试空调装置	(6)中央空调系统风量调节试验	①风管总风量的分配与调节。 a. 使管系中所有布风器的调节阀门处于全开状态，根据各支路的设计总量，在空调器出风口处调节支管风量与设计风量基本相符。 b. 调节各个房间的布风器风量，使各个布风器的风量与设计风量相符
		②加热、加湿试验。 a. 启动空调器，使空调器正常运行； b. 电加热功能，打开系统电热温控器使其达到加热效果； c. 开启蒸汽冷凝水阀，逐渐开启蒸汽进汽阀； d. 调整好感应温包，使其能自动调节加热蒸汽量，实现采暖时的舱室温度控制； e. 逐渐打开手动加湿阀，检验是否能正常使用
		③测量并记录如下数据： a. 规定舱室的温度及湿度； b. 外界温度和湿度； c. 空调器回风口温度和湿度； d. 空调器出风温度。 测量时间：前 2 h 每 30 min 记录一次，后 2 h 每 1 h 记录一次。总共运行 4 h。测试过程中，根据舱室的温度及湿度情况，调整温度、湿度整定值

一、船舶空调装置的自动控制

空调装置的自动调节主要是对取暖工况空气的温度、湿度进行自动调节；对降温工况的空气温度进行自动调节；对系统的静压进行自动调节。

(一)船舶空调装置冬、夏季的温度自动控制

1. 夏季空调的温度自动控制

夏季调节空气时，空气通过空气冷却器冷却去湿。空气冷却器对空气的冷却程度取决于制冷系统的冷量供给情况。直接冷却系统空调温度的控制是利用热力膨胀阀自调性能和回风温度，通过控制进入空气冷却器的制冷剂流量来实现的；在间接冷却系统中，则通过控制流经空气冷却器的载冷剂流量来实现。

(1) 温控器控制室内温度。单脉冲双位温度控制器控制室内温度，是目前广泛采用的控制方法。

图 5-6 所示为夏季空调室内温度控制原理图。它以感温包 5 作为敏感元件。感温包直接感受空调室回风温度，并通过毛细管将信号传送给温度控制器。温度控制器按给定值操纵供液电磁阀 1，改变对空气冷却器 3 的冷量供给，实现控制空调室内温度的目的。当各空调室内回风温度超过温度控制器的给定值上限时，控制器动作，开启供液电磁阀，空气冷却器工作，回风与新

风混合后得到冷却,保证空调送风要求;反之,当回风温度下降到低于温度控制器的给定值下限时,则关闭供液电磁阀,空气冷却器停止工作,空调室处于通风换气状态。当回风温度持续上升至温度控制器上限动作值时,再次开启供液电磁阀,空气冷却器又重新工作,将室温控制在所需范围内。由于回风直接反映了室内实际温度,因而较利用热力膨胀阀自调性能控制室温更接近温控要求。

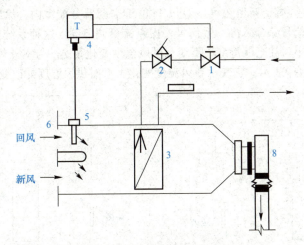

图 5-6 夏季空调的温度控制原理
1—供液电磁阀;2—膨胀阀;3—空气冷却器;4—温度控制器;
5—感温包;6—回风进口;7—新风进口;8—风机

(2)热力膨胀阀控制送风温度。在直接冷却系统中,通过膨胀阀的调节,向空气冷却器供给一定数量的制冷剂,保证了制冷循环的正常进行,而空气冷却器又保证了空气得到预定的冷却降温效果。

在空调器进风量一定的条件下,若进风温度一定,那么空气冷却器的热负荷也一定。此时,如果制冷工况稳定,膨胀阀将维持一定开度,保证一定的制冷剂流量,使空调器出来的送风温度一定。但是,当空调器回风温度升高时,空气冷却器热负荷必然增大,制冷剂回气过热度提高,进而使膨胀阀开度加大,提高制冷剂流量,使经过空气冷却器的空气降温较大;反之,空调器回风温度下降时,经过上述一系列反向调节,空气仅得到较小的温降。所以,在夏季空调中,借助于制冷系统热力膨胀阀本身的自调特性,可维持空调器一定的送风温度。

(3)能量调节机构控制送风温度。能量调节机构根据空气冷却器热负荷变化,控制制冷系统的能量供给,可调节送风温度。采用卸载—能量调节装置控制运行制冷压缩机数量,可自动调节空调系统的能量供给,使空调送风温度稳定在一定范围内。空调开始时,空气冷却器热负荷大,蒸发压力和温度较高,通过压缩机的能量控制阀,使卸载—能量调节机构动作,压缩机自动增缸,直到全负荷运转,以最大制冷量供给空气冷却器,空气得以快速冷却;反之,随着空气冷却器热负荷不断下降,蒸发压力和温度降低,能量控制机构使压缩机减缸运转,减少制冷量,使空气得到较小的降温。这种调节方法既保证了制冷系统对空气冷却器能量的合理供给,控制了送风温度,又保证了压缩机的经济运行。

2. 冬季空调温度的自动控制

(1)控制供风温度。控制供风温度(Supply Air Temperature)是常用的调节方案,其特点是调节滞后时间短,测温点距离调节阀近,可采用比较简单的直接作用式温度调节器控制的空调系统。

图 5-7 所示为单脉冲供风温度调节系统。感温元件放在空调器的出口分配室内,感受供风

温度，将信号送到调节器。当室外新风温度变化时，供风温度也会随之变化，在供风温度与调节器调定值发生偏差时，调节器发出信号，改变加热工质流量调节阀的开度，使供风温度大致稳定。但是，外界温度变化会使舱室热负荷变化，因此，仅控制供风温度不变是不够的，在对室温要求较高的场合，则使用双脉冲温度调节系统。

图 5-8 所示为双脉冲温度调节系统。双脉冲温度调节系统具有两个感温件温包 1 和 5。温包 5（位于新风口，涂蓝色）感受新风温度，温包 1（位于空调器分配室内，涂红色）感受送风温度。调节器同时接受两个信号综合后再产生信号，操纵流量调节阀，这种系统能够补偿外界气候的变化，使室温变动减小，甚至保持室温不变。供风温度变化量 Δt_s 与室外气温变化量 Δt_w 之比，称为温度补偿率，用 K_T 表示。它表示新风温度变化 1 ℃时供风温度的改变量，即

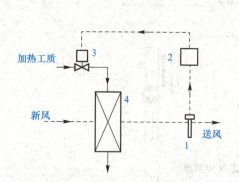

图 5-7　单脉冲供风温度调节系统
1—供风温度传感器；2—单脉冲温度调节器；
3—流量调节阀；4—加热器

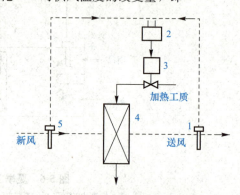

图 5-8　双脉冲温度调节系统
1—供风温度传感器；2—双脉冲温度调节器；
3—流量调节阀；4—加热器；5—新风温度传感器

$$K_T = \Delta t_s / \Delta t_w$$

双脉冲温度调节器常采用充注甘油之类的液体温包。它利用液体受热膨胀的特性，将温包感受的温度信号转变为压力信号。由于液体温包的容积都做得较大，因而，毛细管和调节器本体中的液体相对就少得多，从而可减少输出压力受温包以外温度的影响。两个温包有多种规格，温度补偿率的大小与两个温包的容积比有关。若容积相同，则气温每下降 1 ℃，送风温度约升高 1 ℃；若送风温包比新风温包大 1 倍，则气温每下降 2 ℃大约能使送风温度升高 1 ℃。可见，温度补偿率 K_T，约为新风温包与送风温包容积之比。

(2) 控制回风或典型舱室温度。回风温度可大致反映各舱室的平均温度，因此，将感温元件放在回风总管中，当回风温度偏离调定值时，通过改变加热工质流量来改变供风温度，使回风温度（舱室平均温度）大致保持不变。这种方法的测温点也不远，仍可采用直接作用式温度调节器；在采用单脉冲调节时虽然比控制供风温度更合理，但调节滞后时间较长，因而动态偏差较大。由于舒适性空调要求低，故使用仍较多。

感温元件也可放在空调分区中热负荷有代表性的舱室中，直接控制该舱室温度。这种方法测温点距离调节阀太远，不宜采用直接作用式温度调节器，且典型舱室也不好选择。

(二) 船舶空调装置冬、夏季的相对湿度自动控制

降温工况时，空冷器壁温越低，则除湿量越大，一般均能使室内相对湿度控制在适宜范围内，因此，不做专门的湿度自动调节。

取暖工况多用蒸汽加湿，只要控制喷入的蒸汽流量就可保持室内空气的湿度适宜，通常加湿蒸汽流量调节阀由湿度调节器控制。控制的方法有两种，一种是控制供风湿度，如图 5-9(a)

所示,湿度传感器1放置在空调器出口的分配室内,用以感受送风的相对湿度,然后将信号送至比例式湿度调节器2。当送风的相对湿度偏离整定值时,调节器会使加湿调节阀3的开度与送风湿度的偏差值成比例地变化,将送风的相对湿度控制在一定的范围内。这种调节滞后时间短不宜采用双位调节。图5-9(b)是直接控制送风的含湿量,含湿量确定,露点即确定,因此,往往将控制送风的含湿量也称为露点调节。这种系统比较复杂,需采用两级加热,即在预热器7后再设喷水加湿器4。喷水加湿是一个等焓加湿过程,加湿后空气温度会有所降低,但加湿后所能达到的相对湿度一般较稳定。而未能被吸收的水可由泄水管路泄出,只要调节预热器加热介质的流量,控制住加湿后的空气温度,即可控制送风的含湿量和露点,加湿不会过量。送风的含湿量一般为 6~6.3 g/kg,即露点为 6 ℃~7 ℃。此方案比较适用于采用两级加热的再热式空调系统和双风管空调系统。另一种控制方式是控制回风或典型舱室湿度,如图5-9(c)所示,湿度传感器放在回风口或典型舱室内,当湿度降至下限值时,调节器使加湿电磁阀开启加湿,使舱内湿度增加,当湿度达上限值时,调节器使电磁阀关闭,加湿停止。这种调节滞后时间长,如果布风器诱导作用不强,送风与室内空气混合不良,室内空气湿度的不均匀性会较大。如果改用比例调节,则可得到改善。

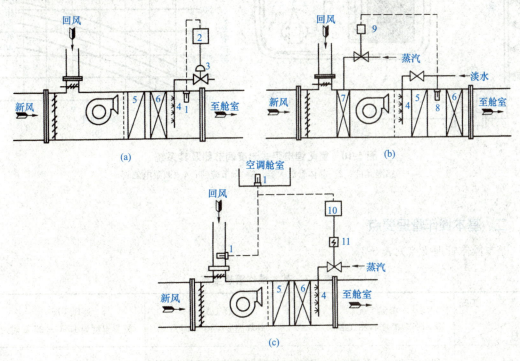

图 5-9 取暖工况的湿度调节系统

1—湿度传感器;2—比例式湿度调节器;3—加湿调节阀;
4—加湿器;5—冷却器;6—加热器;7—预热器;8—温包;
9—直接作用式温度调节器;10—双位式湿度调节器;11—电磁阀

空调装置的相对湿度调节器有气动式、电动式、电子式三种。按其测量湿度的传感器种类又可分为干湿球式、毛发(或尼龙)式和氯化锂电阻式三种。

(1)干湿球式湿度控制器。干湿球式湿度控制器的感湿元件采用温包或热电阻,使用时将两感湿件(一干一湿)同时放于湿量点,于是,干湿温差就转换为温包内充剂的压差,用于控制电触头的通断,从而控制加湿蒸汽管路上的电磁阀的启闭,实现加湿或停止加湿。这种调节器的特点是,双位调节,湿度控制范围误差大,清洁不便,风速的大小也会影响相对湿度的测量值。

管理时应保持感湿元件的纱布套始终保持湿润、清洁和通风良好。

(2) 毛发(或尼龙)式湿度控制器。利用脱脂毛发或尼龙长度随相对湿度改变成正比变化的特性，作为感湿元件使用，并经放大器、气动执行机构去控制蒸汽加湿阀开度，它属于比例调节器。其优点是价廉可靠；缺点是由于毛发易老化，使其长度与相对湿度之间的变化不成线性，调节精度差，灵敏度低，但用于舒适性空调可满足需要。

(3) 氯化锂电阻式湿度调节器。如图5-10所示，感湿件为一圆柱形绝缘体，在其表面缠有两根平行互不接触的银丝，外涂一层氯化锂涂料，构成导电回路，感湿元件的电阻值取决于涂料导电性，涂料导电性则随空气的相对湿度变化而成比例发生变化。变化量经放大器放大后控制蒸汽调湿电磁阀的启闭，以达到控制加湿量的目的。其特点为体积小、灵敏度高、精度高，但使用日久后，氯化锂涂料易脏污与剥落。管理时应注意定期检查与清洁。感湿件不可用水去接触与擦拭，以免影响工作性能。

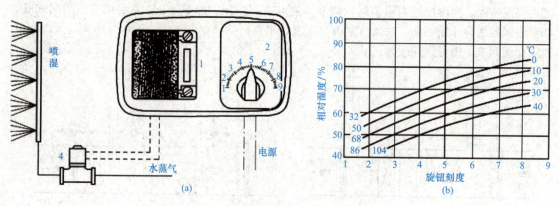

图 5-10　氯化锂电阻式湿度调节器及其系统
1—感湿元件；2—晶体管放大器；3—调节旋钮；4—调湿电磁阀

二、基本操作管理要点

基本操作管理要点见表5-3。

表 5-3　基本操作管理要点

要点　　工况 项目	降温工况 (外界温度≥25 ℃时)	取暖工况 (外界温度＜15 ℃时)	通风工况 (外界温度为15 ℃~25 ℃时)
开机顺序	先开风机，后开制冷机，再渐渐开启制冷机吸入截止阀	先开加热器(要渐开供汽阀)，再开风机，最后开加湿阀	只开风机
舱室隔热	关闭舱室通外界的门窗	同左	无要求
温度控制	蒸发温度≥-2 ℃，一般为5 ℃~10 ℃ 供风温度=11 ℃~15 ℃ 载冷剂温度≥4 ℃(间接冷却时)	供风温度=20 ℃~30 ℃(有末端加热器时) 供风温度=30 ℃~40 ℃(无末端加热器时) 供汽压力=0.2~0.5 MPa	无

续表

要点\工况\项目	降温工况 (外界温度>25 ℃时)	取暖工况 (外界温度<15 ℃时)	通风工况 (外界温度为 15 ℃~25 ℃时)
湿度控制	定期清洗集水盘,保持泄水孔道畅通	加湿量原则:宁少勿多,外界温度>0 ℃时不加湿。 室内湿度=30%~40% 供风湿度=10%~15%	定期清洗集水盘
清新度控制	正常时新风比宁大不小; 通常,保持新风比,70%(无末端换热器时),60%~100%(有末端换热器时); 保持滤器两侧压降为 2~10 mmH$_2$O,压降过大(25 mmH$_2$O),说明滤器脏,应及时清洗	同左	采用全新风; 采用低速挡(如有)
风机维护	轴承每三个月加一次油脂,保持皮带松紧适度,不打滑	同左	同左
换热器维护	工质为冷水时常放气,以防气塞	工质为热水时常放气,以防气塞。 工质为蒸汽时常检查阻气器泄水是否正常,以防漏气	防锈防腐
停机顺序	短期停用,先停制冷机后风机。 长期停用,先收冷剂,再停制冷机,最后停风机	先关加湿阀,半分钟后停风机,再关加热器	关风机

三、空调器故障分析、排除

空调器故障分析、排除见表 5-4。

表 5-4 空调器故障分析、排除

空调故障	故障分析
压缩机和风扇都不运转	当空调器接通电源后,压缩机和风机都不运转。电气控制线路可能产生的故障有:电网无供电;电源插座内的接线脱落,插座接触不良;户室熔断丝损坏;电源电压不在额定范围之内;选择开关内部短路;电气控制线路短路等。造成上述故障的原因有操作不当、部件质量问题;也可能是制冷系统和风机系统所致。例如,熔断丝的损坏,除电气线路的短路(与机壳接触)引起外,还可能由于压缩机或风机机械原因等引起

续表

空调故障	故障分析
风机运转但压缩机不转动	造成此故障的原因比较复杂，应逐步检查并排除。 (1)温度控制器损坏，有两种原因：一是温度控制器感温包感温剂泄漏；二是温度控制器失灵，触点处于常开状态。 (2)过载保护器触点处于断开位置，由于制冷系统在运转过程中有超载现象，使过载保护器跳开。 (3)压缩机电容器损坏，由于平时维护不当或受潮所致。 (4)压缩机电动机烧损
空调器在运行过程中压缩机启停频繁	(1)温度控制器感温包安装位置离蒸发器太近，使其受到蒸发温度的影响。 (2)由于供电电网有问题，导致电源电压不稳定。 (3)过载保护器的双金属片接触不良，造成供电电源时有时无
电加热型空调器不制热	(1)电热丝烧断，可能是质量所致或装配不当。 (2)加热保护器起跳或熔断丝烧断，其原因可能是过滤网有灰尘而不畅通，风量明显下降，使得出风温度大幅度上升，使电加热器超温运行。其次是热保护器失灵或熔断丝不符合规格造成的。 (3)由于使用时间过长或选择容量不当，交流接触器的接触点常有电弧而产生熔毛现象，导致接触点接触不良
热泵型空调器不制热	(1)具体现象是制冷运行正常，但在制热运行状态时却不制热。产生此故障的原因有电磁阀的电磁线圈烧坏或断路。这主要是由于工作环境恶劣；工作状态改变（制冷与制热转换）频繁；长期处在超电压的情况下工作，导致绝缘层老化而使线圈短路。 (2)电磁阀内阀芯损坏，造成此故障的原因是有污物进入阀芯内部，将阀芯卡死；也有本身质量问题。 (3)由于表面被氧化，造成冷热切换开关失效
漏电	漏电是指带电。产生漏电的原因为：某些电器的绝缘性能降低或受潮。接地保护不良或无接地保护措施（如果接地良好漏电电流就会顺其流向大地而熔断丝则烧断起到保护电器设备和安全的作用）
电子电路控制系统故障	该系统属于低电压控制线路，控制电压一般为+5 V、+12 V、+24 V。由低压系统造成的故障，有些表现形式和上述形式基本相同，因此在进行故障分析时，应全面考虑，以保证准确无误地找出故障点。 (1)按下运行键空调器不动作：在确认电源供电正常、接线插座接触良好和熔断器完好无损时，有可能产生故障的原因是开关板与室内机控制板连线的接插件接触不良。分体式电气控制系统由三部分组成，即开关板、室内机控制板和室外机控制板。开关板与室外机控制板的连线接头是插接件，虽然插接后可自锁，但也会松脱或接触不良，所以，应给予认真检查；按键开关接触不良或损坏；室内控制板损坏。 (2)开机后电源指示灯亮，室内风机运转但压缩机不转：从故障现象看，一种可能是制冷与风机系统无故障，而操作或恒温开关有故障。可能是选择开关按错，只要将其改在相应位置即可；另一种可能是温度未达到设定值，当恒温开关的温度设定值高于房间温度时，温度控制器的接触点始终是开路，制冷系统当然就不会运转，只要重新设定温度值即可；再一种可能就是传感器损坏，可用万用表测量其阻值并与温度对应值比较，以判断传感器的质量

学生活动页

工作任务	调试船舶空调装置					
学生姓名		班级学号		组别		任务成绩	
任务描述	接受船舶空调装置调试任务，按照操作规程对空调装置基本设备及系统进行调试；掌握船舶空调设备调试要点，对空调系统进行合理调试					
场地、设备	辅机实训室、船用空调装置、安装调试用相关设备					
工作方案	根据任务要求，确定所需要的知识、设备、工具，并对小组成员进行合理分工，制定完成船舶空调装置调试详细方案					
船舶空调装置调试步骤	船舶空调装置系统调试步骤					
	遇到问题			解决问题		
	1.					
	2.					
	3.					
	4.					
	5.					
签字	任务完成人签字：　　　　　　　　　　　　　　日期：　　年　　月　　日 指导教师签字：　　　　　　　　　　　　　　　日期：　　年　　月　　日					

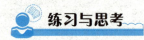 **练习与思考**

1. "空气调节"是指什么？什么是空调装置？
2. 什么是舒适性空调？船舶空调是什么类型的空调？
3. 什么是空调"四度"？
4. 船舶空调装置按系统特点可分为哪几类？
5. 船舶空调装置的组成有哪些？
6. 哪些物理量能够反映空气湿度？它们各自又是如何定义的？
7. 船舶空调装置的供风设备主要有哪些？
8. 空调经常出现的故障有哪些？主要原因是什么？

模块 6　船舶辅助锅炉安装与调试

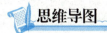思维导图

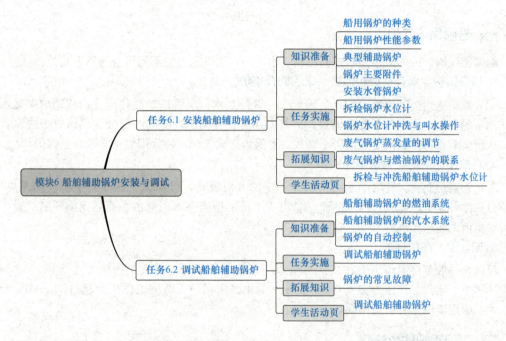

锅炉作为船舶动力装置的重要组成部分，在船舶中有着广泛的应用。在早期蒸汽机船舶中，产生过热蒸汽用以推进船舶前进的锅炉称为主锅炉。而在目前柴油机船舶中，锅炉产生的则是饱和蒸汽，以加热燃油、润滑油、主机暖缸，驱动蒸汽辅机及满足日常生活的需要，这种锅炉称为辅助锅炉（辅锅炉）。船舶辅助锅炉的安装与调试是轮机修造人员必须掌握的基本技能。

任务 6.1　安装船舶辅助锅炉

接受船舶辅助锅炉安装任务，识读辅助锅炉安装工艺图，按照工艺文件安装锅炉，并能对锅炉水位计进行拆检和冲洗操作。通过本任务学习，学生需要掌握以下知识和能力。

1. 知识目标

（1）了解船舶辅助锅炉的性能参数；
（2）掌握船舶辅助锅炉的结构；
（3）掌握水位计、安全阀的结构。

2. 能力目标

（1）能够准确识读辅助锅炉安装工艺图，正确按照工艺文件安装锅炉；
（2）能够正确拆检船舶辅助锅炉水位计，并能进行船舶辅助锅炉水位计冲洗操作。

· 189 ·

3. 素质目标

(1) 具有理论联系实际和识图能力；
(2) 具有规范作业、安全操作和文明安装意识；
(3) 具有创新意识，获取新知识、新技能的学习能力；
(4) 具有团队协作和吃苦耐劳精神。

知识准备

一、船用锅炉的种类

船舶辅助锅炉的形式很多，按其结构、水循环、工作压力的不同可分为以下几类。

1. 烟管锅炉、水管锅炉和烟管—水管联合锅炉

烟管锅炉受热面管内流动的是高温烟气，管外是水；水管锅炉受热面管内流动的则是水或者是汽水混合物，而烟气在管外流过；另外，还有一种锅炉，它的一部分受热面管子按水管锅炉方式产生蒸汽，而其余受热面管子则按烟管锅炉方式工作，称为烟管—水管联合锅炉。

2. 自然循环锅炉、强制循环锅炉

对水管锅炉而言，管内的水必须沿着一定的方向流动，以保证受热面管子不被高温烧坏，所谓自然循环锅炉，即其管内水的流动是由于工质的密度差而引起的。而强制循环锅炉管内水的流动是借助泵来实现的。

3. 低、中、高压锅炉

目前，一般蒸汽工作压力在 2.0 MPa 以下者为低压锅炉；蒸汽工作压力在 2.0~4.0 MPa 为中压锅炉；蒸汽工作压力在 4.0~6.0 MPa 为中高压锅炉；蒸汽工作压力超过 6.0 MPa 为高压锅炉。船用锅炉主要是低压锅炉。

二、船用锅炉性能参数

锅炉的主要性能参数有蒸发量、蒸汽参数、锅炉效率、蒸发受热面积、蒸发率及炉膛容积热负荷等。通常，选择燃油锅炉的依据主要是蒸发量和蒸汽参数；选择废气锅炉的依据则是受热面积和蒸汽工作压力。

1. 蒸发量

在设计条件下锅炉每小时产生的蒸汽量称为蒸发量，用符号 D 表示，单位是 kg/h 或 t/h。

2. 蒸汽参数

蒸汽参数用来表示锅炉产生蒸汽的质量。当锅炉供应饱和蒸汽时，蒸汽参数用蒸汽的工作压力 MPa 表示；当锅炉供应过热蒸汽时，蒸汽参数则用蒸汽压力和蒸汽温度℃表示。锅炉一般标注名义工作压力，使用的工作压力范围上限可稍超过它，但不应超过锅炉最大许用工作压力(设计压力)。

3. 锅炉效率

在锅炉中，将给水变为蒸汽所得到的有效热量与向锅炉所供热量之比称为锅炉效率，用符号 η 表示。

4. 蒸发受热面积

受热面积包括蒸发受热面积(炉水被加热产生饱和蒸汽的受热面积)和附加受热面积(过热器、空气预热器和预热给水的经济器等附加设备的受热面积)，单位为 m^2。船用辅助锅炉通常没有上述附加设备，故其受热面积一般为蒸发受热面积。

5. 蒸发率(产汽率)

蒸发率是指单位蒸发受热面积的蒸发量,单位为 $kg/m^2 \cdot h$。它用来评价锅炉蒸发受热面的平均传热强度。蒸发率越高,锅炉结构越紧凑。

6. 炉膛容积热负荷

单位炉膛容积在单位时间内燃料燃烧放出的热量称为炉膛容积热负荷,用符号 q_v 表示。它是影响燃烧质量、锅炉效率、工作可靠性及锅炉尺寸和质量的一个重要参数。

三、典型辅助锅炉

1. 立式横烟管锅炉

图 6-1 所示为一种较典型的立式横烟管锅炉。不同型号的蒸发量为 1~4.5 t/h,最大工作压力为 1.0~1.7 MPa。

锅炉整体结构为一个直立的圆筒形锅壳 1,其内大部分空间容纳炉水,叫作水空间。水空间以上是容纳蒸汽的,形成汽空间 13。为能较好地承受内部蒸汽压力,其顶部和底部均为椭圆形封头 2。在锅壳中的下部设有由钢板压成的球形炉膛 3,炉膛顶部靠后为圆形出烟口 4,与上面的方形燃烧室 5 相通。在燃烧室与烟箱 12 之间,设有管板 6 和 7,两管板之间装有数十根到数百根水平烟管 8。烟管与管板采用扩接或焊接相连。为了使烟气流经烟管产生扰动,提高传热强度,烟管中间安装有螺旋扰动片。

工作时设在炉前的电动油泵 9 通过燃烧器 10 的喷油嘴向炉膛内喷油,同时由鼓风机 11 经风门将空气送入炉内助燃。油被点着后,在炉膛内燃烧,高温火焰与烟气中的热量主要通过辐射方式经炉膛壁传给炉水。未燃烧完的油和烟气经出烟口向上流至燃烧室继续燃烧。然后顺烟管流至烟

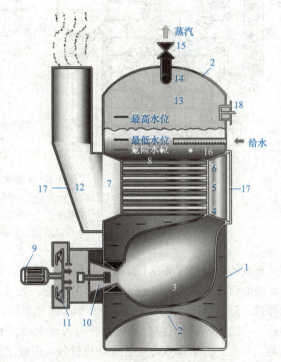

图 6-1 立式横烟管锅炉结构简图

1—锅壳;2—封头;3—炉膛;4—出烟口;5—燃烧室;
6—后管板;7—前管板;8—烟管;9—电动油泵;10—燃烧器;
11—鼓风机;12—烟箱;13—汽空间;14—集汽管;
15—停汽阀;16—内给水管;17—检查门;18—人孔门

箱,最后从烟囱排入大气。炉水吸热后沸腾而汽化,产生的蒸汽聚集在锅壳上部的汽空间,经集汽管 14 汽水分离后,从停汽阀 15 排出。

为便于清除锅炉烟管中的烟垢和进行内部维修,除在燃烧室背后和烟箱前面都有可开启的检查门 17 外,还在锅壳上部设有人孔门 18,在锅壳下部设有手孔门。

2. D 型水管锅炉

D 型水管锅炉以其本体形状类似英文字母"D"而得名。其结构如图 6-2 所示。

锅炉本体主要由汽鼓筒 10、水鼓筒 16、水冷壁鼓筒 2、蒸发管簇 12 和水冷壁管 6、7、8 组成。水冷壁管排的两端分别与汽鼓筒和水冷壁鼓筒上的管板牢固衔接。蒸发管簇两端分别与汽鼓筒、水鼓筒衔接。燃烧设备布置在前墙耐火砖衬 3、4、15 处,燃料油及空气由此送入炉膛。

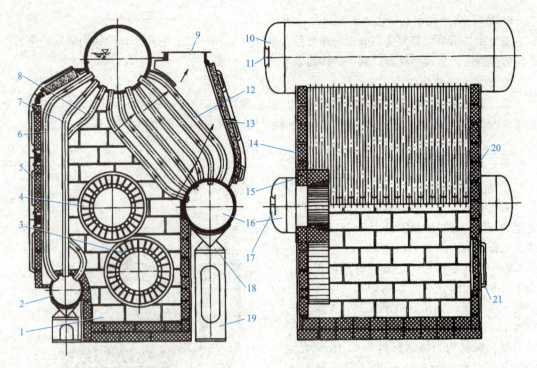

图 6-2　D 型水管锅炉

1—炉膛；2—水冷壁鼓筒；3、4、15—燃烧器外耐火砖衬；5—水冷壁炉衣；
6、7、8—水冷壁管；9—接烟囱；10—汽鼓筒；11、17—人孔；12—蒸发管簇；
13—侧炉衣；14—前炉衣；16—水鼓筒；18—支撑座；19—底座；20—后炉衣；21—清洁门

燃烧形成的高温烟气从右上方横向冲刷蒸发管簇，它是锅炉蒸发受热面的主体。蒸发管簇中面向炉膛的前几排，受热强烈，形成上升管簇；后几排由于受热较弱，就形成下降管簇。这样，汽鼓筒、蒸发管簇、水鼓筒组成一自然水循环回路。同时，燃烧形成高温火焰对侧面前排水冷壁管 7、8 进行强烈的辐射换热，管内锅水沸腾汽化产生大量的蒸汽，汽水混合物向上流动，成为上升管。而后排水冷壁管 6 受热较弱，形成下降管。这样，汽鼓筒 10，下降管 6，水冷壁鼓筒 2，上升管 7、8 就组成了另一封闭的自然水循环回路。这类锅炉具有结构紧凑，质量轻、启动迅速、换热强度高及经济性好等特点，一般可作为大容量的大型内燃动力装置船舶的辅锅炉。

3. 废气锅炉

船舶大型低速增压二冲程柴油主机的排气温度一般为 250 ℃～380 ℃，四冲程中速柴油主机的排气温度可达 400 ℃。而水蒸气在压力为 0.5 MPa 时，其饱和蒸汽温度为 165 ℃；压力为 1.3 MPa 时也仅为 194 ℃。所以，装设用柴油机排气余热来产生水蒸气的废气锅炉，不仅能节约燃油，还可起到柴油机排气消声器的作用。由于装设废气锅炉后会增加主机的背压而引起功率下降，所以废气锅炉在实际选用上应与主机匹配。

废气锅炉的形式也可分为烟管式和水管式两种，主要有立式烟管废气锅炉和强制循环水管废气锅炉。其中，后者主要有盘香管废气锅炉与翅片管式废气锅炉。

图 6-3 所示为船上立式烟管废气锅炉。在圆筒形锅壳中贯穿着数百根烟管，锅筒两端的封头兼作管板。为了使封头不致变形和减少一般烟管所承受的拉力，管群中有少量厚壁管子与封头强固连接，这些管子称为牵条管。此锅炉的上、下两端还装有出口和进口联箱。柴油机排气

自下烟箱流经烟管,然后从上烟箱排出。炉水被加热后蒸发汽化,产生的蒸汽汇集到锅筒上部的汽空间,再经主汽阀送出。这类废气锅炉结构简单,安装、使用及维护方便。

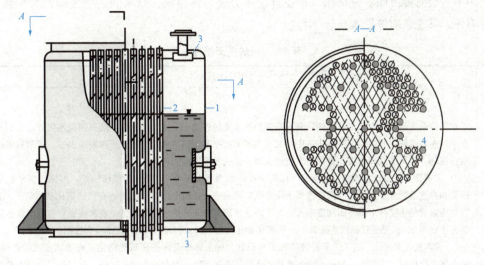

图 6-3 立式烟管废气锅炉结构简图
1—锅壳;2—烟管;3—封头;4—牵条管

图 6-4 所示为强制循环盘香管式废气锅炉,每一根盘香管的进出口分别与两个直立的联箱相连,柴油机排气在管子外侧流过,炉水由专门的循环水泵从汽水分离筒吸入,压送到进口分配联箱,由此再送至各盘香管,水在管内被加热,然后进入出口分配联箱,汇集后流回汽水分离筒进行汽水分离。

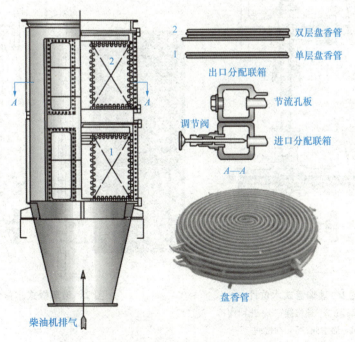

图 6-4 强制循环盘香管式废气锅炉

四、锅炉主要附件

锅炉上常设有停汽阀、安全阀、水位计、压力表、排污阀、给水阀、空气阀、给水管、取样阀等附件。其主要附件见表6-1。

表6-1 锅炉主要附件

名称	附件结构
水位计	水位计是指示锅炉内水位高低的仪表,是锅炉的重要附件之一。通常船用锅炉装有两只水位计,分别布置在锅炉左右两侧,其中一个既可作备用,又可在船舶摇摆和倾斜时通过比较,正确判断水位。若两只水位计均已损坏,锅炉应立即熄火。常见的水位计有玻璃管式和玻璃板式两种。 (1)玻璃管式水位计。玻璃管式水位计仅用于设计压力不大于0.78 MPa的低压锅炉,如图1所示,水连通管和汽连通管分别水平地与锅筒的水空间和汽空间相通,在两个连通管之间装有耐热钢化玻璃管1。玻璃管与连通管的连接处由填料函保证密封。为了防止玻璃管破裂时炉水大量漏出,在水连通管与玻璃管连接处装有止回阀3。水连通管和汽连通管上分别装有常开的通水阀4和通汽阀2,底部装有常闭的冲洗阀5。 (2)玻璃板式水位计。图2所示为玻璃板式水位计。在金属框盒内镶嵌耐热钢化平板玻璃来代替玻璃管,以提高水位计的承压能力。为了能清晰地显示水位,平板玻璃水侧刻有沟槽,这样,有水的部分会因光的折射作用显得发暗,蒸汽部分则全部反射而成白色 图1 玻璃管式水位计 1—玻璃管;2—通汽阀;3—止回阀; 4—通水阀;5—冲洗阀 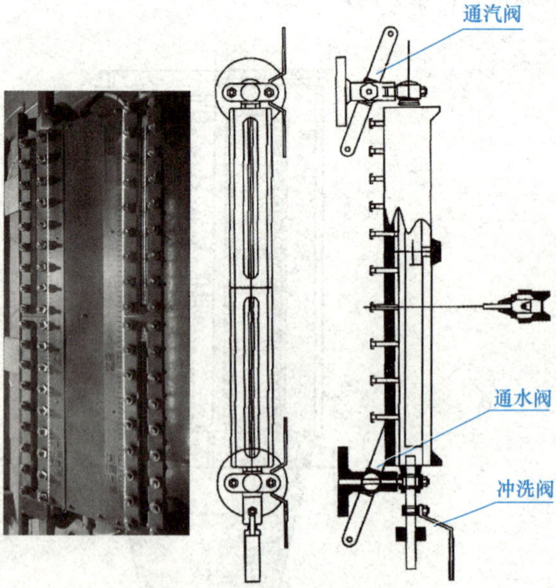 图2 玻璃板式水位计

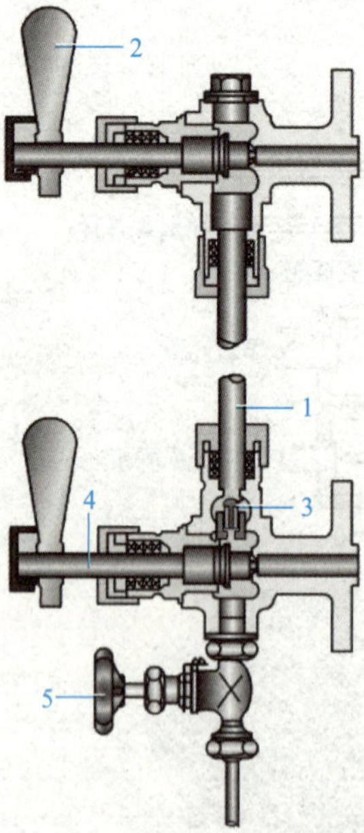

续表

名称	附件结构
安全阀	安全阀是限制锅炉最大工作气压确保锅炉安全的保护设备。在炉内压力超过一定限度时阀开启,将过量蒸汽排到大气中,当压力降至某一值时,安全阀自动关闭。因为船用锅炉是在摇摆不定的情况下使用的,所以安全阀都采用弹簧压力式。 (1)对安全阀的要求。 ①锅炉上应至少装有两只安全阀,可安装在同一阀体内,小型辅助锅炉上可仅装有1只安全阀。 ②锅炉在蒸汽阀关闭和炉内充分燃烧的情况下,烟管锅炉压力在安全阀开启后15min内(水管锅炉在7 min内)所能达到的最高值应不超过锅炉设计压力的110%。 ③锅炉安全阀试验期间,除维持安全工作水位而必需的供水外,不应再向锅炉供水。 ④在安全阀的阀体上应装有泄水管引至舱底,泄水管上不应装有阀或旋塞。 ⑤安全阀应装有手动开启装置,手动开启装置应能在炉舱或机舱底层的安全处所操作。 ⑥安全阀应直接安装在锅炉和过热器上。 ⑦锅炉安全阀的设定压力应不超过锅炉设计压力。考虑到工作偏差,如安全阀开启压力不超过103%设计压力,则该设定压力也可以接受。 (2)安全阀的结构。图3和图4分别为锅炉安全阀的结构图和实物图,是由两只安全阀组装成的。如图3所示,弹簧1压紧阀盘2,转动调节螺钉3可调节弹簧压板4的位置,从而改变弹簧的张力以调整安全阀的开启压力。安全阀阀盘的外缘直径加大形成唇边5,它的作用是使阀能急速开启,并且维持升程的固定。当蒸气压力达到开启压力后,蒸汽作用在阀盘上将阀抬起,蒸汽从阀盘周围溢出,如果没有唇边,蒸气压力稍一降低,阀盘很快又关闭,然后由于蒸气压力回升阀盘又开启,这样阀盘将上下不停地跳动。当阀盘有一圈唇边后,就可使阀盘在开启后得到一个附加的上顶力,从而增加了阀盘的升程,阀也不会很快关闭。阀盘上方设有带密封圈的套筒6,阀开启后,阀盘上方不会受蒸汽压力作用。安全阀必须装有手动强开杠杆10,在锅炉顶部用钢丝绳分别通至机舱底层和上甲板,以便必要时强开安全阀 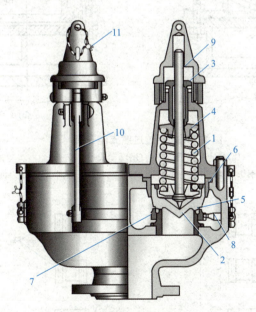 　　图3　直接作用式安全阀　　　　　图4　锅炉安全阀实物 1—弹簧;2—阀盘;3—调节螺钉;4—弹簧压板; 5—唇边;6—套筒;7—调节圈;8—调节圈固定螺钉; 9—阀杆;10—手动强开杠杆;11—铅封

任务实施

一、安装水管锅炉

安装水管锅炉步骤见表 6-2。

表 6-2 安装水管锅炉步骤

安装流程	安装步骤
基座准备	(1) 将过渡支座安装在锅炉的下锅筒上，如图 1 所示，并在活动式过渡支座的热间隙中安放垫片。在安装活动式过渡支座时，其热间隙应在锅炉上自由移动的方向，如图 2 中的箭头所示。这是因为，锅炉在运转时，管子与下锅筒的温度升高，为了允许其自由热膨胀，在几个支座中只能有一个固定在基座上，以防止整个锅炉发生移位，其他几个皆可按预定的方向自由滑动。 (2) 按上锅筒纵向中线的高度、下锅筒与船舶中线面距离及平行度，下锅筒封头与隔舱壁的距离和用软管水准仪测量的锅炉倾斜度进行锅炉的定位，在隔舱壁上画出上锅筒纵向中线，在基座上则画出下锅筒至隔舱壁（或肋骨）的距离线及下锅筒中线至船舶中剖面的距离线，而在锅炉上则画出上、下锅筒的纵向中线以作为定位检查之用 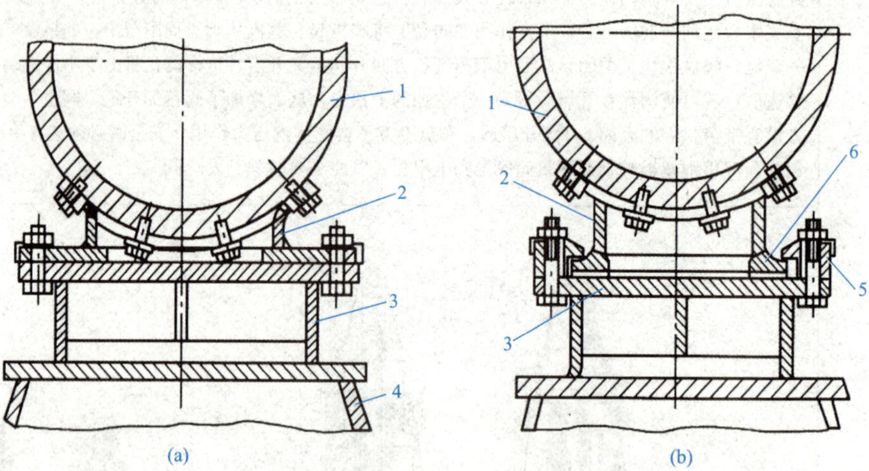 图 1 锅炉通过过渡支座安装 (a) 固定式过渡支座；(b) 活动式过渡支座 1—下锅筒；2—锅炉支架；3—过渡支座；4—基座；5—导向压板；6—黄铜垫片 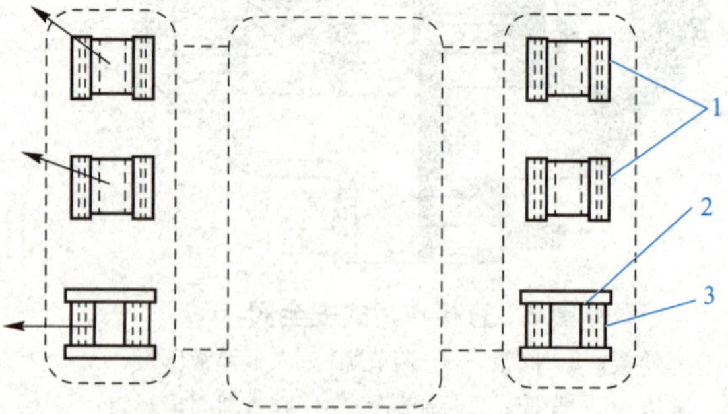 图 2 水管锅炉的过渡支座 1—滑动式过渡支座；2—限制板；3—固定式过渡支座

续表

安装流程	安装步骤
锅炉吊运	(1)将锅炉机组(连同过渡支座,此时过渡支座比锅炉的安装位置高 20～100 mm)吊到船体基座的木墩上,再移放至千斤顶上(图 3),按锅炉布置图用千斤顶来调节锅炉的位置(纵向、横向、高度、倾斜度)。 (2)在吊运锅炉时,为防止已安装好的水管发生变形。在锅筒之间应用撑木固定好,否则会使管子接头的密封性遭到破坏,对于下锅筒不对称安装的水管锅炉应在锅炉上加平衡重块或采用专门设备进行吊运 图 3　锅炉安放在规定的位置上 1—千斤顶支脚；2—千斤顶；3—千斤顶平台；4—木墩；5—过渡支座；6—锅炉
锅炉定位与固定	(1)根据绘制在基座上的锅炉定位线来使锅炉纵横定位,锅炉在高度方向的位置是用软管水准仪在隔舱壁及上锅筒上的纵向中线进行调整的(此时过渡支座不得与基座相碰)。其倾斜度则按上锅筒前后端中线用软管水准仪定位,水管锅炉应安装成向首倾斜 10～15 mm,允许的误差值不大于±2 mm。 (2)安装位置高度要求,以基座面为准,用画盘画出各过渡支块之间应截取的线。 (3)用气割将各过渡支块应割去的部分割掉,使锅炉达到实际安装高度尺寸,其误差为±15 mm。 (4)调整千斤顶使锅炉在基座上落位,并经反复校核后,拆除千斤顶及木墩,将过渡支块焊牢在基座上,并取出活动式过渡支座中的垫片。 (5)安装锅炉辅助支承与船体相固定,如锅炉的上方用拉环固定(图 4),不要拉得过紧,并保证间隙 a、b 符合图纸尺寸要求,以使锅炉受热后能自由膨胀 图 4　锅炉上部用拉环固定 1—拉环；2—锅炉

续表

安装流程	安装步骤
锅炉液压试验及蒸汽试验	(1)锅炉在船上安装以后应进行液压试验及蒸汽试验,以检查其密封性。试验在包扎绝缘物以前进行,试验压力为锅炉工作压力的1.25倍。进行液压试验前,应先将安全阀拆除封闭。 (2)试验时应在锅炉机组、附件、管系等装满水,排除空气后再缓慢升压。 (3)试验时的环境温度应不低于5 ℃。 (4)在试验压力下保持5 min,并没有明显压力降低,然后将压力降至工作压力,检查没有渗漏情况,即认为合格。 (5)锅炉液压试验后,在包扎绝缘以前,连同所有附件,在工作压力下进行不少于2 h的蒸汽试验,其目的是检查锅炉的密封性是否处于良好状态

二、拆检锅炉水位计

在船用辅助锅炉上,水位计长时间运行会导致附件损伤及故障,应定期进行检查修理,见表6-3。

表6-3 拆检锅炉水位计步骤

拆检流程	拆检步骤
解体	(1)首先进行停炉操作,并在电气控制箱上挂好"设备检修,严禁操作"的警示牌。 (2)待锅炉负荷下降时打开下排污阀,排除部分炉水,使炉内水位低于水位计通水阀位置。 (3)待锅炉中已无蒸汽压力时,打开空气阀。 (4)待锅炉冷却后,拆卸水位计上的玻璃板或玻璃管组件。 (5)拆卸通汽阀、通水阀和冲洗阀。 (6)将拆卸的组件分别解体、清洁、放妥
检查	(1)汽、水和冲洗通道应畅通。 (2)阀杆处密封性要良好,阀杆出现轴向划痕应修磨,填料应换新。 (3)阀配合密封面出现密封不良时应修磨或换新。 (4)检查水位计玻璃板,若其板边出现缺口、汽蚀剥斑和裂缝,甚至碎裂,不能保证水密时应换新。 更新玻璃管时应注意以下几项: ①玻璃管最好有备用成品,如需自己配制,切取管长度要适中,应留有一定的膨胀余地,管口要平整。 ②玻璃管密封填料压盖的松紧程度要合适,太松会漏,太紧易损伤玻璃管。 ③玻璃管内外要清洁。 更新玻璃板时应注意以下几项: ①水位计本体平面要清洁,旧垫床必须清除干净,表面不可有凹陷、划痕等缺陷。 ②玻璃板两侧垫床要完好无损,不可有折断、厚薄不均等缺陷。垫床安装时两面涂上薄薄一层石墨粉或白铅油。 ③上紧玻璃板紧固螺丝时,应由中间到两边对称均匀逐次上紧。否则,会容易使玻璃板压裂,造成玻璃板漏汽、漏水现象
装复	水位计装复按拆卸的反过程进行,应先安装好通汽阀、通水阀和冲洗阀,再将玻璃管或玻璃板组件安装好。 水位计装复后,应按操作规程点火升压,检查水位计安装情况,注意各连接处的密封情况。按水位计冲洗操作流程冲洗水位计数次

三、锅炉水位计冲洗与叫水操作

为防止玻璃骤然变热而破裂,水位计冲洗时应特别注意通水阀和通汽阀同时关闭的时间要尽量短。在换新玻璃管(板)时,也应先稍打开一点通汽阀,让玻璃暖一下,再打开大通水阀和通汽阀。锅炉水位计冲洗与叫水操作见表6-4。

表6-4 锅炉水位计冲洗与叫水操作

操作目的	操作顺序	结果	处理意见
通汽路	开冲洗阀,关通水阀,冲洗后关闭通汽阀	听见气流声甚大,表明汽路通畅	如不通畅,可连续开、关通汽阀或通水阀数次,利用汽水冲击力将污物冲走
通水路	开通水阀,冲洗后关闭	听见水流声甚大,表明水路畅通	
叫水	关冲洗阀,慢慢开启通水阀	如水位一直升到水位计顶部,表明水位高于水连通管	可继续进行下一步操作
		如无水出现,表明水位在水连通管以下,锅炉已处于失水危险状态	如明确知道数分钟前水位仍处于正常位置,则可加大给水量,迅速恢复水位;如失水时间不清楚,应立即熄火,停止供汽
显示实际水位	开通汽阀	如水位下降至水位计中段,表明水位正常	可投入工作
		如水位下降至水位计玻璃以下,表明炉水少,但水位仍在水连通管以上	加大给水量,迅速恢复正常水位
		如水位仍在顶部降不下来,表明锅炉已处于满水状态	首先停止供汽,并开启上排污阀放水使水位恢复正常

拓展知识

一、废气锅炉蒸发量的调节

废气锅炉通常只产生饱和蒸汽,其蒸发量取决于主机的排气量和排气温度,也即主机的功率。在正常航行时,主机功率是稳定的,而船舶对蒸汽的需要量却随着航区和季节的不同而变化。因此,对废气锅炉的蒸发量就需加以调节。在远洋船舶上常用的方法如下:

(1)烟气旁通法。在废气锅炉进出口间加设一个旁通烟道,如图6-5所示,并在废气锅炉入口和旁通烟道入口处安装开、闭相互联动的两个调节挡板。当气压升高时,手动或用伺服电机转动挡板使排气经旁通烟道的流量增加,限制气压上升;反之当气压降低时,改变挡板开度使通过废气锅炉的排气流量增加,限制气压下降。

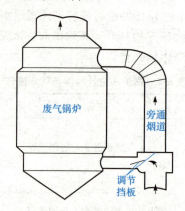

图 6-5　废气锅炉蒸发量调节

(2)改变有效受热面积法。为了适应不同蒸发量的需要,立式烟管废气锅炉可以选择不同的工作水位以改变有效受热面积。盘香管式废气锅炉则往往在进口联箱上将盘香管分为 2~3 组,需减少蒸发量时可停止向上面 1~2 组供水,只让下盘香管工作。但废气锅炉一般也不宜完全无水"空炉"工作,以防烟管受热面上积存的烟灰着火引起局部过热而造成损坏。

(3)多余蒸汽溢放法。当未能及时改变废气锅炉蒸发量以致供大于求使蒸汽压力偏高时,废气锅炉的多余蒸汽可通过蒸汽压力调节阀向冷凝器泄放。

二、废气锅炉与燃油锅炉的联系

废气锅炉与燃油锅炉的联系见表 6-5。

表 6-5　废气锅炉与燃油锅炉的联系

联系形式	工作过程与特点	图片
二者独立 (图1)	废气锅炉与燃油锅炉均有各自的给水管路,由给水泵分别从热水井供水,所产生的蒸汽由各自的蒸汽管道输出,至总蒸汽分配阀箱处才汇集一处。这种方式运行管理方便,故应用较多。但是当废气锅炉水位调节系统失灵时,因其位置较高,航行时的管理就比较麻烦	图1　废气锅炉与燃油锅炉独立 1—燃油锅炉;2—废气锅炉;3—给水泵;4—热水井

续表

联系形式	工作过程与特点	图片
废气锅炉为燃油锅炉的一个附加受热面(图2)	在这种情况下,给水仅送至燃油锅炉,废气锅炉水由强制循环水泵抽自燃油锅炉的炉水,加热蒸发后,再将汽水混合物压回燃油锅炉。经汽水分离后,蒸汽由燃油锅炉的蒸汽管输出。这种废气锅炉是强制循环式,当废气锅炉的蒸发量满足不了航行用汽需求时,可与燃油锅炉合作向外供汽,油船即采用此法。这种废气锅炉的水位不需调节,但须多设一台或两台热水循环泵	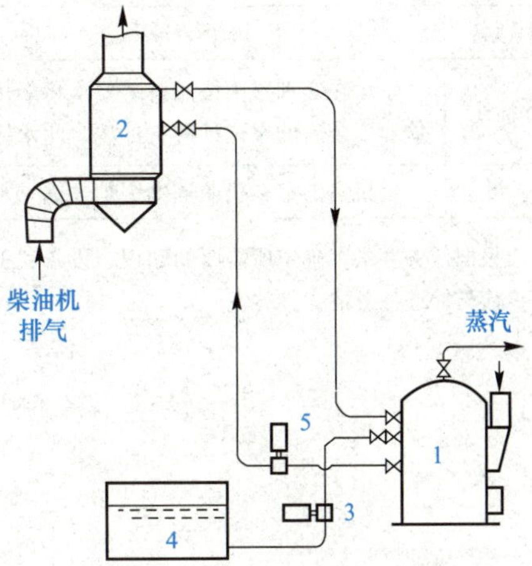 图2 废气锅炉为燃油锅炉的一个附加受热面 1—燃油锅炉;2—废气锅炉; 3—给水泵;4—热水井;5—热水循环泵
组合式锅炉(图3)	组合式锅炉是将废气锅炉与燃油锅炉合为一体,其只能安放在机舱顶部,因此要求有可靠的远距离水位指示和完善的自动调节设备。目前,我国远洋船舶上应用的组合式锅炉大致有两种。其中,图3(a)所示为联合式,它既可在航行或停泊时分别用废气或燃油作热源,又可在航行中仅靠排气余热,蒸发量不足时同时以燃油和废气作热源;图3(b)所示为交替式,则不能同时以燃油和废气作热源使用	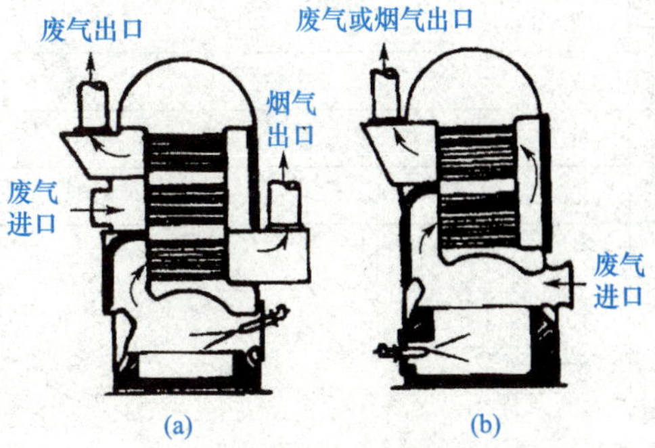 图3 组合式锅炉 (a)联合式;(b)交替式

学生活动页

工作任务	拆检与冲洗船舶辅助锅炉水位计					
学生姓名		班级学号		组别		任务成绩	
任务描述	学生在实训室内按照拆装要求将船用辅助锅炉安全阀、水位计拆下检修,之后正确安装在炉体上,并能对安装后的水位计进行冲洗、叫水操作
场地、设备	辅机实训室、船舶辅助锅炉、锅炉水位计
工作方案	根据任务要求,确定所需要的知识、设备、工具,并对小组成员进行合理分工,制定完成船舶辅助锅炉水位计拆检与冲洗任务的详细方案

船舶辅助锅炉水位计拆检与冲洗步骤	船舶辅助锅炉水位计拆检与冲洗步骤	
	遇到问题	解决问题
	1.	
	2.	
	3.	
	4.	
	5.	

| 签字 | 任务完成人签字: | 日期: 年 月 日 |
| | 指导教师签字: | 日期: 年 月 日 |

练习与思考

1. 船舶辅助锅炉主要作用是什么?
2. 辅助锅炉有哪些主要性能参数?其含义是什么?
3. 船用锅炉上都有哪些附件?
4. 试总结水管锅炉和烟管锅炉的区别。
5. 锅炉安全阀的要求有哪些?
6. 什么是锅炉的失水和满水?常见的水位计有哪两种?
7. 废气锅炉与燃油锅炉的联系有哪几种方式?
8. 锅炉在船上安装以后如何进行液压试验及蒸汽试验?
9. 船用锅炉按其结构、水循环、工作压力的不同可分为哪几类?

任务 6.2 调试船舶辅助锅炉

接受船舶辅助锅炉调试任务,按照调试规程对船舶辅助锅炉及系统进行调试。通过本任务学习,学生需要掌握以下知识和能力。

1. 知识目标

(1) 了解船舶辅助锅炉的自动控制;
(2) 熟悉船舶辅助锅炉燃烧器、点火器和配风器的结构;
(3) 掌握船舶辅助锅炉的燃油系统和汽水系统的组成。

2. 能力目标

(1) 能够正确按照调试规程对船舶辅助锅炉及系统进行调试;
(2) 能够正确启停船舶辅助锅炉。

3. 素质目标

(1) 培养学生安全操作、规范作业意识;
(2) 培养学生团队协作意识和吃苦耐劳的精神;
(3) 培养学生分析问题、解决问题的能力。

知识准备

一、船舶辅助锅炉的燃油系统

(一) 燃油锅炉燃烧器

船舶辅助锅炉除少数特殊情况外,全部使用液体燃油。燃烧器是将燃油喷射雾化并与空气良好混合燃烧的装置。其主要由喷油器、配风器及点火器等部件组成。

1. 喷油器

喷油器(俗称油枪或油头)有两个作用:一是控制喷入炉内燃油的数量;二是将燃油雾化,保证燃油在炉膛内的燃烧质量。喷油器的类型很多,目前船上常用的喷油器主要有以下几类:

(1)压力式喷油器。如图6-6所示,压力式喷油器的后端有一个管接头5与输油管相连,其中装有滤网6。管接头用螺纹连接于空心的喷油器筒身4上。后者前端以螺纹连接喷嘴体3,雾化片2被喷嘴帽1用螺纹拧紧在喷嘴体上。喷油器头部的喷嘴(包括喷嘴体、雾化片和喷嘴帽)对喷油量的大小和雾化质量的好坏起着决定性的作用,如图6-7所示。一台锅炉常配有不同规格的雾化片,喷孔直径从0.5~1.2 mm分为几档,可根据所采用的燃油品种和锅炉蒸发量选用。

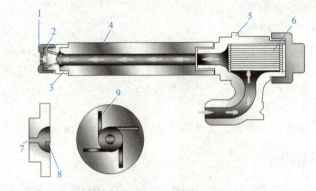

图 6-6 压力式喷油器结构
1—喷嘴帽;2—雾化片;3—喷嘴体;4—筒身;
5—管接头;6—滤网;7—喷孔;8—旋涡室;9—切向槽

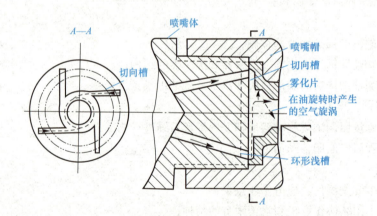

图 6-7 压力式喷油器喷嘴结构

雾化片的基本特性用标在其上的型号来表示。例如,25—60号雾化片表示其喷油量为25 kg/h,雾化角为60°。

使用燃油泵将燃油升压后送入喷油器,使油经喷嘴体上6~8个通孔到达前端面的环形浅槽,然后进入雾化片的切向槽9和旋涡室8,形成强烈的旋转运动,再经细小的喷孔7雾化后喷出。旋转越强烈,则雾化角越大。

压力式喷油器的喷油量依油压调整,喷油量与油压的平方根和喷孔的截面面积成正比,其调节幅度很少超过2。压力式喷油器喷油量的调节有三种方法,即改变喷油压力;变换使用喷孔直径不同的喷嘴(或喷油器);改变投入工作的喷嘴(或喷油器)数目。

(2)回油式喷油器。如图6-8所示,回油式喷油器是在压力式喷油器的基础上进行改进的。其主要是由雾化片2和旋流片3、分油嘴4和喷嘴座5、外周进油管6和中间回油管7组成的。工作时,燃油进入喷油器之后,除喷入炉膛之外,部分燃油经回油管路,再循环使用。喷射压力固定时,喷油量由回油压力来控制,回油压力高则喷油量大。

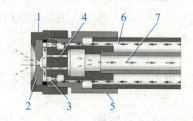

图 6-8　回油式喷油器
1—喷嘴帽；2—雾化片；3—旋流片；4—分油嘴；
5—喷嘴座；6—进油管；7—回油管

(3)蒸汽式喷油器。如图 6-9 所示,这种喷油器工作原理相当于喷射器,由高速蒸汽将燃油与蒸汽混合喷出,达到良好雾化的目的。它的雾化质量较好,调节幅度可达 10 以上。冷炉启动时可用压缩空气代替蒸汽工作。蒸汽式喷油器的缺点是噪声较大。蒸汽式喷油器可分为内部混合式(蒸汽与燃油在喷油器内部的混合室中混合)和外部混合式(蒸汽与燃油在喷油器的喷嘴处才开始混合)两种。

(4)旋杯式喷油器。如图 6-10 所示,旋杯式喷油器使用高速旋转的圆筒或圆锥形旋转体,将燃油依靠离心力向外呈放射状飞出,在旋转体的周围供给一次风,使飞出的燃油雾化,一次风约占燃烧所需空气量的 1/10。

该喷油器的主要部分是旋杯 5(旋转体)和一次风机 2。旋杯和风机由电动机带动同轴旋转,转速为 3 000～6 000 r/min。油从供油管 3 进入,经空心轴流入旋杯,油压为 0.07～0.15 MPa,流入的燃油量即为喷燃量。

旋杯式喷油器调节方便(只需改变进油量),调节幅度大(可达 10),雾化更好,对油的过滤要求不高,适合用劣质燃油,即使燃油温度仅为 30 ℃～40 ℃,同样可得到良好的雾化效果,所需油压也低。其缺点是结构比较复杂,价格较高。

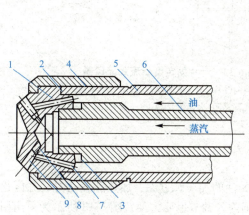

图 6-9　外部混合式蒸汽式喷油器
1—喷嘴头部；2、3—垫圈；4—螺帽；5—外管；
6—内管；7—油孔；8—蒸汽孔；9—混合孔

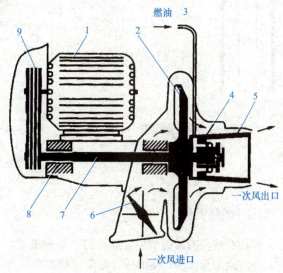

图 6-10　旋杯式喷油器
1—电动机；2—一次风机；3—供油管；4—燃油分配器；
5—旋杯；6—调风门；7—驱动轴；8—轴承；9—皮带轮

2. 点火器

点火器(图 6-11)多为电火花发生器。点火器是由两根耐热铬镁金属丝电极组成的,两极端部离开一定距离(3.5～4 mm),当点火变压器供给 5 000～10 000 V 的高压电时,间隙处便会产生电火花,即能将油点燃。电点火器顶端发火部分伸至喷油器前方稍偏一些(为 2～4 mm),应防止油雾喷到点火电极上,同时,也应防止电火花跳到喷油器和挡风罩上。

3. 配风器

配风器的作用是分配一次风和二次风的风量,创造条件使助燃空气与油雾充分混合,促使油雾迅速汽化和受热分解,以利于稳定和充分燃烧。常用的配风器有平流式和旋流式两种。旋流式又可分为叶片固定型和叶片可调型。

如图 6-12 所示为叶片固定型旋流式配风器。空气经配风器进入炉膛,被挡风罩 3 分为两部分:一部分经挡风罩上的风孔紧贴着喷油器吹出,称为一次风(根部风),这部分空气占总空气量的 10%～30%,通过拉杆 7 移动挡风罩的轴向位置调节其进风量,它的作用是保证油雾一离开喷油器就有一定量的空气与之混合,从而减少炭黑的生成;另一部分利用固定的斜向叶片 1,沿炉墙喷火口从外围进入炉膛,产生适当的旋转,与燃油作良好的混合燃烧,称为二次风,其作用主要是供给燃烧所需的大部分空气,达到完全燃烧的目的。另外,还靠二次风来建立回流区。

除喷油器、点火器、配风器外,自动化的燃烧器还设有用于监视锅炉火焰的火焰感受器 5(光电元件),一旦出现点火失败或正常燃烧时突然熄火,立即停止向锅炉喷油并发出声光报警。另外,还设有看火孔(可兼作人工点火孔)6。

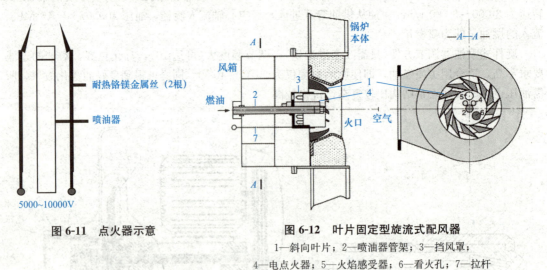

图 6-11 点火器示意

图 6-12 叶片固定型旋流式配风器
1—斜向叶片;2—喷油器管架;3—挡风罩;
4—电点火器;5—火焰感受器;6—看火孔;7—拉杆

(二)燃油系统

燃油系统应满足锅炉装置运行的一系列要求,如油的加压、过滤、加热和输送等,并能连续、稳定地定量供油,使油压、黏度维持在合适范围内,调节也要方便。图 6-13 所示为采用回油式喷油器的燃油系统。船用辅助锅炉为方便起见,大多使用与主机相同的燃料(重油)。

锅炉燃油系统包括从锅炉日用油柜至锅炉燃烧器的管系及管系中的各种设备。

燃油从锅炉日用油柜 1 经滤器进入燃油泵 2,燃油泵(齿轮泵)与风机由同一电机驱动,此系统采用回油式喷油器,供油压力保持恒定。燃油从油泵排出后进入用蒸汽加热的燃油

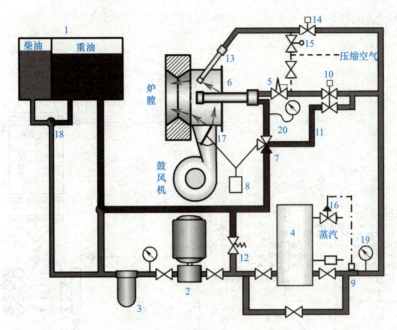

图 6-13 辅助锅炉典型燃油系统

1—锅炉日用油柜；2—燃油泵；3—油滤器；4—燃油加热器；5—手动速闭阀；
6—主喷油器；7—回油调节阀；8—比例调节器；9—燃油感温包；10—主电磁阀；
11—旁通管路；12—安全阀；13—点火喷油器；14—辅电磁阀；15—压缩空气电磁阀；
16—温度调节器；17—风道挡板；18—换油旋塞；19—燃油压力表；20—回油压力表

加热器 4 加热，温度调节器 16 根据油温调节加热蒸汽量以保持油温稳定。油预热再经主电磁阀 10、手动速闭阀 5 进入主喷油器 6 喷入炉内燃烧，部分回油则经回油调节阀 7 流回日用油柜。

回油式喷油器的喷油量可通过回油调节阀 7 的开度调节。该阀由比例调节器 8 根据蒸汽压力自动控制。当蒸汽压力超过额定工作压力时，自动使回油调节阀 7 开大，回油压力表 20 显示降低，喷油量即可减小；同时联动操作使风道挡板 17 关小，以保证过剩空气系数合适。当蒸气压力升至上限，或水位过低、油压过低、风压过低（有的锅炉包括油温过低），以及运行时突然熄火或点火时未能将油点燃时，都可通过安全保护系统使主电磁阀断电，切断油路。另外，燃油系统由于某种原因造成油压过高时，燃油即能顶开安全阀 12 溢流至泵油吸入口，该压力限定值可按系统工作情况加以设定。

另有一压力式点火喷油器 13，其喷油量与日用低蒸汽量相适应。它靠主喷油器熄火前的火焰点燃，维持炉内不断火，同时，主喷油器的再次点火则由点火喷油器的火焰点燃。电点火器只有在锅炉完全停炉后重新点火时才使用。

二、船舶辅助锅炉的汽水系统

一个完整的锅炉装置，除具有锅炉机组本身及有关的附属设备外，还需要有给水系统、蒸汽系统、凝水系统等，才能正常工作。现以图 6-14 所示的某柴油机船的蒸汽、凝水、给水和排污系统为例，说明锅炉汽水系统的组成和工作情况，具体见表 6-6。

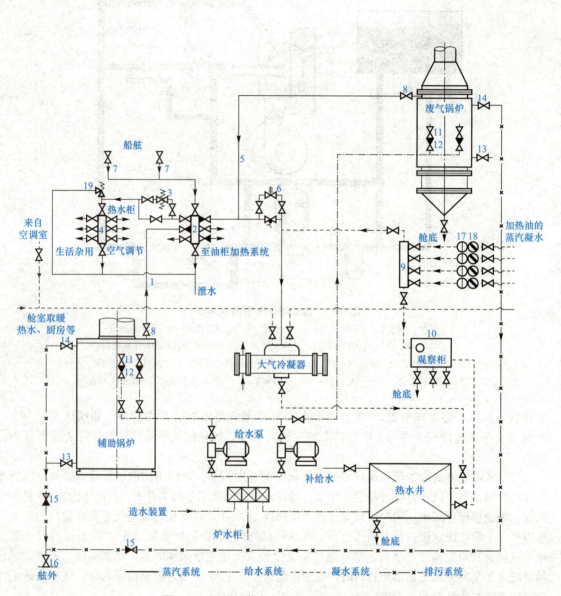

图 6-14 锅炉的蒸汽、给水、凝水、排污系统

1—燃油锅炉蒸汽管；2—总蒸汽分配联箱；3—减压阀；4—低压蒸汽分配联箱；
5—废气锅炉蒸汽管；6—蒸汽调节阀；7—接岸供汽管；8—停汽阀；9—凝水回流联箱；
10—凝水观察柜；11—给水截止阀；12—给水止回阀；13—底部排污阀；
14—表面排污阀；15—止回阀；16—舷旁排污阀；17—阻汽器；18—滤器；19—安全阀

表 6-6　船舶辅助锅炉的汽水系统组成和工作情况

汽水系统	组成和工作情况	图片
蒸汽系统	蒸汽系统的任务是将锅炉产生的蒸汽按不同压力的需要，送至各用汽设备。辅助锅炉和废气锅炉所产生的蒸汽，通过各自的停汽阀 8 沿蒸汽管 1 和 5 汇集于总蒸汽分配联箱 2（图 1）。由此，一部分蒸汽送至油舱（柜）加热系统，另一部分蒸汽经减压阀 3 减压后，送至低压蒸汽分配联箱 4，然后送至空调装置等供加热及生活杂用。 蒸汽调节阀 6 用作调节废气锅炉用汽量，多余的蒸汽可直接回到大气冷凝器中。在总蒸汽分配联箱上还接有接岸供汽管 7，通至上甲板左、右舷，以备锅炉停用时可由岸上或其他船舶供汽。蒸汽分配联箱底部装有泄水管，用以放出凝水，以免通汽时在管道中产生水击	 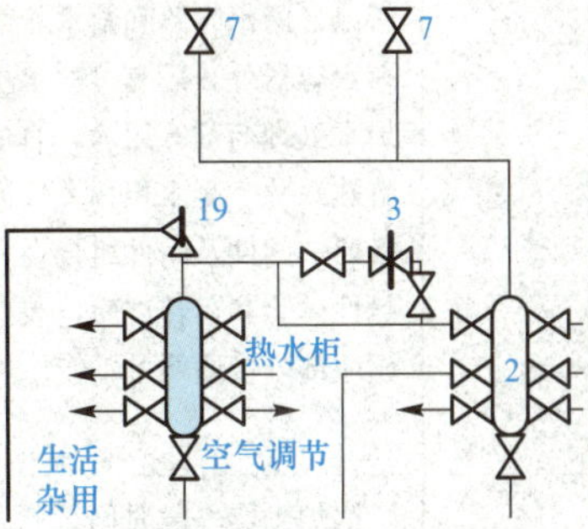 图 1　总蒸汽分配联箱
凝水系统 （图 2）	凝水系统的任务是回收各处的蒸汽凝水，并防止混入水中的油污进入锅炉。蒸汽在加热管中加热后放出热量凝结成水，经滤器 18、阻汽器 17 流回热水井。因为阻汽器总会有一部分蒸汽漏过，所以当凝水流出阻汽器时，由于压力降低，可能产生二次蒸汽。因此，某些温度较高的凝水需先经大气冷凝器冷却，使其中的蒸汽凝结，然后才流回热水井。 若加热油舱（柜）的蒸汽管路泄漏，可能会导致油分进入凝水系统，而油分随凝水进入锅炉则有可能导致局部过热，严重危害锅炉的安全。为尽可能避免油进入锅炉，来自油舱（柜）的凝水首先要进入凝水观察柜 10，一旦发现凝水观察柜中的玻璃窗上黏附油污，应将油舱回水放入舱底，待查明原因并清除后，才允许干净的凝水进入热水井中	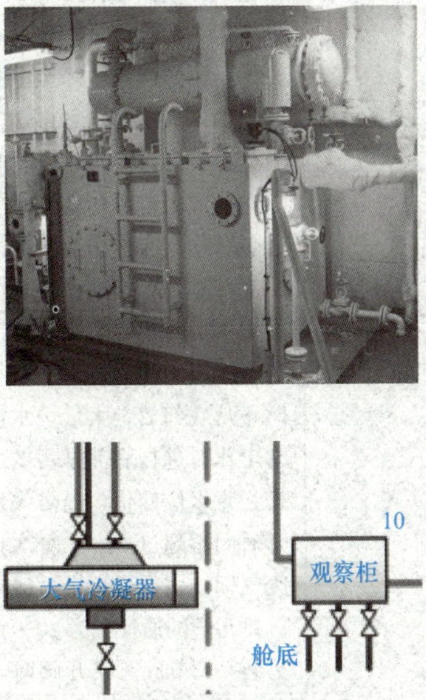 图 2　大气冷凝器和热水井

续表

汽水系统	组成和工作情况	图片
给水系统（图3）	给水系统的任务是向锅炉供给适量和一定品质要求的水。每台锅炉均有两套给水系统，它们互为备用，以保安全。每根给水管紧靠锅炉处装有一个给水截止阀11和一个截止止回阀12。给水截止阀必须安装在锅炉与截止止回阀之间，以便在修理给水管路和设备时将锅炉隔断。其安装方向应注意能在必要时将其关闭更换阀杆填料，而炉水不致溢出。不允许用此阀对给水量进行节流调节，以免阀盘遭受水流冲蚀而关闭不严。装设截止止回阀主要是用来防止给水泵不工作时高压炉水倒流；同时，它还可以用来调节两台并联锅炉间的给水量分配。 供入锅炉的给水量和从各处流回的凝水量，实际是不平衡的，所以，凝水管路和给水管之间要有热水井。热水井除作为缓冲的存水容器外，还有过滤水中固体杂质和油污、加入补充水和投放炉水处理药剂等用途。有的船舶将热水井做成一个组合模块，它将热水井、凝水柜、大气冷凝器、锅炉给水泵及连接这些设备的管路、阀件及附件组合在一个公共底座上，出厂前对组件进行密封性试验和运转试验，装船后只要将外部接口与蒸汽、凝水系统相应部分接通便可工作。	图3 锅炉给水系统局部
排污系统（图4）	锅炉工作一段时间或投放除垢药物之后底部都可能聚集泥渣，产生沉淀物，因此，在锅炉底部需要装设底部排污阀13，以便定期进行下排污将它们排除。同时，若发现炉水碱度、含盐量过高，或者漂浮在水面上的油污、泡沫和悬浮物太多，则可通过锅筒上部的表面排污阀14进行排污。 在高于锅筒最低水位25 mm至低于正常水位25 mm的范围内，设有上排污盘。进行表面排污时，先将炉水加至接近最高水位再开始排污，当水位降至上排污盘高度时即停止排污。如认为一次排出的水量不够，可再重复上述操作。排污时应密切注意水位的变化。表面排污可在需要时（含盐量高、碱度太大、汽水共腾、炉水进油或大修后初次使用等）随时进行，但一般应在投药前进行，以免药物在起作用前损失。 底部排污可定期在投放除垢药物后过一段时间进行。通常要求在熄火后半小时或锅炉负荷较低，锅筒压力降至0.4~0.5 MPa时进行，因为此时炉水比较平静，底部泥渣沉积更多。水管锅炉为防止从底部放走大量炉水破坏正常的水循环，是不允许在锅炉正常工作时进行底部排污的。底部排污应在水位较高时开始，并严密注意水位变化，谨防失水。每次排污时间不能过长，一般阀全开时间不超过30 s，每次排污量可按1/3~1/2水位表高度考虑。废气锅炉也要进行排污（强制循环水管锅炉除外）。 排污阀的通径应为20~40 mm。如需调节排污流量，应在管道上另装一调节阀。在开阀时，应先全开排污阀，后开调节阀；关闭时，先关闭调节阀，再关闭排污阀，以防排污阀遭水流冲蚀损害其密封性。排污管汇集于排污总管，经舷旁通海阀通至舷外。在排污总管上设有止回阀15，以免锅炉中无压力时，海水倒灌入锅炉中。排污时，应先打开舷旁排污阀16，以防开启排污阀时管内发生水击	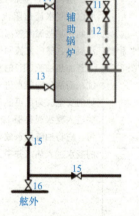 图4 锅炉下排污阀

三、锅炉的自动控制

现代的锅炉都已实现了自动控制,主要包括以下内容。

1. 自动调节

能自动控制给水和燃烧,使锅炉水位和蒸汽压力保持在给定值或给定范围内。一般船舶辅助锅炉对蒸汽压力的要求不十分严格,水位和燃烧大多采用双位控制系统,而油船上的辅助锅炉水位及燃烧有采用比例控制系统的。

2. 程序控制

锅炉的程序控制是指按照预定操作程序自动完成锅炉点火启动过程和自动熄火停炉过程。相关规范对船舶自动锅炉的程序控制提出以下要求:

(1)喷油器开始点火前应进行预扫风,扫风时调节风门应全开,扫风时间应足以保证炉膛4次换气。

(2)点火应在预扫风后方可进行。喷油器进油阀应在点火火花出现之后方可打开。如果点火不着,点火装置和喷油器进油阀应自动关闭。进油阀从开启到关闭的时间不得大于 15 s。

(3)应设有火焰监测器,当故障熄火时能自动关闭喷油器的进油阀,关闭时间应不迟于熄火后 6 s。

3. 安全保护和自动联锁

锅炉异常状态并影响安全运行时,例如,出现水位低至危险水位、油压过低、风压过低(有的锅炉包括油温过低),以及运行时突然熄火或点火失败等情况,能完成自动熄火停炉,同时发出相应的声光报警。自动联锁装置是当设备发生错误操作或故障时,自动阻止有关操作继续进行,避免事故发生,例如,锅炉风机停止工作时,燃烧器就会立即停止喷油。再有当水位低于危险水位或风压低于调定下限时,自动点火程序不能进行。

任务实施

任何船舶锅炉安装结束后,在投入正常运行前,必须对其各主要附件及系统的功能进行全面的调整和试验。

(一)调试前的检查工作

(1)锅炉安装完整,拉撑、附件安装及接线完整、正确;控制板接线完整、正确。

(2)所有外部系统,油、水、压缩空气、排烟管路安装完整,油、水、压缩空气随时可以供应使用,其中燃油管路串洗清洁。

(3)确认锅炉内(外)部、鼓风机、燃烧器、排烟管清洁无杂物。

(4)锅炉给水、燃油供给效用试验,检查泵浦运行、阀件动作和管路传感器的正确性。

(二)调试具体操作步骤

调试具体操作步骤见表 6-7。

表 6-7 调试具体操作步骤

调试内容		操作步骤
冷炉点火		开启供水泵向锅炉加入适量淡水,在加水过程中,边加水边检查锅炉及管路是否有泄漏,同时检查供水泵压力是否正常。水加够之后开始启动燃油泵和鼓风机,燃烧器正常工作。 锅炉加水到正常水位,在整个启动期间经常检查水位计,水位计要搬动泄放阀几下以确定显示正确。冷炉点火运行期间最好用小火慢慢加热,不要升温太快,以免炉膛内受热不均匀。 (1)检查主蒸汽阀、旁通阀、循环阀,如果没有问题则吹炉。 (2)检查仪表板阀和压力计阀是否已打开。 (3)当锅炉压力低于正常工作压力 0.05 MPa 时(具体可按服务工程师要求),转到自动控制。 (4)当锅炉运行正常后,检查水位控制系统和仪表板功能是否完全正常。检查炉水水位、给水水压、锅炉气压、燃油压力、燃油温度、雾化空气(蒸汽)压力、排烟烟色、含氧量等是否正常
锅炉煮炉		煮炉的目的是去除水腔内的锈迹、污垢。打开水位表阀、压力表阀和透气阀,关紧其他阀和人孔,从安全阀孔加入符合要求的化学剂(如 Na_3PO_4),重新点火运行锅炉若干小时(具体产品要求不一样)。煮完炉清洁水腔内部,并报验船东、船检
停炉	正常停止	(1)当处于最小负荷时,停止锅炉燃烧器。按"启动/停止"按钮,停止燃烧器,此时该按钮指示灯灭。 (2)保持锅炉正常水位直至锅炉不产生蒸汽为止。 (3)停止给水泵和关掉给水阀。 (4)如果之前打开了主蒸汽阀,则将其关闭。 (5)关闭雾化蒸汽(空气)、燃油系统各阀
停炉	应急停止	按"紧急停止"按钮停炉,产生报警
锅炉功能试验	过低水位停炉(液位开关)	模拟最低水位,燃烧器停止产生报警
锅炉功能试验	雾化蒸汽压力低报警	模拟降低压力传感器检测压力到设定值,产生报警
锅炉功能试验	雾化蒸汽压力低停炉	降低压力传感器压力低于设定值,燃烧器停止,产生报警
锅炉功能试验	风机风道温度高停炉	用石英炉升高风机风道温度传感器温度到设定值,燃烧器停止,产生报警
锅炉功能试验	扫气空气流量低停炉	设扫气空气流量小于设定值,燃烧器停止,产生报警
锅炉功能试验	火焰故障停炉	拔出火焰探头,燃烧器停止,产生报警
锅炉功能试验	点火油头不在工作位置停炉	脱开燃烧器限位开关,燃烧器停止
锅炉功能试验	点火程序故障停炉	断开程序模块电源,燃烧器停止,产生报警
锅炉功能试验	进油阀不在工作位置停炉	拆开限位开关接线,使限位开关断开,燃烧器停止,产生报警
锅炉功能试验	鼓风机过载保护	手动脱开继电器,燃烧器停止,产生报警
锅炉功能试验	排气温度高停炉	用石英炉升高排气温度传感器温度,燃烧器停止,产生报警
锅炉功能试验	盐分浓度高报警	将盐分探头插入配置好的盐水中产生报警
锅炉功能试验	烟气密度高报警	更改烟气密度设定值,产生报警
锅炉功能试验	油分浓度高报警	遮蔽探头,产生报警

续表

调试内容		操作步骤
锅炉功能试验	燃油温度过高停炉	模拟使燃油温度升高超过设定值，燃烧器停止，产生停炉报警
	燃油温度高报警	模拟使燃油温度升高超过设定值，产生报警
	燃油温度低报警	模拟使燃油温度降低到设定值，产生报警
	燃油温度过低停炉	模拟使燃油温度降低到设定值，燃烧器停止，产生停炉报警
	蒸汽压力高停炉(压力开关)	实效升高压力开关压力设定值，燃烧器停止，产生报警
	备用燃油供给泵自动启动	模拟燃油压力开关到设定值，燃油泵停止，备用泵启动
	低油压停炉	更改低油压停炉值高于实际值，燃烧器停止，产生报警
	蒸汽压力高报警停炉	模拟升高蒸汽传感器压力，产生报警停炉
	蒸汽压力低报警	模拟降低蒸汽传感器压力，产生报警
	锅炉零水位试验	先根据水平仪调节船平衡，横倾度为零，然后放锅炉水至锅炉水尺零位处，调节水位压差传感器，使锅炉显示的数值一致
	锅炉安全阀试验	先手动锁住一个安全阀，试验另一个，手动控制锅炉使其压力升高到设定值，看安全阀是否在设定值开启，记录开启压力和关闭压力值。然后用同样的方法试验另一个安全阀
	锅炉蓄压试验	对于废气锅炉，需要在航行试验过程中做蓄压试验，蓄压试验在主机达到满负荷时进行。关闭蒸汽总阀使压力升高再次使安全阀开启。记录时间和压力值
日常使用操作	供汽运行	(1)将"锅炉水位"控制器置于"自动"，并设定水位在0左右。置给水泵启动选择开关于"自动"位置，启动给水泵，检查给水水压。 (2)检查大气冷凝器冷却淡水(或海水)是否供应正常。 (3)检查控制器是否放在"自动"。蒸汽压力按要求设置。 (4)燃烧器处于正常燃烧状态，气压正常。 (5)缓慢开启主蒸汽阀向外供汽
	锅炉的热备用	关闭锅炉主蒸汽阀，保持锅炉水位，保持一定的锅炉蒸汽压力，使锅炉处于热态，以利于锅炉保养
	锅炉的惰气模式运行	使用"惰气模式"时，检查并开启蒸汽冷凝器海水阀，开启冷却水泵、凝水泵/惰气洗涤泵，燃烧器则实现不低于要求负荷(按惰气试验要求)连续运行，使多余蒸汽由过量蒸汽泄放管路泄放至货油泵蒸汽冷凝器
燃料油转换	换用重油	开启燃油加热器加温蒸汽阀，将"燃油温度"调节器置于"自动"或"手动"，逐步调高燃油温度，待油温升至80℃左右时，开启重油阀，关闭轻油阀。将"燃油温度"控制器置于"自动"，并根据油种，设定油温(按厂家要求)
	换用轻油	开启轻油阀，关闭重油阀，同时逐步关闭燃油加热器加温蒸汽阀。或用"燃油温度"调节器逐步调低燃油温度。使用重油时停止燃烧器前，应换用轻油燃烧一段时间，以清扫管系内的重油

(三)调试后工作

(1)做好试验场地的清理、整顿工作。
(2)关闭油水阀门和电源。
(3)签署服务工程师报告并留底上交。
(4)记录服务工程师服务内容并上交。

 **拓展知识**

锅炉的常见故障见表6-8。

表6-8 锅炉的常见故障

常见故障	可能原因及排除方法
运行中突然熄火（压力未到上限）	(1)供油中断。 (2)燃油系统进水。 (3)滤器堵塞。 (4)自动保护起作用(如危险水位、低油压、低风压或火焰感受器失灵等)
点不着火	点不着火除上述原因外，还可能是： (1)风量过大。 (2)油温太低。 (3)电点火器发生故障
回火及爆炸	锅炉在点火或热炉熄火后再点火时，由于炉膛内积存有可燃气体，一旦被点燃，突然急激燃烧，使火焰从燃烧器或检查孔向外喷出，称为回火；若严重时使烟气挡板飞出或将锅炉外壳炸开，称为爆炸。回火及爆炸的主要原因如下： (1)点火前预扫风和熄火后扫风不充分。 (2)未燃烧时，喷油器继续不断喷油。 (3)烟道设计或构造不良，烟灰或外物堵塞。 (4)突然熄火，企图以热炉膛点火。 (5)点火时喷油量急速增大。 (6)风门过分关小。 (7)助燃空气量供应不足。 如果发生回火及爆炸时，必须立即熄火停炉，详细检查发生的原因；在未将发生原因排除之前，切不要再点火使用
锅炉喘振(炉吼)	炉膛或烟道中发生连续的振动，发出类似机枪或飞机起飞时的轰叫声，称为锅炉喘振(炉吼)。这主要是因为燃烧不稳定，导致炉膛内压力波动。主要原因如下： (1)供油压力波动，或燃油雾化不良，大油滴滞燃。 (2)风量不足或风压波动
失水	锅炉失水是一种严重的事故，因为失水会使部分受热面失去炉水的冷却而烧坏。此时，切不可向炉内供水，以防赤热的受热面遇水而产生裂纹，甚至锅炉爆炸，而应立即停炉，自然冷却，并查明原因
满水	锅炉满水虽没有失水时那样危险，但也须及时发现和处理。满水会使所供蒸汽品质下降，导致水击、腐蚀管路设备等。发现满水应立即停止送汽，进行上排污，直到水位恢复正常；同时开启蒸汽管路和设备上的泄水阀泄水；然后查明原因
受热面管子破裂	因结垢严重、水循环不良等导致管壁过热，或腐蚀严重都可能引起受热面管子破裂。这时，可从听声音或从烟囱口冒白烟来发觉。如破口甚小，仅少许渗水，则可允许锅炉继续运行，但应严加监视，不然应立即停炉。炉冷可，可将其中水放光，进入炉内堵管。堵水管的钢塞有一定锥度，塞在破管两端，再用手锤敲紧。对烟管锅炉，用堵棒将破管堵死。堵管时，在堵棒的盖板和管板之间垫上石棉垫，收紧螺钉后即可
炉水异常减少	在正常的给水条件下，产生异常低的水位，原因是水位计通水阀和通汽阀开关有误；吹灰器、安全阀及锅炉受热面管子漏泄；给水泵、阀及自动给水装置发生故障
水位计玻璃破损	玻璃因炉水的腐蚀而变薄，安装时有内应力，温度剧变或振动剧烈等都可使玻璃破损。安装新玻璃管时，先使下侧的金属轻轻接触玻璃管，后装上侧。安装新玻璃板时，注意板框螺钉要对称均匀上紧，升压后再紧一次，以免膨胀不均顶坏玻璃板

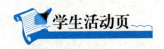

工作任务		调试船舶辅助锅炉				
学生姓名		班级学号		组别		任务成绩
任务描述	学生在实训室内按照船舶辅助锅炉调试任务工单，熟悉调试规程，按照规程对辅助锅炉进行调试					
场地、设备	辅机实训室、船舶辅助锅炉、船用辅助锅炉调试规程					
工作方案	根据任务要求，确定所需要的知识、设备、工具，并对小组成员进行合理分工，制定完成船用辅助锅炉调试任务的详细方案					
船舶辅助锅炉调试步骤	船舶辅助锅炉调试步骤					
	遇到问题			解决问题		
	1.					
	2.					
	3.					
	4.					
	5.					
签字	任务完成人签字：　　　　　　　　　　　　　日期：　年　月　日 指导教师签字：　　　　　　　　　　　　　　日期：　年　月　日					

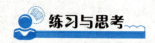 **练习与思考**

1. 锅炉热水井的功用是什么?
2. 燃油辅助锅炉冷炉点火升汽过程中应注意哪些事项?
3. 船舶燃油辅助锅炉如何停炉操作?
4. 何谓失水?何谓满水?各有何危害?失水或满水后应采取什么措施?
5. 锅炉点不着火的原因有哪些?
6. 船舶辅助锅炉突然熄火的原因有哪些?

模块 7　船用海水淡化装置调试

思维导图

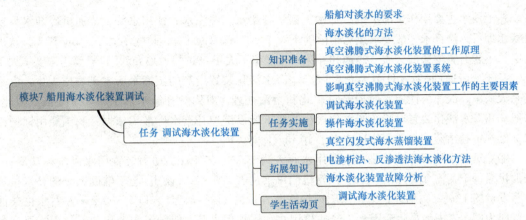

船舶在海上航行时，船舶动力装置需要消耗淡水，用于主机冷却、锅炉给水、蓄电池等，船员生活和饮用也需要大量的淡水，而船舶的储水量又十分有限，不宜携带过多淡水，为了减少向港口购买淡水的费用，并增强船舶的续航能力，所以，远洋船舶一般都设有海水淡化装置（俗称造水机）。因此，海水淡化装置的安装与调试是轮机修造人员必须掌握的基本技能。

任务　调试海水淡化装置

本任务是进行海水淡化装置调试，识读海水淡化装置说明书，按照操作规程操作海水淡化装置系统，掌握海水淡化装置调试内容和要点。通过本任务学习，学生要掌握以下知识，达到以下能力。

1. 知识目标

(1) 掌握真空沸腾式海水淡化装置的结构和工作原理；
(2) 掌握真空沸腾式海水淡化装置系统的组成；
(3) 掌握海水淡化装置的操作要点。

2. 能力目标

(1) 能够按照调试规程对海水淡化系统进行调试；
(2) 能够按照操作规程操作海水淡化装置。

3. 素质目标

(1) 具有爱岗敬业、实事求是、与人协作的优秀品质；
(2) 具有规范操作、安全操作、环保意识；
(3) 具有创新意识、获取新知识、新技能的学习能力；
(4) 具有质量意识、成本意识，具有沟通、协调能力；
(5) 具有先进技术的拓展能力。

知识准备

船舶每天都要消耗相当数量的淡水，以满足船上人员和动力装置的要求。淡水通常是指含盐量小于 1 000 mg/L 的水。远洋船舶为增加载货吨位，减少购买淡水的费用，不宜携带过多淡水，一般都利用船舶配备的海水淡化装置（造水机）生产淡水。

一、船舶对淡水的要求

船上淡水主要用作柴油主机冷却水、锅炉补给水、洗涤水和饮用水等。柴油机冷却水只要是淡水即可。洗涤水一般要求氯离子浓度不大于 200 mg/L(Cl^-)、硬度不大于 7 mg N/L。饮用水必须不含有害健康的杂质、病菌和异味，含盐量不大于 500～1 000 mg/L，氯离子浓度不大于 250～500 mg/L(Cl^-)，pH 值为 6.5～8.5。海水淡化装置生产的蒸馏水所含矿物质太少，也不能杀灭病菌，故作为饮用水时应经过矿化和杀菌处理。对锅炉补给水的水质要求最高，因此，一般船用海水淡化装置对所产淡水含盐量的要求皆以锅炉补给水标准为依据。我国船用锅炉给水标准规定补给蒸馏水的含盐量应小于 10 mg/L(NaCl)。

船舶对淡水的需要数量是：生活用水每人为 150～250 L/d。动力装置用水以主机功率计，柴油机船每千瓦需 0.2～0.3 L/d；汽轮机船每千瓦需 0.5～1.4 L/d。至于辅助锅炉的补水量可按蒸发量的 1%～5% 估计；中、高压锅炉按蒸发量的 1%～3% 计。以 7 500 kW 左右水位柴油机货船为例，考虑船员生活用水、柴油机用水和锅炉用水等，船舶海水淡化装置每天需要生产 20～25 m³ 的淡水，若机舱设备采用中央淡水冷却系统或厕所采用淡水冲洗，则产水量必须在原来的基础上适度增加。

二、海水淡化的方法

海水是一种含有 80 多种盐类的水溶液，其中含盐量超过 1 mg/L 的有 11 种，世界大洋的平均盐度为 35‰。所谓海水淡化，就是大幅度地降低海水的含盐量，目前所采用的方法主要有蒸馏法、电渗析法、反渗析法和冷冻法，除某些缺少热能的作业船和潜艇采用电渗析海水淡化装置外，一般船舶几乎都采用蒸馏式海水淡化装置。

蒸馏法是根据盐分几乎不溶于低压水蒸汽的原理，先加热海水使之汽化，然后将产生的水蒸气冷凝，从而得到几乎不含盐分的蒸馏水。现在的船用海水淡化装置一般都在高真空条件下工作，可分为真空沸腾式和真空闪发式两种，两者的区别在于：前者的加热和蒸发都在高真空中完成，而后者的海水先在加热器中被加热，再经喷雾器减压后送到真空的蒸发器中。实践证明，真空闪发式海水淡化虽具有加热面结垢轻的优点，但造价高、效率低，船上已将其淘汰。本任务将重点介绍真空沸腾式海水淡化装置。

三、真空沸腾式海水淡化装置的工作原理

现今的船用真空沸腾式海水淡化装置，之所以可以让海水的加热、蒸发和蒸汽的冷凝都在高真空下进行，首先是因为真空度高则海水的沸点低，结垢轻，同时，可以采用船舶柴油机缸套冷却水的废热来生产蒸馏水。例如，当真空度为 90% 时，海水蒸发温度为 45 ℃，可用温度不超过 80 ℃ 的柴油机缸套冷却水作为加热工质，从而提高了船舶动力装置的经济性。另外，装置真空度越高，蒸汽密度越小，蒸汽与水滴的密度差越大，越有利于水滴的分离。

下面根据图 7-1 所示的壳管式换热器真空沸腾式海水淡化装置工作原理图，说明真空沸腾式海水淡化装置的工作原理。

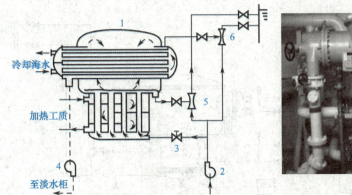

图 7-1　壳管式换热器真空沸腾式海水淡化装置原理图及实物图

1—蒸馏器；2—造水机海水泵；3—给水调节阀；4—凝水泵；5—排盐泵；6—真空泵

真空沸腾式海水淡化装置本体的主要部分是蒸馏器 1，海水的加热和沸腾汽化都在下部竖管式蒸发器内进行，而蒸汽的凝结则在上部横管式冷凝器内完成。这种结构的造水机在工作时，造水机海水泵 2 首先将泵送的部分海水送入真空泵 6，作为真空泵 6 的工作流体，真空泵 6 工作将蒸馏器 1 抽真空；海水泵 2 将泵送的另外一部分海水经给水调节阀 3 供入蒸发器的竖管内，自下向上流过。加热介质（主机缸套冷却水）在竖管外自上而下横向往复多次流过，对海水进行加热，被加热的海水达到沸点后开始汽化，产生的蒸汽（称为二次蒸汽，以区别于某些装置加热用的蒸汽）逸出后，绕过横置在蒸发器上方的汽水分离器，蒸汽中携带的小水滴经汽水分离后返回蒸发器，蒸汽则从冷凝器壳体上部的开口进入冷凝器。冷却用海水在冷凝器管内流过，将管外的蒸汽冷凝，凝水（淡水）集聚在冷凝器底部，由凝水泵 4 抽送至淡水舱。在蒸发器内，部分汽化后剩下的盐度相对较高的海水（又称盐水）由排盐泵 5 连续泵送至舷外。蒸馏器中真空度的建立和维持主要由真空泵 6 和冷凝器来共同完成。真空泵 6 和排盐泵 5 通常采用喷射式泵，其工作水由造水机海水泵 2 提供，通常冷凝器中冷却用海水也是由造水机海水泵 2 提供，造水机海水泵 2 通常为离心泵。

在蒸发器稳定工作，水位保持稳定时，装置的给水量 W_0 应等于装置的产水量 W 和排盐量 W_B 之和，而给水量 W_0 与产水量 W 之比称为给水倍率 ε。

$$\varepsilon = W_0/W$$

排盐量 W_B 与产水量 W 之比称为排污率，给水倍率 ＝排污率＋1。

目前在柴油机船上，海水淡化装置一般都使用主机缸套冷却水作为加热工质，只有在主机停车而又需海水淡化装置工作时，才采用辅助锅炉的减压蒸汽来加热。对某些淡水耗量较大的船舶，当其动力装置的余热不足以满足装置的需要时，可使用低压蒸汽作为补充热源。

四、真空沸腾式海水淡化装置系统

图 7-2 所示为一种应用广泛的真空沸腾式海水淡化装置系统原理图。其包括其加热系统、给水系统、冷却水系统、凝水系统、排污系统、真空抽气系统六大部分。其核心设备是蒸发器和冷凝器。

1. 加热系统

装置工作时，60 ℃～65 ℃ 的主机缸套水经加热淡水进、出口阀 28 进入蒸发器作为加热工质，流量可由加热水调节阀 2 调节。

2. 给水系统

给水由造水装置海水泵 10 经弹簧稳压阀 14、浮子流量计 13、给水调节阀 15，从底部进入蒸发器。流量由给水调节阀 15 调节。

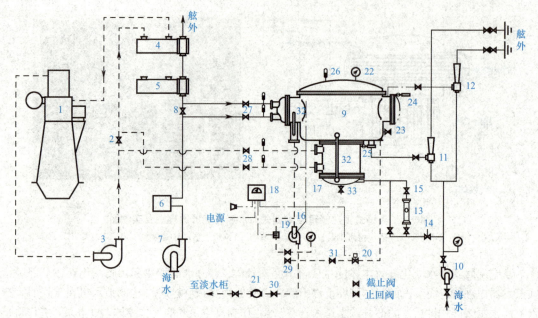

图 7-2 真空沸腾式海水淡化装置

1—主柴油机；2—加热水调节阀；3—主机淡水冷却泵；4—主机淡水冷却器；5—主机润滑油冷却器；
6—主机空气冷却器；7—主机海水泵；8—海水调节阀；9—蒸发冷凝器组；10—造水装置海水泵；
11—排盐喷射式泵；12—真空喷射式泵；13—浮子流量计；14—弹簧稳压阀；15—给水调节阀；16—凝水泵；
17—凝水泵平衡管；18—盐度计；19—盐度传感器；20—回流电磁阀；21—淡水流量计；22—真空压力表；
23—真空破坏阀；24、25—放气旋塞；26—蒸发温度计；27—冷却水进、出口阀；28—加热淡水进、出口阀；
29—取样阀；30—淡水排出阀(截止止回阀)；31—止回阀；32—水位计；33—泄水阀

3. 冷却水系统

冷凝器的冷却海水由主机海水泵 7 供给,经冷却水进、出口阀 27 进入冷凝器,流量可用海水调节阀 8 进行调节。

4. 凝水系统

凝水由冷凝器壳体底部的集液管引出,由凝水泵 16 经淡水排出阀 30 和淡水流量计 21 泵入淡水舱,与凝水泵并联的是盐度检测回路,盐度传感器 19 将凝水盐度变化的信号送至盐度计 18,随时检测凝水的盐度,一旦凝水盐度超过规定标准,盐度计便会发出声光警报,同时打开回流电磁阀 20,使不合格的凝水回到蒸发器。此时,因凝水泵排压降低,淡水排出阀 30 关闭,凝水输出自动停止。盐度计是通过测量凝水导电率来测量含盐量的,除含盐量外,凝水温度也影响其导电率,在实际使用中可通过温度修正旋钮进行修正。

5. 排污系统

排盐喷射式泵 11 从蒸发器上部吸入盐水,经止回阀排出舷外,进口止回阀为防止泵失压导致海水倒灌而设,出口止回阀为防止舷外风浪造成海水倒灌而设。

6. 真空抽气系统

真空喷射式泵 12 经止回阀从冷凝器中部的出口不断抽气,以保持蒸发冷凝器组适宜的真空度。喷射式泵 11 和 12 的工作水由造水装置海水泵 10 提供,海水泵排压应不低于 0.35~0.4 MPa。

喷射式泵(也称射流泵)不同于容积式泵和叶轮式泵,是靠高压的工作流体流经喷嘴后产生的高速射流来引射被吸流体,并与之进行动量交换,使被引射流体能量增加而被排送的泵。喷射式泵常用的工作流体有水、蒸汽和空气,被引射流体可以是气体、液体及可以流动的固体或固液混合物。通常将工作流体或被引射流体至少有一种是气体的称为喷射器。

五、影响真空沸腾式海水淡化装置工作的主要因素

1. 影响蒸馏装置淡水产量的因素

蒸馏装置淡水产量大小，主要取决于对海水的加热量及传热条件。产水量不足的原因有：加热用淡水温度过低或流量不足；真空度不足导致海水沸点提高；加热水侧发生"气塞"；加热面脏污和结垢；蒸发器水位过低，换热面积减小；给水倍率过大，排盐带走热量过多；凝水回流电磁阀关闭不严。

如果装置使用时间长，产水量逐渐减少，往往是因为换热面结垢与脏污。而在日常管理众多原因中，至关重要的原因是真空度的影响，一般装置启动，要求建立93%的真空度，装置运行中，要求真空度保持在90%～94%。真空度过低，沸点提高，产水量会减少，甚至停产；真空度过高，沸点太低，海水沸腾或闪发过于剧烈，蒸汽中携带含盐小水滴量增加，所产淡水含盐量增加。要使装置保持适当的真空度必须做到以下几点：

(1)冷凝能力要与蒸发量相适应。如果冷凝器换热能力下降(冷凝海水温度升高或流量不足、冷却水侧"气塞"、换热面脏污、凝水水位过高)，会使真空度降低，其中最易变动的条件是海水温度。

(2)真空泵应有足够的抽气能力。水射真空泵工作水压低，背压过高($>8\ mH_2O$)，喷嘴磨损阻塞、安装不当等可能使抽气能力下降。

(3)装置要有良好的气密性。在实际工作中，对海水淡化装置真空度影响较大的因素是海水温度的变化，一般情况下，是通过调节冷凝器冷却水流量来控制装置的真空度。当船舶在热带航区运行时，海水温度较高，冷凝器的传热温差减小，冷凝能力下降，此时应加大冷却水流量，以使真空度维持在正常范围内，如真空度仍无法达到要求，可适当减小加热水流量，以保持装置足够的真空度；而在冬季工况时，冷却水温度较低，冷凝能力增大，而蒸发器则由于海水温度低，产汽能力下降，致使装置的真空度升高。此时，应减小冷却水流量，以使真空度维持在正常范围内，如真空度太高，可稍开真空破坏阀。

2. 影响蒸馏装置产水含盐量的因素

干的水蒸气几乎不溶有盐分，但在海水沸腾时，会携带细小水珠进入蒸汽空间带到冷凝器，使生成的淡水含有一定盐分，因此，装置所产淡水的含盐量 S_F，主要取决于所携带的含水量 W 及蒸发器中盐水的盐水浓度 S_B。

$$S_F = W \cdot S_B (mg/L)$$

淡水含盐量过高的主要原因如下：

(1)装置负荷过大。加热工质流量过大、平均温度过高、真空度过高，会使沸腾过于剧烈，蒸汽上升速度过大，携带水滴增加。可减小加热工质流量或稍开真空破坏阀。

(2)蒸发器水位过高。对竖管式蒸发器而言，蒸发器内水位以达到上管板为宜，外部水位计水位约在中间位置。水位过高，汽水分离空间减小，可通过减小给水量进行调节。

(3)盐水浓度太大。应调节给水量、排污量，适当增大给水倍率。

(4)冷凝器泄漏。使冷却海水漏入凝水。

(5)汽水分离器破损。分离效果变差。

3. 影响蒸馏装置加热面结垢的因素

海水蒸馏装置中水垢的主要成分是碳酸钙 $CaCO_3$、氢氧化镁 $Mg(OH)_2$、硫酸钙 $CaSO_4$。其中，含硫酸钙水垢导热差，坚硬难除；氢氧化镁水垢也难清除，故希望生成的水垢中尽量少含这两种成分。

影响水垢成分和生成速度的因素如下：

(1)盐水沸点。盐水沸点不但对水垢生成的速度有影响，而且对生成水垢的成分也有一定的

作用。实践证明，盐水沸点越高，水垢生成的速度则越快。当盐水沸点低于 70 ℃～75 ℃时，水垢的主要成分是碳酸钙，超过 75 ℃后，氢氧化镁的成分显著增多，超过 80 ℃后，水垢的主要成分已是氢氧化镁。因此，淡化装置工作时不允许沸腾温度超过 75 ℃。

（2）盐水浓度。盐水浓度越大，水垢生成速度越快，当盐水含盐量为海水的 1.5 倍时，$CaSO_4$ 便会生成，含盐量为海水的 3 倍时，则会大量生成 $CaSO_4$。所以，装置工作中将盐水浓缩率控制为 1.5～1.3，即给水倍率 3～4（闪发装置 ε 约为 8）。

（3）传热温差。加热温差大，加热面附近盐水汽化浓缩速度较快，使结垢数量增加，而且容易生成 $Mg(OH)_2$ 和 $CaSO_4$ 垢。

为了更有效地防止水垢生成及清除水垢，可采用投放化学防垢剂和除垢剂，防垢剂多为酸性盐，使用较多的是三氯化铁，它能减小水中氢氧根离子浓度，抑制氢氧化镁水垢和碳酸钙水垢的生成。沸腾式蒸馏装置，三氯化铁的投放量一般为每吨海水 90～100 g，具体使用量根据实际情况而定。三氯化铁是一种稳定无毒的干粉剂，但其水溶液有强腐蚀性，存储时应注意防潮。

任务实施

一、调试海水淡化装置

调试海水淡化装置步骤见表 7-1。

表 7-1 调试海水淡化装置步骤

调试流程	调试步骤
	以 GHD3 型管式海水淡化装置为例，如图 1 所示。 **图 1 GHD3 型管式海水淡化装置** 1—凝水泵；2—加热器；3—单向阀；4—给水管；5—负荷阀；6—节流阀；7—取样水嘴；8—压力真空表；9—排盐泵；10—排泄阀；11—淡水出口阀；12—磁化器；13—给水阀；14—螺塞；15—加热器端盖；16—金属套管温度计；17—凝水泵启动淡水管；18—压力表；19—海水管；20—凝水器端盖；21—冷凝器；22—壳体压力真空表；23—双金属温度计；24—真空管；25—真空破坏阀；26—平衡管；27—冲洗阀；28—视镜；29—压力真空表；30—排泄阀

调试流程	调试步骤
	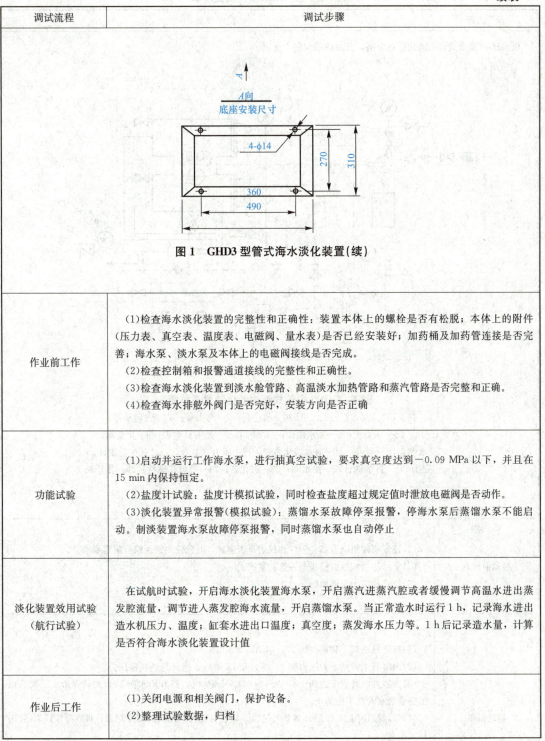 图1　GHD3型管式海水淡化装置(续)
作业前工作	(1)检查海水淡化装置的完整性和正确性：装置本体上的螺栓是否有松脱；本体上的附件(压力表、真空表、温度表、电磁阀、量水表)是否已经安装好；加药桶及加药管连接是否完善；海水泵、淡水泵及本体上的电磁阀接线是否完成。 (2)检查控制箱和报警通道接线的完整性和正确性。 (3)检查海水淡化装置到淡水舱管路、高温淡水加热管路和蒸汽管路是否完整和正确。 (4)检查海水排舷外阀门是否完好，安装方向是否正确
功能试验	(1)启动并运行工作海水泵，进行抽真空试验，要求真空度达到-0.09 MPa以下，并且在15 min内保持恒定。 (2)盐度计试验：盐度计模拟试验，同时检查盐度超过规定值时泄放电磁阀是否动作。 (3)淡化装置异常报警(模拟试验)：蒸馏水泵故障停泵报警，停海水泵后蒸馏水泵不能启动。制淡装置海水泵故障停泵报警，同时蒸馏水泵也自动停止
淡化装置效用试验 (航行试验)	在试航时试验，开启海水淡化装置海水泵，开启蒸汽进蒸汽腔或者缓慢调节高温水进出蒸发腔流量，调节进入蒸发腔海水流量，开启蒸馏水泵。当正常造水时运行1 h，记录海水进出造水机压力、温度；缸套水进出口温度；真空度；蒸发海水压力等。1 h后记录造水量，计算是否符合海水淡化装置设计值
作业后工作	(1)关闭电源和相关阀门，保护设备。 (2)整理试验数据，归档

二、操作海水淡化装置

操作海水淡化装置步骤见表7-2。

表 7-2　操作海水淡化装置步骤

操作流程	操作步骤
	以 GHD3 型管式海水淡化装置为例，其系统图如图 1 所示。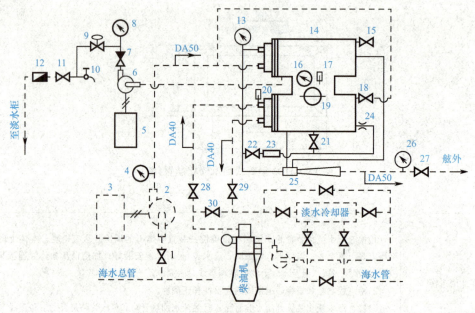 图 1　GHD3 型管式海水淡化装置系统图 1、11、15、18、27、28、29、30—截止阀；2—海水泵；3、5—启动器； 4、13、26—压力表；6—凝水泵；7—单向阀；8—压力真空表；9—负荷阀； 10—水嘴；12—水表；14—海水淡化装置；16—压力真空表；17、20—温度计； 19—视镜；21—排泄阀；22—给水阀；23—磁化器；24—节流孔螺栓；25—排盐泵
启动前检查	(1)装置所属机电设备、附件和仪表是否完好，电机转向是否符合规定要求。 (2)全部法兰和螺纹接头是否连接紧密。 (3)检查并关闭全部阀门
启动设备	(1)打开截止阀 1 和截止阀 27，启动海水泵 2。 (2)观察海水管路上的压力表 4、压力表 13 和 26，指针到达规定压力。 (3)当装置内真空度达到-0.094～0.094 7 MPa 时，打开给水阀 22，向装置给水，调节到加热器海水液面平衡为止。 (4)开启截止阀 28 和 29，调节阀门 30，向装置输入柴油机缸套冷却水，观察温度计 20 到达规定温度。 (5)从视镜 19 观察到呈现阵雨状，经 10 min 后启动凝水泵 6，打开水嘴 10，将负荷阀 9 调节到凝水泵 6 的背压在 0.04～0.1 MPa，若取样水口尝已不咸了，便可打开截止阀 11 向水柜放淡水

续表

操作流程	操作步骤
调节过程	(1)给水倍率的控制。调节给水管路上的调节阀,使给水流量保证给水倍率 ε 以 3~4 为宜。给水倍率合适且排盐泵工作正常时,蒸发器内部水位应比上管板稍高,给水倍率太大,也有可能使盐水水位太高,会使产水含盐量增大。 (2)凝水水位的控制。冷凝器凝水水位一般维持在水位计的 1/2~1/3 高度。凝水水位取决于冷凝器单位时间的凝水量和凝水泵的流量,当二者相等时水位也就稳定。运行中凝水水位如不合适,可通过适当调节凝水泵出口阀的开度来调节凝水泵的流量。 (3)真空度的控制。装置的真空度是通过调节冷凝器的冷却水流量来控制的。一般冷却海水流量控制在冷却海水温升为 5 ℃~6 ℃。真空度太低,海水沸点升高,会使结垢加剧,产水量减少;而真空度太高,则沸腾过于剧烈,又会使所产淡水的含盐量增加。 (4)产水量的控制。装置的产水量主要靠调节进入造水机的加热淡水的流量来控制。如果开大给水阀 22,增大加热水的流量,则加热淡水流经蒸发器的温降减小(平均温度升高),产水量提高;反之,则淡水产量降低。通常,加热淡水流经蒸发器的温降为 6 ℃~9 ℃
停车程序	(1)停止凝水泵 6; (2)打开阀门 30,关闭缸套冷却水进、出口阀门 28 和 29; (3)打开截止阀 15,卸除装置内真空度; (4)打开装置下部排泄阀 21,将浓缩盐水排放净。再打开截止阀 18,将加热器冲洗干净。 (5)停止海水泵 2,关闭海水进口截止阀 1 和排出截止阀 27,排盐泵 25 工作停止

一、真空闪发式海水蒸馏装置

闪发式海水蒸馏装置的特点是使海水加热与蒸发分别在工作压力不同的容器中进行。

图 7-3 所示为真空闪发式海水蒸馏装置的原理图。装置运行时,由盐水循环泵 4 供入的海水进入加热器 5,并被加热,再经喷雾器 6 喷入闪发室由真空泵抽吸保持一定的真空度,室内的压力低于加热后海水的饱和压力,所以喷入的海水呈过热状态,其中一部分海水迅速闪发成汽(汽化的潜热来自另一部分未汽化的海水),产生的蒸汽经汽水分离器进入冷凝器 3,海水泵 9 供入海水将蒸汽冷凝。凝水由凝水泵 8 送至淡水舱。剩下大部分未汽化的浓缩盐水,其温度已降低到与闪发室压力相对应的饱和温度,落于闪发室底部,由盐水循环泵抽出,大部分重返加热器,少部分由排污调节阀 10 排出舷外,以免盐水浓度过高。因蒸发和排盐所减少的海水可以由冷凝器流出的冷却海水中引出一股补充,补充量可由给水调节阀 11 调节。

闪发式海水蒸馏装置与沸腾式海水蒸馏装置相比,由于海水在加热器中只加热不汽化,在闪发室内不加热,喷雾成汽(无加热面),减轻了海水结垢的危害,但海水闪发成汽的汽化潜热取自海水本身,闪发的海水比例小(仅占循环量的 0.8%~1.4%)限制了产汽量,单级闪发式蒸馏装置从尺寸、造价和运行经济上均不如沸腾式海水蒸馏装置,产量相同情况下,闪发式海水淡化装置的造价比蒸馏式高 35%~50%。另外,闪发式汽化所产生的二次蒸汽携带的水珠较多,为保证淡水质量,必须加大排污量,以降低盐水浓度,因此随排污所带走的热量也多,热利用率低。而单效真空沸腾式淡化装置由于蒸发温度低,结垢问题并不严重,每年只需要清洗

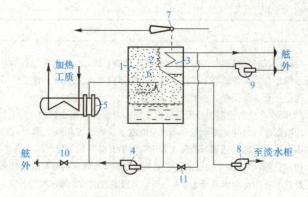

图 7-3　真空闪发式造水装置系统原理图
1—蒸发器；2—汽水分离器；3—冷凝器；4—盐水循环泵；5—加热器；
6—喷雾器；7—真空泵；8—凝水泵；9—海水泵；10—排污调节阀；11—给水调节阀

的次数为 1～2 次，因此，目前船用海水淡化装置产淡水量<20 t/d 的多采用真空沸腾式海水蒸馏装置。

多级真空闪发式造水装置原理如图 7-4 所示。海水的加热在加热器 4 内进行，过热海水在第一级蒸发器内闪发成汽，未汽化的海水进入第二级蒸发器、第三级蒸发器，级数越高的蒸发器其真空度越大，蒸发压力越低，冷却水从末级进入，初级流出。经过冷凝器的冷却，海水全部作为补给水。多级闪发式制淡装置可减少加热蒸汽耗量，增大产水比，但结构复杂，船舶一般采用二级闪发蒸馏装置，只有大型客船才采用超过二级的闪发制淡装置。

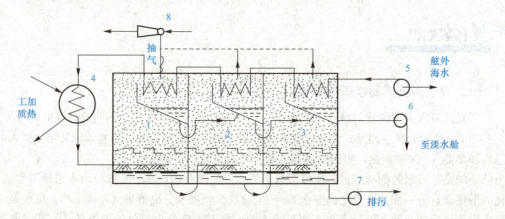

图 7-4　多级真空闪发式造水装置原理图
1——级蒸发器；2—二级蒸发器；3—三级蒸发器；4—加热器；
5—海水泵；6—凝水泵；7—排污泵；8—真空泵

二、电渗析法、反渗透法海水淡化方法

1. 电渗析法(换膜电渗析法)

电渗析法的技术关键是新型离子交换膜的研制。离子交换膜是 0.5～1.0 mm 厚度的功能性膜片，按其选择透过性区分为正离子交换膜(阳膜)与负离子交换膜(阴膜)。电渗析法是将具有选择透过性的阳膜与阴膜交替排列，组成多个相互独立的隔室海水被淡化，而相邻隔室海水浓缩，淡水与浓缩水得以分离。

电渗析法不仅可以淡化海水,也可以作为水质处理的手段,为污水再利用作出贡献。另外,这种方法也越来越多地应用于化工、医药、食品等行业的浓缩、分离与提纯。

2. 反渗透法

反渗透法通常又称超过滤法,是 1953 年才开始采用的一种膜分离淡化法。该法是利用只允许溶剂透过、不允许溶质透过的半透膜,将海水与淡水分隔开的。

在通常情况下,淡水通过半透膜扩散到海水一侧,从而使海水一侧的液面逐渐升高,直至一定的高度才停止,这个过程为渗透。此时,海水一侧高出的水柱静压称为渗透压。如果对海水一侧施加一大于海水渗透压的外压,那么海水中的纯水将反渗透到淡水中。

反渗透法的最大优点是节能。它的能耗仅为电渗析法的 1/2、蒸馏法的 1/40。因此,从 1974 年起,美国、日本等发达国家先后把发展重心转向反渗透法。

三、海水淡化装置故障分析

海水淡化装置故障分析见表 7-3。

表 7-3　海水淡化装置故障分析

故障现象	故障原因	分析思路指导	排除方法
装置启动 30 min 后无凝水排出	(1)凝水泵发生故障; (2)凝水泵进出管接漏气	根据海水淡化装置的结构及工作原理(参见表 7-2 中的图 1)从海水的入口分析到淡水的出口	(1)清洗滤器或排除关闭泵的出口阀和水嘴 10 min,然后打开; (2)检查调整泵的背压,调到下限; (3)检查机械密封或更换机械密封
凝水产量减少	(1)缸套冷却水温过低; (2)缸套冷却水量不足; (3)加热器管束表面结垢; (4)真空度下降	从海水淡化装置加热、冷凝能力方面,同时检查真空度及结垢情况入手	(1)调整缸套水量,使温度升高到设计值; (2)检查缸套冷却系统,消除堵塞; (3)用药水浸泡,消除结垢; (4)见下面内容
真空度下降(低于 -0.0894 MPa)	(1)装置漏气; (2)排盐泵内喷嘴损坏或堵塞; (3)海水泵损坏	从各部件有无漏气,以及泵是否正常工作找原因	(1)检查各连接处,消除漏气; (2)更换喷嘴或消除堵塞; (3)检查修复
凝水含盐量过高	(1)加热量过大造成蒸汽带水严重; (2)排污率过小; (3)水位过高; (4)真空度过高海水沸腾过大	从影响淡水含盐量的因素入手进行分析	(1)减小加热量; (2)增大排污量; (3)降低水位; (4)降低真空度

学生活动页

工作任务		调试海水淡化装置				
学生姓名		班级学号		组别		任务成绩
任务描述	学生在实训室内接受海水淡化装置任务，按照操作规程操作海水淡化装置系统，掌握海水淡化装置调试内容和要点					
场地、设备	轮机综合实训室、海水淡化装置系统					
工作方案	根据任务要求，确定所需要的知识、设备、工具，并对小组成员进行合理分工，制定海水淡化装置调试任务的详细方案					
海水淡化装置调试步骤	海水淡化装置调试步骤					
	遇到问题			解决问题		
	1.					
	2.					
	3.					
	4.					
	5.					
签字	任务完成人签字：　　　　　　　　　　　　日期：　　年　　月　　日 指导教师签字：　　　　　　　　　　　　　日期：　　年　　月　　日					

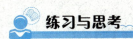

练习与思考

1. 简述真空沸腾式海水淡化装置的工作原理。
2. 真空沸腾式海水淡化装置的系统一般分为几部分？它们分别是什么？
3. 简述引起真空沸腾式海水淡化装置产水量不足的原因。
4. 简述引起真空沸腾式海水淡化装置淡水含盐量过高的因素。
5. 蒸馏式海水淡化装置启动、停车的基本步骤有哪些？
6. 海水淡化装置故障主要有哪些？怎么解决？

模块 8　船舶防污染装置安装与调试

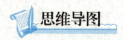

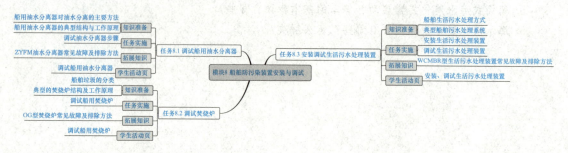

船舶对环境的污染主要可分为油类污染和非油类污染两大类。船舶油类污染是指由于船舶运输而使石油及其产品对海洋环境造成的污染,它占油类对海洋污染总量的 47%。其主要来源是机动船舶的机舱舱底污水、油船压载污水、洗舱污水以及一些海难事故及装卸事故中的溢油等。船舶非油类污染主要是指船舶生活污水、垃圾、有害气体对水域和大气造成的污染。船舶生活污水可分为由盥洗室、厨房、浴室等处清洗产生的灰水和由厕所、医务室等处产生的黑水两类。船舶垃圾主要包括生活垃圾、船舶维修产生的废弃物、舱柜清扫产生的含油污泥或垃圾等。为防止船舶污染,满足相关的防污染公约,需在船上安装相关的防污染装置,为此,船舶防污染装置的安装与调试是轮机修造人员必须掌握的基本技能。

任务 8.1　调试船用油水分离器

接受船用油水分离器调试任务,按照调试规程对油水分离器进行调试,掌握启停操作程序。通过本任务学习,学生需要掌握以下知识和能力。

1. 知识目标

(1) 掌握油水分离器的结构;
(2) 掌握油水分离器的工作原理;
(3) 熟悉油水分离器的运行要点。

2. 能力目标

(1) 能够正确按照调试规程对油水分离器进行调试;
(2) 能够正确启停操作油水分离器。

3. 素质目标

(1) 具有爱岗敬业、实事求是、与人协作的优秀品质;
(2) 具有规范操作、安全操作、环保意识;
(3) 具有创新意识、获取新知识、新技能的学习能力;
(4) 具有良好的沟通、协调能力。

知识准备

一、船用油水分离器对油水分离的主要方法

油水分离的方法很多,主要有物理分离法、化学分离法、生物化学法等。物理分离法是利用油水密度差或聚结、吸附等物理方法使油水分离。其主要特点是分离过程不改变油或水的化学性质,主要包括重力分离、过滤分离、聚结分离、吸附分离、气浮分离、超滤膜分离、反渗透分离等方法。化学分离法是向含油污水投入絮凝剂,使油凝聚成胶体而沉淀或使油凝聚成胶体上浮,从而达到油水分离;或者利用对水电解产生的气泡附着油滴上浮,以实现油水分离的方法。生物化学法是利用好氧微生物对油具有分解氧化作用而对含油污水进行处理的方法。

船用油水分离器以物理分离法为主,现将目前主要采用的方法介绍如下。

1. 重力分离

重力分离是在重力场内利用油水密度差使油上浮而达到油水分离的目的,主要用于分离直径在 $50~\mu m$ 以上的较大油粒,对于直径更小、呈乳化状态的油粒则很难分离。重力分离具体有静置分离和流道分离等不同方式。

(1)静置分离。静置分离是将含油污水静置于舱柜中一段时间,利用油水密度差使油粒上浮而分离。静置分离处理含油污水时,不仅需要较大的容积,工作也难以连续进行,特别在油粒直径较小时需要较长的时间。

(2)流道分离。如果油粒在重力分离过程中有机会发生碰撞、聚合,使直径增大,将加快上浮速度,提高分离效果。在实际应用中,使含油污水流过多层平行板、波纹板、锥形板等流道,可以改善水流状况,增加油粒相互碰撞、聚合机会,提高油水分离效果。

2. 过滤分离

根据对油附着能力的强弱,材料有非亲油性、中等亲油性和强亲油性之分。过滤分离是让含油污水通过多孔的非亲油性材料层(如石英砂、煤屑、焦炭、滤布、特制的陶瓷塑料制品等),利用滤层的微孔、缝隙能让水通过而对油起阻挡的作用,将分散的油粒从连续的水流中分离出,继而在滤层表面相互接触聚结成大的油粒而上浮。因油粒主要被阻挡在滤层前部,微孔、缝隙容易堵塞,故必须经常对滤层进行清洗,以保持良好性能。

3. 聚结分离

聚结分离是让含油污水通过多孔的中等亲油性材料介质,其较小直径的油粒在通过介质中曲折孔道的过程中聚结,形成较大直径油粒,离开介质后上浮,达到油水分离的目的。油粒在多孔的中等亲油性材料介质中通过时个数减少、直径增大的过程叫作"聚结过程",也叫作"粗粒化过程"。该介质称为"聚结元件"或"粗粒化元件",材料主要有涤纶、尼龙等纤维材料、多孔弹性材料(聚氨酯类、海绵、弹性泡沫塑料)及聚苯乙烯等固体颗粒材料等。

4. 吸附分离

吸附分离是让含油污水通过高比表面积的多孔的强亲油性材料(常用的有亲油性纤维、硅藻土、焦炭和活性炭等),其细小的油粒被介质内部多孔的孔道表面所吸附,从而达到油水分离。由于吸附主要由强亲油性材料介质内部多孔的孔道表面完成,因此,吸附材料不仅注重高的比表面积,以提高对油的吸附量,而且存在吸附饱和。此时,吸附与脱附达到相对平衡,吸附材料失去油水分离作用;虽然油被吸附后可通过加热等方法脱附,使吸附材料再生,但在实际使用中通常在吸附饱和前就予以更换,加大了使用成本;另外,大油粒会堵塞吸附材料微孔,使吸附效能下降,因此吸附分离往往作为最后一级来分离细微油粒,分离后的含油量可达到 $5~\text{ppm}$。

目前，船用油水分离器主要采用重力分离作为油水的初级分离，以分离较大直径油粒，分离后的油分浓度可达到 100 ppm 以下；以过滤分离、聚结分离作为次级，分离较小直径油粒，分离后的油分浓度低于 15 ppm；也有采用吸附分离作为末级来处理细微油粒的，分离后的油分浓度可达到 5 ppm。

二、船用油水分离器的典型结构与工作原理

船用油水分离器按用途可分为舱底水油水分离器和压载水、洗舱水油水分离器。前者处理能力较小，一般为每小时 0.5～10 t，以 1～3 t 为多；后者处理能力较大，可达每小时 1 000 t。下面介绍两种较为典型的油水分离器。

1. CYF-B 型油水分离器

国产 CYF-B 型船用油水分离器属于重力—聚结组合式分离器。其结构如图 8-1 所示。它主要由粗分离装置即多层波纹板式聚结器 4、细分离装置即聚结材料构成的纤维聚结器 14、细滤器 16、加热器 7、油位检测器 8、自动排油阀 10、手动排油阀 11 和安全阀 3 等组成。

舱底污水由外设专用污水泵抽送，经油污水进口 6 及多个扩散喷嘴进入分离器，粗大油滴在重力差作用下与水分离，上浮进入左侧集油室 9 顶部；较细小的油粒与污水一起向下进入流道分离器中。流道分离器由波纹板与平板交替叠放组

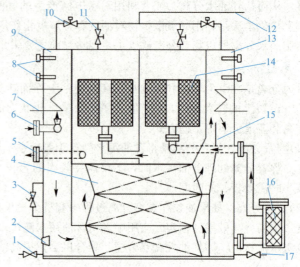

图 8-1 CYF-B 型船用油水分离器结构原理图
1—泄放阀；2—蒸汽冲洗喷嘴；3—安全阀；4—板式聚结器；
5—清洁水排出口；6—油污水进口；7—加热器；8—油位检测器；
9—集油室(左)；10—自动排油阀；11—手动排油阀；12—污油排出管；
13—集油室(右)；14—纤维聚结器；15—隔板；16—细滤器；17—泄放阀

成，下、中、上三组相互串联。细小油粒在通过流道过程中不断碰撞、聚结，在出口处形成粗大油粒上浮至右侧集油室 13 顶部，而与水分离。而后污水经细滤器 16 进入两级串联的纤维聚结器 14，污水中的细微油粒在其中聚结成较大油粒，离开聚结元件后上浮至中间集油室顶部而与水分离。处理后的水由清洁水排出口 5 排出。左、右集油室中各装有电极式油位检测器 8，用以控制自动排油阀 10 实现自动排油；加热器 7 用于对污水适当加热，提高油水密度差，利于油水分离。因中间集油室收集聚结元件分离的污油量不多，可定期手动排油。

2. ZYFM 型油水分离器

(1) 基本工作原理。图 8-2 所示为 ZYFM-0.25 型油水分离装置系统原理图。配套螺杆泵（柱塞泵）在一级分离装置排出口处抽吸处理后的排水过程中，使一级分离装置内产生真空，舱底水经粗过滤器和上部吸水/排油阀进入分离器内部扩散喷口，进行初步油水分离，大油滴浮至顶部，含有小颗粒油滴的污水向下进入特制的聚结器，在内部进行聚结分离，形成较大油滴，上浮至顶部集油室。一级处理后的污水则向下经分离器底部排出，流向底部进水三通阀（电磁阀），进入单螺杆泵（柱塞泵）吸入口，从泵的排出口流出再经过排水三通阀、一、二级转换三通阀（常开、常闭电磁阀）和一级排水截止止回阀排向舷外。

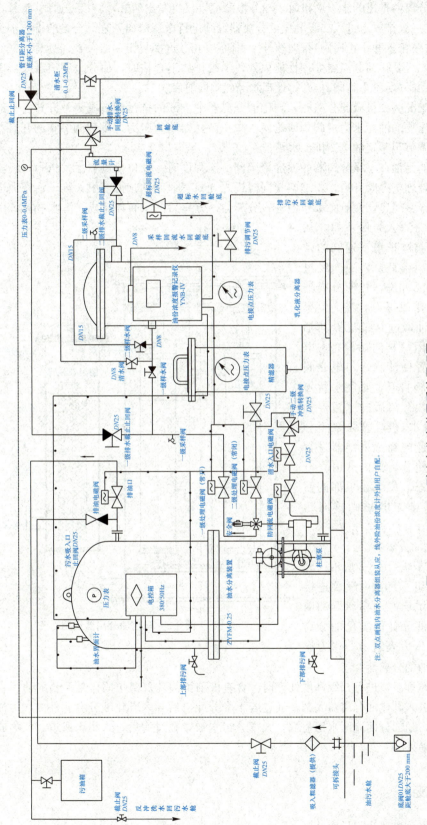

图 8-2 ZYFM-0.25 型油水分离装置系统原理图

当一级分离器排出的水不合格时，油分报警记录仪将发出信号，转换三通阀（常开、常闭电磁阀）动作，一级排放水进入二级乳化油分离器继续进行微滤分离处理。合格的排放水经二级排水三通阀（二级排水截止止回阀）排向舷外，每隔 30 min 再回复至一级分离器处理，恢复上述处理工况。当二级乳化油分离器处理性能失效，二级排放不合格时，油分报警记录仪再次发出信号，回舱气动阀（回舱电磁阀）打开，处理水经此阀回舱底。

当处理工况为二级微滤分离时，乳化油分离器中上部的排污调节阀为常开式，一部分带有细小固体悬浮物的油污水通过此阀回舱底以减少微滤器堵塞阻力，排污调节阀的开启量，通过观察流量计调节至额定的 1/2 排出水量。

分离后的污油在一级分离器的顶部集聚到一定程度时，油位检测器触发信号，气控型分离装置使一级处理电磁阀开启，压缩空气同时进入 3 只三通阀的顶部气缸，推动活塞向下，关闭常通口，打开常闭口，使舱底水暂停进入分离器，分离后的水暂停排出。海水（清水）由进水三通阀的常闭口进入泵吸入口，从泵的出口再通过排水三通阀的常闭口进入分离器底部，逆向经过聚结器进行反冲洗，并使分离器内部由真空变成压力状态。集聚在顶部的污油通过上部吸水/排油三通阀的常闭口排向污油柜。电控型分离装置使清水入口电磁阀和排油电磁阀打开，舱底水暂停进入分离器，分离后的水暂停排出。海水（清水）被柱塞泵泵至分离器底部，逆向经过聚结器进行反冲洗，并使分离器内部由真空变成压力状态。集聚在顶部的污油通过上部排油电磁阀排向污油柜。

（2）乳化油分离器组。

①组件结构。图 8-3 所示为乳化油分离器组。其是由螺纹连接的高精度纤维滤芯的精滤器和内腔组装有微滤元件的乳化油分离器及电接点压力表组成，作为深度处理乳化油的分离器。

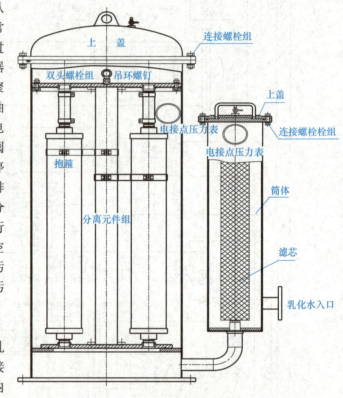

图 8-3　乳化油分离器组图

②工作原理。当进行二级深度处理时，含有极细微油珠及微小固体悬浮物的油污水经精滤器过滤后，进入乳化油分离器底部，通过若干个分配口后导入乳化油分离元件内，污油被元件微孔阻挡后，随部分回流污水回舱底，大部分污水被微孔过滤后进入集水通道，汇集成干净的达标水排出舷外。

任务实施

调试油水分离器步骤见表 8-1。

表 8-1 调试油水分离器步骤

内容	调试操作步骤	
调试系统简图	油水分离器调试按照图 1 所示进行，系统中的 V1、V2、V3、V4 是电磁气动阀 图 1 油水分离器调试系统简图	
试验条件	(1)分离器高度设计正确，管路布置合理。管路必须是经过密性检查，所有附件安装齐全，电缆的检查由专职电工进行。 (2)压力水和压缩空气按设备说明书要求供应，分离器表面清洁，附件(透气螺帽、测试拷克、压力真空表、安全阀、泄放阀、流量控制阀等)齐全。 (3)准备试验用的污水必须合理。 (4)检查污水泵电机转向正确，注意看泵上的转向标志。手动开启和关闭电磁气动阀 V1、V2、V3、V4，检查气动阀的功能	
工作过程	正常工作	正常工作时，污水经过止回阀进入分离器，经过处理，由油分浓度监控器测定达标后排出舷外。V4 通舱底的阀口关闭，通舱外的阀口打开。污水泵正常工作，V1、V2、V3 关闭
	排油过程	排油过程的作用是当油位测量电极感到有油了，排出分离器顶部的污油。污水泵停止，V4 截止，V1 和 V3 打开，冲洗压力水反冲洗油滴聚结装置，将油从排油口冲出。V2 关闭状态，污水进口的止回阀在冲洗压力水的作用下关闭。油位测量电极控制排油过程的时间，当没有油时，排油过程停止，进入正常工作排水过程
	冲洗过程	冲洗过程的作用是定时或排油后清洗分离器顶部。污水泵停止，V4 截止，V2 和 V3 打开，冲洗压力水反冲洗油滴聚结装置，将含油的水从冲洗口冲出。V1 关闭状态，污水进口的止回阀在冲洗压力水的作用下关闭。控制箱里的时间继电器控制冲洗过程时间，时间可以按实际要求调控
	报警	污水经过止回阀进入分离器，经过处理，由油分浓度监控器测定不达标后排回舱底，同时系统报警，延伸到集控室等处。V4 通舱底的阀口打开，通舱外的阀口关闭。污水泵正常工作，V1、V2、V3 关闭
	加热	加快油滴聚结，易于分离。加热不要空加热。排油和冲洗过程加热停止

续表

内容	调试操作步骤
基本操作	(1) 通告铜工开阀和电工送电。 (2) 合闭控制箱的电源开关，查看有无异常。 (3) 转动控制箱上的启动开关到"手动"或者"自动"。因为是启动过程，分离器内水量不能淹到油位测量电极，油位测量电极会判定为要排油。这和油位逐渐积累到一定高度，油位测量电极测量到油分后排油效果一样。需要指出的是也有的分离器在启动程序上设为冲洗过程。 (4) 自动控制是由舱底水舱中的浮球开关控制分离器的启动和停止；手动是让人观察舱里污水液位的高度，再根据液位去停止分离器。 (5) 正常工作时，首先观察分离器本体上的真空压力表，应为 −0.05～0.07 MPa，其次观察油分浓度监控器显示的读数，应在 15 ppm 以下。 (6) 检查分离器有无振动，污水泵有无异常发热。 (7) 测试控制箱上的手动排油功能是否可以正常使用。 (8) 正常工作时要将加热开关闭合。 (9) 停止分离器工作：只要将控制箱上的启动开关转动到"0"，然后关闭电源即可

 拓展知识

ZYFM 油水分离器常见故障及排除方法，见表 8-2。

表 8-2　ZYFM 油水分离器常见故障及排除方法

现象	原因	排除方法
安全阀起跳	排油或反冲洗过程中气动三通阀未开启，泵背压升高（可观察到压缩空气进入三通阀气缸后，气缸下部的弹簧未压缩）	打开气动三通阀上部气缸盖消除活塞在气缸中的卡住现象
分离后的排出水不合标准	(1) 舱底水中混有较多的化学清洗剂； (2) 分离装置排油动作失灵，污油混入排出水中； (3) 乳化液分离器元件失效	(1) 减少化学清洗剂混入机舱； (2) 检查并消除控制箱故障； (3) 更换乳化油分离器元件
泵不出水或排量降低	(1) 泵旋转方向相反； (2) 橡胶衬套严重磨损，容积效率下降； (3) 泵轴密封泄漏； (4) 二级排污调节阀开启过大	(1) 调整泵电动机接线； (2) 更换橡胶衬套； (3) 调整密封松紧度或更换密封圈； (4) 调整二级排污调节阀开启度
泵不能启动或停转	(1) 转子与定子副配合过紧（新泵）； (2) 泵内有异物	(1) 人力旋转帮助启动； (2) 拆卸排出异物，修复缺损
真空度过低自动停泵	吸水管系统漏入空气	检查吸水管系统上阀门，法兰接头或过滤器，消除漏气部位

续表

现象		原因	排除方法
真空度过高自动停泵		吸入过滤器堵塞，吸入止回阀堵塞或吸入管系上的阀门关闭	清洗吸入过滤器，检查清洗吸入止回阀，开足吸入管路上的阀门
三通阀	密封面渗漏	(1)阀座上有污物； (2)密封环损坏	(1)清除污物； (2)更换密封环
	气缸下部漏水	阀杆O型密封圈损坏	更换O型圈
	换位时动作发生故障	(1)气压过低； (2)活塞O型密封圈损坏； (3)活塞卡死	(1)调整气压(0.6~0.7 MPa)； (2)更换活塞环O型密封圈； (3)调整活塞位置
电加热系统	集油室温度不上升	(1)加热器电阻丝断； (2)交流接触器或中间继电器接触不良	(1)调电加热器； (2)消除接触不良
自动排油系统	油位检测器正常，但仍不能正常排油	(1)油位检测器与壳体短路； (2)油位检测器金属探头与连接部分绝缘破坏	(1)消除短路现象； (2)调换油位检测器
	电磁先导阀不动作	(1)继电器触头接触不良； (2)电磁阀线包断线； (3)电磁阀线包烧坏	(1)消除接触不良； (2)接通线路； (3)检查电源和绝缘情况，调换电磁阀
	排油时间短，排油动作频繁	(1)低位检测器被油污黏附； (2)空气漏入集油室，真空度下降	(1)拆下擦净再装； (2)检查本体和管路密封部分及消除漏气
	排油指示灯一直亮，但排出是水不是油	(1)高低限位检测器全部被污油黏附； (2)油位检测器绝缘损坏，产生短路现象	(1)拆下擦净再装； (2)消除短路现象或调换油位检测器
报警系统	电接点压力表指针已到设定高值，报警指示灯不亮	(1)电接点压力表电线插头松脱； (2)接触器接触不良	(1)拧紧电线插头； (2)消除接触不良

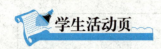 **学生活动页**

工作任务	调试船用油水分离器					
学生姓名		班级学号		组别		任务成绩
任务描述	学生在实训室内接受船用油水分离器的调试任务，熟悉油水分离器结构，遵照调试要求进行油水分离器调试工作，掌握油水分离器调试内容和要点					
场地、设备	轮机综合实训室、油水分离器系统					
工作方案	根据任务要求，确定所需要的知识、设备、工具，并对小组成员进行合理分工，制定油水分离器调试任务的详细方案					
油水分离器调试步骤	油水分离器调试步骤					
	遇到问题			解决问题		
	1.					
	2.					
	3.					
	4.					
	5.					
签字	任务完成人签字：　　　　　　　　　　　　日期：　　年　　月　　日					
	指导教师签字：　　　　　　　　　　　　　日期：　　年　　月　　日					

练习与思考

1. 油水分离器的作用有哪些？
2. 船用油水分离器对油水分离的主要方法有哪些？
3. 简单说明 CYF-B 型船用油水分离器的工作原理。
4. 影响油水分离器分离效果的因素有哪些？
5. 油水分离器怎么进行冲洗？
6. 油水分离器排出水超标的原因有哪些？
7. 油水分离器安全阀起跳的原因有哪些？

任务 8.2　调试焚烧炉

接受船用焚烧炉调试任务，按照调试规程对焚烧炉进行调试，掌握焚烧炉调试内容及要点。通过本任务学习，学生需要掌握以下知识和能力。

1. 知识目标

(1) 了解焚烧炉的作用；
(2) 掌握焚烧炉的基本工作原理和基本结构。

2. 能力目标

能够正确按照调试规程对焚烧炉进行调试。

3. 素质目标

(1) 具有爱岗敬业、实事求是、与人协作的优秀品质；
(2) 具有规范操作、安全操作、环保意识；
(3) 具有创新意识，获取新知识、新技能的学习能力；
(4) 具有良好的沟通、协调能力。

知识准备

一、船舶垃圾的分类

船舶垃圾是指产生于船舶正常营运期间并需要连续或定期处理的各种垃圾。船舶垃圾可分为生活垃圾和生产垃圾两大类。

1. 生活垃圾

(1) 厨房垃圾：如食品残渣、空瓶、罐头盒等，多数是固体垃圾。
(2) 舱室垃圾：如木箱、废纸、破布等，多数是固体垃圾。
(3) 污泥水：如厕所、厨房、浴室、洗衣房等处的泥渣，其含水量较大，属于液体垃圾。

2. 生产垃圾

(1) 正常营运产生的垃圾：如污油、破抹布、旧滤器等。
(2) 清扫货舱产生的垃圾：如垫舱物料、包装材料等。

二、典型的焚烧炉结构及工作原理

船用焚烧炉是用来焚烧船上的污油、油渣、生活污水处理装置排出的污泥,以及机舱废棉纱、食品残渣和其他可燃固体垃圾。其中,污油是通过污油燃烧器燃烧;固体垃圾是经投料口送入炉内燃烧;生活污泥可送入污油柜中与污油混合,经粉碎泵循环粉碎后,通过污油燃烧器喷入炉内燃烧。

图 8-4 所示为国内生产的 OG 型焚烧炉结构,燃烧室本体为钢结构,配有 50 mm 绝热材料,内部为组合式耐火砖 4 结构。燃烧室的外部由带冷却空气夹层 6 的双层钢质壁板构成。燃烧室装有进料门 3 和出灰门,当焚烧炉停止工作后,在到达冷却设置温度前,控制系统将保持炉门关闭状态。燃烧室配有柴油和污泥燃烧器 2。排烟口 7 位于燃烧室顶部,可以更充分地利用火焰。燃烧过程通过光敏电阻扫描,由 PLC 监控,温度也由 PLC 控制系统自动监控调节。加料门处配有 1 个观察窗,操作者可由此观看燃烧室中的垃圾总量和系统运行情况。

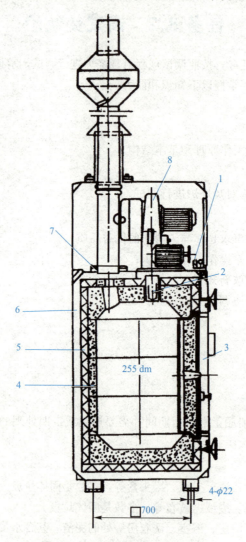

图 8-4 OG 型焚烧炉的结构原理
1—进料门的限位止动开关;2—柴油和污泥燃烧器;3—进料门;
4—组合式耐火砖;5—绝热材料;6—冷却空气夹层;7—排烟口;8—鼓风机

图 8-5 所示为船舶焚烧炉系统图。其主要由 4 部分组成，即带柴油燃烧器、污油燃烧器和电控箱的焚烧炉本体，烟气风机，烟气风门，以及带循环泵和加热器的污油柜等。

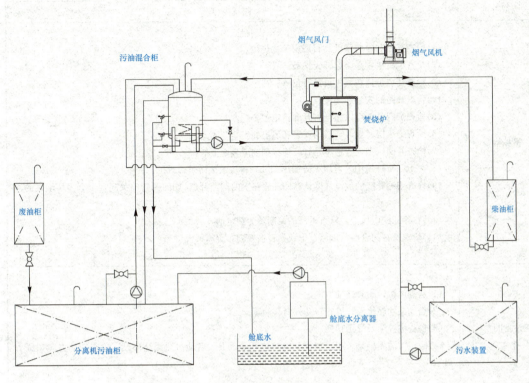

图 8-5　船舶焚烧炉系统

烟气风机产生炉膛负压，用于抽送燃烧室烟气。同时，通过燃烧室的冷却夹层吸入周围气体。燃烧室中产生的高温烟气与冷却夹套产生的气体混合，将排出气体温度降至 340 ℃。烟气风门受电控箱控制，根据炉膛压力自动调节烟气管中的烟气流量。

污油柜具有作为焚烧炉污油泥服务柜的功能。使用时启动输送泵，将污油输送到焚烧炉污油柜中。输送泵与高液位开关连接，当污油泥达到高液位时，输送泵自动停止。

循环泵将一部分污油泥输送到焚烧炉中，另一部分通过回流管系返回循环泵，保证污油泥与水混合充分。当达到最低液位时，污油柜上的低液位开关将停止循环泵。

任务实施

调试船用焚烧炉项目、内容与注意事项见表 8-3。

表 8-3 调试船用焚烧炉项目、内容与注意事项

(一)预装调试	
调试项目	调试内容
机械检查	(1)检查基座和盖的强度是否适用于焚烧炉。 (2)检查风机机座是否运转无振动。 (3)检查焚烧炉内空气进口是否足够。 (4)检查管路的安装和连接。 (5)检查炉门是否可以完全打开和锁定。 (6)检查绝热层、烟气管道的安装和风机的安装与固定。 (7)检查并确认烟气管道不是直接焊接到油漆表面上的。 (8)在 100 ℃环境中,对耐火砖加热 48 h,检查耐火砖是否烘干。 (9)检查柴油管线的敷设并确认在回油管路上的阀门开启(如回油管路关闭,则会损坏油泵的油封)。 (10)在船的配电板上,检查电源的熔断丝为额定值。 (11)检查所有的管路、烟路、电线是否按安装布置图敷设
运转设备的预检查	(1)启动风机,检查转动方向。 (2)启动柴油燃烧器,检查转动方向和油压。 (3)检查电控箱及显示功能。 (4)确定污油泥柜是否加污油泥到低液位开关以上。启动污油泥循环泵,检查转动方向和压力显示

(二)试验焚烧炉控制功能		
试验内容	试验步骤	观察
除灰	在燃烧室低温时检查。打开垃圾门,按下"除灰"按钮	烟气风门关闭 30 s,风机启动,进行除灰
炉门未关	打开垃圾门,启动燃烧器程序	如果垃圾门未关,燃烧器不会启动
处理固体垃圾	将固体垃圾加装到炉膛,关闭炉门,按下"固体垃圾"按钮	(1)燃烧器启动前,燃油加热器工作 2~5 min。 (2)烟气风机和柴油燃烧器启动,LED 指示灯亮,通过玻璃孔检查火焰。 (3)程序根据炉膛温度自动控制燃烧等级。炉膛负压控制在－10 mmWC(毫米水柱)
污油泥循环泵	检查污油泥柜液位,启动污油泥循环泵	压力指示表读数为 0.2 bar
污油泥柜加热器	检查污油泥液位在低液位开关以上,启动污油泥加热器	污油泥柜上控制箱的指示灯亮,温度控制开关打开,启动加热器

续表

(二)试验焚烧炉控制功能			
试验内容	试验步骤	观察	
处理污油	检查污油柜液位,确保污油液位高于最低液位,按下"污油"按钮。如果需要,可以改变污油启动温度,或可以改变污油燃烧器启动时所需的燃烧室温度和所需的污油计量泵的启动速度,或可以改变污油计量泵的启动速度,或可以改变单独燃烧污油的燃烧室温度	(1)如果自动启动,污油循环泵和污油加热器将启动,污油压力表的读数约为0.2 bar,污油启动温度为80 ℃。 (2)燃油加热器工作2～5 min,直到柴油温度达到正常温度。 (3)烟气风机、二次风门和燃烧器启动,LED指示灯亮。 (4)燃烧室温度高于650 ℃,污油计量泵启动,高温柴油喷嘴和污泥将燃烧。 (5)30 s后,燃烧等级逐渐降到4级,低温柴油喷嘴和污油燃烧。 (6)逻辑控制器开始监控温度的升高或降低,并且控制燃烧器和污油泵的速度(5 min控制启动速度)。 (7)如果污油有充分的可燃性,当燃烧室温度超过850 ℃,可以单独燃烧污油	
处理固体垃圾和污油	检查污油柜液位,确保污油液位高于最低液位,将固体垃圾加装到炉膛,关闭炉门,按下"固体垃圾/污油"按钮	(1)如果自动启动,污油循环泵和污油加热器将同时工作,污油压力表的读数约0.2 bar,污油温度应该高于80 ℃的工作温度。 (2)烟气风机启动,二次风门打开,柴油燃烧器启动,通过观察孔检查火焰。 (3)逻辑控制器将根据炉膛温度自动控制燃烧等级,3级燃烧以后,二次风门将关闭,炉膛负压控制在－12 mmWC。 (4)其他控制与"处理污油"内容的(3)～(6)相同	
停止	按下"停止"按钮。如果需要,停止风机时的燃烧室温度可以改变。	(1)停止任何选定的程序,当燃烧室温度>170 ℃时,所有功能将停止,但烟气风机一直运转,以便降低炉膛温度。 (2)燃烧室温度<170 ℃时,烟气风机停止运行,垃圾门可以打开	
(三)焚烧炉操作注意事项			

(1)燃烧固体垃圾应在点炉前打开送料口送入炉膛。
(2)点火前应先扫气30 s以上,以驱除腔内油气,防止爆炸。
(3)焚烧污油时要先放掉污油柜中污水,并加温至80 ℃～100 ℃。
(4)先点燃辅助燃烧器喷入的柴油,待炉膛达到一定温度(约650 ℃),再引入污油燃烧,停止喷入柴油。正常情况下,污油中混合有30%～50%水时仍可连续燃烧。当不能连续燃烧时,则需要一定量的柴油进行引燃(一般作为引燃用柴油的供给量与污油比例为1/5～1/10)。停炉前应燃烧柴油,以冲洗污油管路。
(5)焚烧后的炉灰属无毒垃圾,可在距最近陆地12 n mile以外排入海中。
(6)每次处理污油和垃圾时,应做好相应记录

 **拓展知识**

OG 型焚烧炉常见故障及排除方法见表 8-4。

表 8-4　OG 型焚烧炉常见故障及排除方法

症　状	原　因	处理方法
操作面板死机	(1)主电源故障； (2)应急停止开关打开； (3)变压器熔断丝故障； (4)熔断器故障	检查主开关； 检查主电源； 检查变压器熔断丝； 检查熔断器
柴油燃烧时的火焰/烟不正常	(1)光敏电阻表面有污物； (2)光敏电阻损坏； (3)喷嘴堵塞或损坏； (4)燃烧器风门设定不正确； (5)燃烧器有污物； (6)点火失败； (7)电磁阀损坏或线圈损坏	清理光敏电阻； 更换光敏电阻； 清理或更换喷嘴； 检查风门功能及位置； 清理雾化板和管路； 调整电极； 更换电磁阀或线圈
污油泥燃烧时火焰/烟不正常	(1)污油泥喷嘴损坏； (2)压缩空气/蒸汽控制阀关闭或故障； (3)污油泥计量泵定子损坏； (4)污油泥压力高	检查并且清理或更换喷嘴； 调整阀门(1/2 到 1/1 圈)； 更换定子； 调整压力(0.2 bar)
烟气温度高 (1)燃烧污油 (2)燃烧固体垃圾	(1)污油泥计量泵定子渗漏； (2)柴油电磁阀渗漏； (3)冷却空气进口堵塞； (4)喉砖进风口堵塞； (5)压力过低； (6)热电偶损坏； (7)转换器损坏； (8)变频器损坏； (9)固体垃圾热值太高	更换定子； 更换电磁阀； 清理冷却空气进口； 清理喉砖； 参见"抽风失败"； 更换热电偶； 检查输入电流，更换热电偶； 检查变频器电流； 停止加料，堵塞焚烧炉底部的 4 个进风口
炉膛温度高	(1)与烟气温度高相同； (2)烟气出口堵塞； (3)炉膛砖层之间狭缝堵塞； (4)启动焚烧炉时炉膛温度太高	参见"烟气温度高"； 清理烟气出口； 清理砖层污物； 等待炉膛温度下降到 850 ℃以下

续表

症 状	原 因	处理方法
蒸汽压力低/高	(1)蒸汽/压缩空气压力低于 1.5 bar； (2)蒸汽/压缩空气压力高于 4.5 bar	增加蒸汽/压缩空气压力； 降低蒸汽/压缩空气压力； 检查污油喷嘴； 检查蒸汽管路是否堵塞
抽风失败 （压力低）	(1)烟气风门没有打开； (2)热电偶套管渗漏； (3)压力传感器损坏； (4)炉门垫圈损坏； (5)风机皮带故障； (6)风机电机运转方向错误	检查电气线路和熔断丝； 检查套管并且重新修理； 更换压力传感器(不能调整)； 检查炉门垫片； 收紧或更换皮带； 纠正风机电机运转方向
低/高电压	输出电压过高或过低(+10%～-13%)	检查供给电源； 如果报警发生并且已经复位重新设定，供给电压仍然过高/过低，焚烧炉将不启动，启动指令发出以后，操作面板上将显示"Ready"
温度上升 "无法控制"	(1)装载的物料热值过高； (2)污油计量泵定子损坏； (3)污油速度控制不工作； (4)柴油电磁阀泄漏	关闭停止加料，底角通风口； 更换定子； 检查污油计量泵速度； 更换电磁阀

 **学生活动页**

工作任务			调试船用焚烧炉			
学生姓名		班级学号		组别		任务成绩
任务描述	学生接受船用焚烧炉调试任务,熟悉船用焚烧炉结构,遵照调试要求进行船用焚烧炉调试工作,掌握船用焚烧炉调试内容和要点					
场地、设备	轮机综合实训室、焚烧炉系统装置					
工作方案	根据任务要求,确定所需要的知识、设备、工具,并对小组成员进行合理分工,制定船用焚烧炉调试任务的详细方案					
船用焚烧炉调试步骤	船用焚烧炉调试步骤					
	遇到问题			解决问题		
	1.					
	2.					
	3.					
	4.					
	5.					
签字	任务完成人签字: 日期: 年 月 日 指导教师签字: 日期: 年 月 日					

练习与思考

1. 船舶垃圾可分为哪几类?
2. 在船上,焚烧炉的功用是什么?
3. OG 型焚烧炉的结构及原理是什么?
4. 操作焚烧炉时应注意哪些事项?
5. 焚烧炉的功能试验一般有哪些项目?
6. OG 型焚烧炉有哪些常见故障?怎么进行排除?

任务 8.3　安装调试生活污水处理装置

接受船舶生活污水处理装置安装与调试任务,识读生活污水处理装置安装工艺图,按照工艺文件安装生活污水处理装置,按照调试规程对生活污水处理装置及系统进行调试,掌握启停操作程序。通过本任务学习,学生需要掌握以下知识和能力。

1. 知识目标

(1) 了解生活污水处理方式;
(2) 掌握 WCMBR 型生活污水处理装置的基本工作原理和基本结构。

2. 能力目标

(1) 能够准确识读生活污水处理装置安装工艺图,正确按照工艺文件安装生活污水处理装置;
(2) 能够正确按照调试规程对生活污水处理装置及系统进行调试;
(3) 能够正确启停操作生活污水处理装置。

3. 素质目标

(1) 具有爱岗敬业、实事求是、与人协作的优秀品质;
(2) 具有规范操作、安全操作、环保意识;
(3) 具有创新意识,获取新知识、新技能的学习能力;
(4) 具有质量意识、成本意识,具有沟通、协调能力。

知识准备

船舶生活污水来自船上人员(船员和旅客)的日常生活排水,按照所排水的水质不同可分为"黑水"和"灰水"两种类型。通常将来自船舶卫生间、医务室、装载活动物处所的废水和废物称为"黑水";而将来自厨房、洗衣房及盥洗室等处的废水和废物称为"灰水"。

一、船舶生活污水处理方式

目前,船舶采用的生活污水处理方式主要有收集贮存式和处理排放式两种。

(1) 收集贮存式:通过专设的粪便柜收集贮存含粪尿的厕所冲洗水,集中排放到岸上接收装置或待航行到非限制海域时排放。采用这种处理方式的装置简单,造价低,但贮存舱柜的容量往往需要很大,在长期航行或停泊在禁止排放的海域的船舶,必须使用化学药品杀菌、消毒和除臭,增加药品费用。因此,必须依靠岸上的接收处理而需支付处理费,而且并非所有港口都具有这种处理装置。这些缺点限制了其的应用。

(2)处理排放式：设置专门的生活污水处理装置，将生活污水经物理、化学、生物等处理后直接排放或处理后的净水回收循环使用。根据其处理的方法不同，具体又有以下两种常见方式：

①生化处理：又称活性污泥处理或曝气处理。其通常是利用以好氧性微生物为主的活性污泥对污水中的有机物进行氧化分解，使其变成无机物，然后进行化学药品消毒处理，再排放。

②理化处理：先将生活污水进行机械分离，使液体和固体分开，然后用化学药品对污水进行除臭、消毒、杀菌，达到排放标准后排放或循环利用，而泥渣、污泥等固体废物则送到焚烧炉焚烧。

二、典型船舶污水处理系统

国产 WCMBR 型生活污水处理装置是以生化处理方式处理污水的防污染设备，由气泵、流程泵、加药泵、膜组、紫外线消毒器、电控箱、药桶和控制元件等组成。装置采用序批式—膜法处理原理处理有机污染物质。其处理流程如图 8-6 所示。

图 8-6　WCMBR 型生活污水处理装置处理污水流程

装置工作过程如图 8-7 所示。生活污水首先进入缓冲柜，以适应生化处理，同时该柜能容纳 3 倍的水力高峰负荷，当柜内液位达到中位时，粉碎泵启动，将污水转驳至置有软性填料的序批柜，进行接触氧化、生物处理，处理后的污水由流程泵转驳至清水柜内或直接排放至舷外，当转驳至清水柜时，若液位达到中位时，排放泵启动，将处理水泵入膜组，经膜组过滤后的排放水经紫外线消毒装置后排出舷外。根据国际公约规定的规则海区可灵活使用序批式处理或膜法处理。

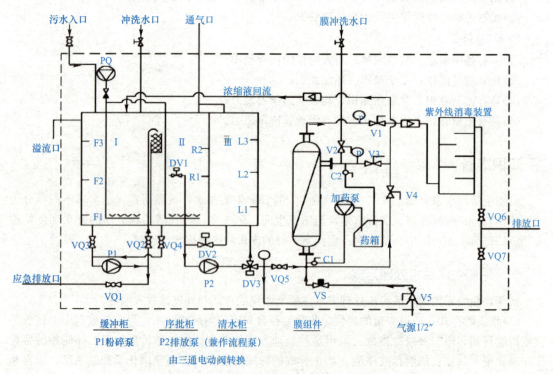

图 8-7　WCMBR 型生活污水处理装置系统图

1. 粉碎泵

粉碎泵用于将缓冲柜内的污水转驳至序批柜进行生物处理；或通过应急排放接口将污水直接排放至舷外。粉碎泵为开式叶轮的离心泵，在叶轮及泵的进口处带有刀刃，粉碎污水中的污物，叶轮背面带有短叶，以平衡泵产生的轴向力。泵的轴封采用机械密封。泵体间的连接用 1∶5 锥度交合，并用 4 只螺柱紧固，以便在进行泵的拆检时能方便地将泵卸下，而人体不易接触到污物，连接片采用 O 型橡胶密封圈密封。

2. 排放泵

排放泵为离心泵，兼作流程泵，其具有以下两个功能：

(1)将经序批处理过的污水转驳至清水柜内或直接排放至舷外；

(2)将清水柜内处理水泵入膜组进行过滤处理。

3. 气泵

气泵用于向缓冲柜、序批柜内提供充足的氧气，以利于活性污泥的繁殖。气泵由主机、气包、底座、润滑、冷却等部件组成。主机部件由泵体、转子、滑片等主要零件组成。转子回转中心与缸体成偏心配置，转子有四条槽，槽内装有自润滑滑片，当电机通过联轴器带动转子转动时，滑片在离心力的作用下甩出与缸壁接触，形成 4 个气室，每个室的容积随着转子的转动而改变，依次使气室内产生真空，中途经补气，然后压缩到额定压力后排出不含油的压缩空气。

4. 紫外线消毒装置

紫外线消毒装置用于对排放水进行消毒，主要包括紫外线控制装置、紫外线灯管等。

5. 膜组

膜组由中空纤维超滤膜组成，用于过滤清水柜内的排放水。

6. 加药泵

定量泵用于将清洗液泵入膜组，对膜组进行清洗。该泵的泵头由几个聚四氟乙烯滚轮组成，由一个电动机通过减速齿轮驱动，液体由加药泵从塑料桶通过一根硅胶管由滚轮挤压到膜组内，在泵运转时，始终有一个滚轮压住尼龙管，保证液体不返回到塑料桶内。

任务实施

下面以 WCMBR 型船用膜法生活污水处理装置为例，介绍其安装和调试过程。

一、安装生活污水处理装置

安装生活污水处理装置步骤见表 8-5。

表 8-5　安装生活污水处理装置步骤

以 WCMBR 型生活污水处理装置为例,其安装图如图 1 所示

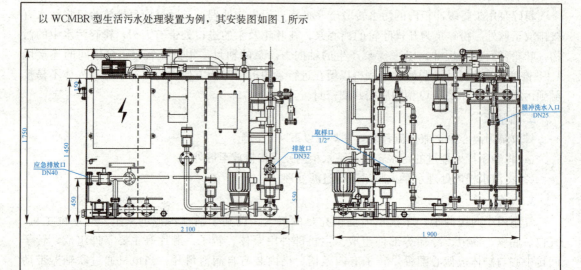

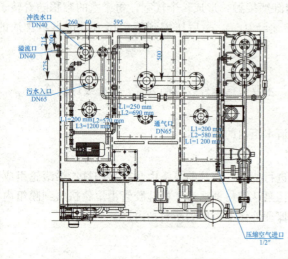

图 1　WCMBR 型生活污水处理装置安装图

安装内容	具体步骤
装置安装	(1)装置底座用槽钢焊接而成,船舶基座与底座采用焊接或螺栓连接; (2)装置安装处四周加围框,高约为 80 mm,用以收集可能从泵轴处漏出的污水。 (3)电气控制箱外部接线完毕以后,应将机架接地。 (4)装置附近应设有清洗用自来水龙头和洗手盆,还应有空间贮存化学药品。另外,应保持干燥和远离可能发生爆炸的地方。 (5)安装装置的房间要求干燥且通风良好
电气安装	(1)将 AC440 V、60 Hz、3φ 电源接入各装置的电气控制箱,应保证接线填料函的密封,如果各泵转向不对,则应对调两根进线头。 (2)控制箱前应留有足够的维修空间,建议大于 600 mm

续表

安装内容	具体步骤
外部管系安装	(1)污水入口管。将厕所下水道污水入口总管与装置污水入口相连接。 (2)病房污水入口管。将病房下水道污水入口总管与病房污水入口相连接。 (3)通气管。通气管应由各装置通气口引出,通至上甲板,高出甲板 3 m,并带有鹅颈弯管,管口加防火星网,应远离生活区或居室窗口。注意:通气管上不得有盛水弯,以免通气不畅。 (4)排放水管。排放水管直接从排放出口接至舷外,舷壁应加装防浪止回阀,如在水线以上,排放水管应做成倒虹管,防止污水从装置自流至舷外。 (5)冲洗水管。船上应有一路引至装置冲洗水入口处,供清洗柜子时使用,船厂应加截止阀。膜冲洗水接口连接的冲洗水压力为 0.1～0.3 MPa,且为清洁的水。 (6)空气管路。引一路压缩空气管路至空气接口处,压力为 0.1～0.4 MPa,流量为 0.2 m³/h 左右。 (7)溢流管。装置溢流管接至污水溢流舱

二、调试生活污水处理装置

调试生活污水处理装置的操作步骤见表 8-6。

表 8-6 调试生活污水处理装置的操作步骤

操作步骤		图片
(一)启动前的准备		
(1)检查各泵、接口连接和紧固情况。 (2)检查主电源电路。 (3)检查并确认所有泵、气泵转向正确。 (4)检查压缩空气气源。 (5)检查装置接地是否牢靠。 (6)出厂时保水阀 VQ5、V3、V1 关紧,保证膜处于保养液中,膜长期脱水干裂会失效。所以,在运转时才能打开。建议装置存放于室内,如装置保存环境温度小于 0 ℃时,膜组件内应加装防冻液,以免膜组件被冻坏		WCMBR 型生活污水处理装置
(二)启动及运行		
培菌	(1)打开污水入口阀,阀 VQ2、VQ3	WCMRR 型生活污水处理装置

续表

操作步骤		图片
培菌	(2)将运行模式转换开关转向"培菌"	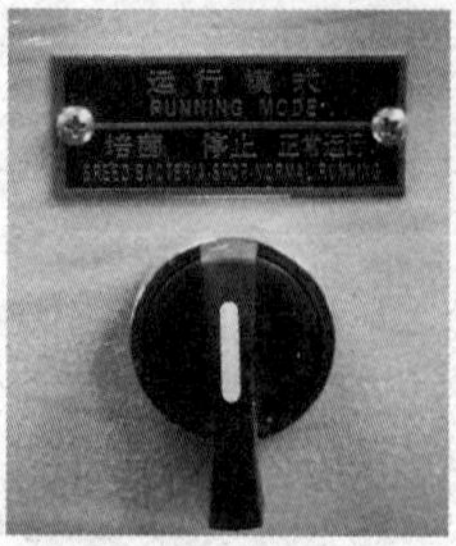 装置电动阀转换开关
	(3)将粉碎泵、气泵、排放泵转换开关转向"自动"	 装置运行模式和处理模式转换开关
	(4)当缓冲柜液位达 F2、序批柜液位至 R2 后,关闭污水入口阀	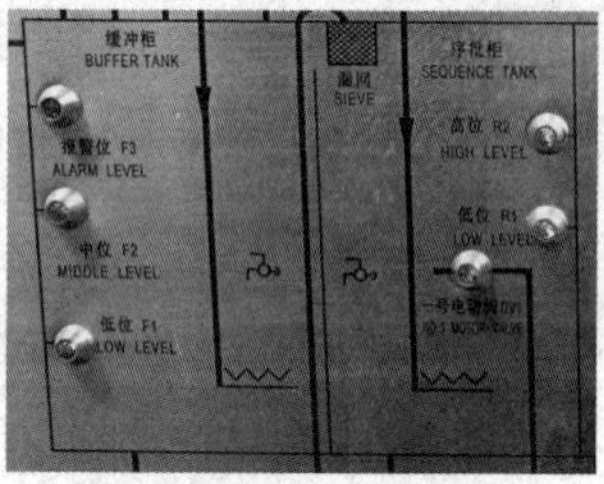 装置工作液位指示
	(5)每两天启动一次"公海排放"程序后,加入新鲜污水	 装置处理模式转换开关
	(6)可以从取样口取出序批的污水,用 100 mL 量筒观察活性污泥的培养状态如何,如达到 1/3,则说明"培菌"工作完成。一般新的原污水培菌需要 2~3 周时间,如能加入"种泥"菌种可缩短培养时间	 序批柜取样口

续表

操作步骤			图片
正常运行	公海排放	①将转换开关转向"正常运行""公海排放"	 装置运行模式和处理模式转换开关
		②打开阀 VQ2、VQ3、VQ7，关闭阀 VQ5、VQ6	 装置排出管路
		③将粉碎泵，气泵，排放泵，1号、3号电动阀转换开关转向"自动"	 装置电动阀转开关
	膜法处理	①将转换开关转向"正常运行""膜法处理"	 装置运行模式和处理模式转换开关
		②打开阀 VQ2、VQ3、VQ5、V1、V3、VQ6，关闭阀 V2、V4、VQ7	 装置局部管路
		③将粉碎泵、气泵、排放泵、紫外线消毒装置转换开关转向"自动"	 装置泵浦操作开关

续表

操作步骤			图片
正常运行	膜法处理	④将1号、2号、3号电动阀转换开关转向"自动"	装置电动阀转换开关
应急排放		(1)将转换开关转向"正常运行""公海排放"； (2)打开阀 VQ1、VQ3，关闭阀 VQ2、VQ4； (3)将粉碎泵转换开关转向"自动"； (4)当缓冲柜内液位至中液位 F2 时，粉碎泵启动；当液位至低液位 F1 时，粉碎泵自动停止	装置应急排放系统
化学清洗		(1)向药箱内加入清洗溶液，打开加药泵压盖，将硅胶管压入，盖上盖子，将硅胶管的一端接至阀 C2，另一端放在药桶内，再用一段硅胶管将 C1 与加药泵相连； (2)关闭阀 VQ5、V1、V2、V3、V4，打开阀 C1、C2； (3)按下加药泵启动按钮； (4)30 min 后按下加药泵停止按钮； (5)关闭阀 C1、C2， (6)3～8 h 后，打开阀 V2、VQ5、VQ7，关闭阀 VQ6，5 min 后关闭阀 V2	装置化学清洗系统
清水清洗		(1)当膜组参加装置正常运行 15 d 左右，需对其进行一次清水清洗。 ①关闭阀 VQ5、V1、V3、V5，打开阀 V2、V4； ②直至视流管中的水变清后关闭阀 V2、V4，其他阀门复位。 (2)当装置连续正常运行约一个月后或浮球液位开关出现故障后，待缓冲柜和序批柜均到达低位后，可手动打开相应的冲洗阀门对浮球液位开关进行全面清洗。清洗约 2 min 后关闭相应的冲洗阀门	装置视流管

续表

操作步骤	图片
(三)停止运行	
长期停止不用(指超过三个月不用的工况)： (1)关闭污水进口阀； (2)将装置内的水排空； (3)打开装置的冲洗水口，用冲洗水冲洗柜子，反复两次，排空； (4)切断电源	 装置污水进口阀

 拓展知识

WCMBR 型生活污水处理装置常见故障及排除方法见表 8-7。

表 8-7　WCMBR 型生活污水处理装置常见故障及排除方法

故障	可能原因	建议排除方法
高位报警	超负荷	禁止冲洗厕所，耐心等待排放，应急排放
	液位开关失灵	检查液位开关是否失灵
	电动阀打不开	检查线路或用手动打开
	膜污染堵塞	进行膜清洗程序
指示灯不亮	相应指示灯不亮	指示坏了，更换
	指示灯显示不符	自控系统有故障，如不影响使用暂时继续运行，回厂后维修
水泵不转	接线脱落	检查并接妥
	异物堵塞	断开电源，打开排堵
电动阀打不开，关不死	接线不妥	检查并改正
	自控失灵	用手拨上拨下人工开闭
	异物堵塞	清理
排水流量减少	膜污染	进行膜化学清洗
		更换膜
膜失压排水超标	膜破损	更换膜
装置拒绝执行程序	PLC 失灵	由工厂修理，暂时采用手动
污水入口堵塞	有异物，如皮带、衣裤、工具、卫生用品、毛巾等	清理

 学生活动页

工作任务	安装、调试生活污水处理装置					
学生姓名		班级学号		组别		任务成绩
任务描述	学生接受生活污水处理装置安装、调试任务,熟悉生活污水处理装置结构,遵照安装、调试工艺要求进行生活污水处理装置安装、调试工作,掌握安装、调试船舶生活污水处理装置内容和要点					
场地、设备	轮机综合实训室、生活污水处理装置					
工作方案	根据任务要求,确定所需要的知识、设备、工具,并对小组成员进行合理分工,制定生活污水处理装置安装、调试任务的详细方案					
生活污水处理装置安装、调试步骤	1. 生活污水处理装置安装步骤					
	2. 生活污水处理装置调试步骤					
	遇到问题			解决问题		
	1.					
	2.					
	3.					
	4.					
	5.					
签字	任务完成人签字: 日期: 年 月 日 指导教师签字: 日期: 年 月 日					

练习与思考

1. 船舶生活水处理方式有哪些?
2. 生活污水处理装置的功用是什么?
3. 根据WCMBR型生活污水处理装置系统图简述其工作原理。
4. 船舶污水处理系统粉碎泵的作用是什么?
5. WCMBR型生活污水处理装置安装要求有哪些?
6. 生活污水处理装置调试的主要步骤有哪些?
7. WCMBR型生活污水处理装置高位报警的原因有哪些?

模块 9　船用分油机安装与调试

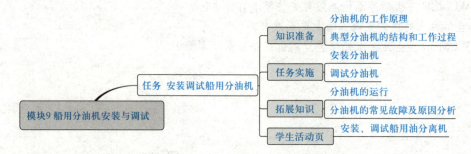

船舶柴油机所用的燃油和润滑油在运输、储存和使用等过程中不可避免地会混入水分和杂质，在使用前必须经过净化处理，除去之中的水分和杂质。净化的好坏对柴油机工作的可靠性和使用寿命影响极大，甚至影响船舶的安全。因此，分油机已成为船舶不可缺少的设备。船用分油机的安装与调试是轮机修造人员必须掌握的基本技能。

任务　安装调试船用分油机

本模块任务是进行安装调试船用分油机，识读分油机安装工艺图，按照工艺文件安装分油机，按照调试规程对分油机进行调试。通过本任务学习，学生需要掌握以下知识和能力。

1. 知识目标

（1）熟悉分油机的工作原理；
（2）掌握分油机的结构和工作过程。

2. 能力目标

（1）能够准确识读分油机安装工艺图，正确按照工艺文件安装分油机；
（2）能够正确按照调试规程对分油机进行调试；
（3）能够正确启停分油机。

3. 素质目标

（1）具有爱岗敬业、实事求是、与人协作的优秀品质；
（2）具有规范操作、安全操作、环保意识；
（3）具有创新意识，获取新知识、新技能的学习能力；
（4）具有质量意识、成本意识，具有沟通、协调能力。

知识准备

船舶柴油机所用的燃油和润滑油在进机使用前必须经过净化处理，除去之中的水分和杂质。

净化的好坏对柴油机工作的可靠性和使用寿命影响极大。分油机是船舶净化燃油和润滑油必不可少的关键设备。

一、分油机的工作原理

1. 沉淀柜重力分离原理

油、水、机械杂质在密度上,油最小,水次之,机械杂质最大。当将混有水和机械杂质的油放入油柜,静置一段时间后,三者会在重力差的作用下分层,密度最小的油在最上层,密度最大的机械杂质在最底层,而水则处于两者之间,从而达到水和机械杂质与油分离的目的。船舶上的燃油沉淀柜就是利用该重力分离原理对油进行粗净化处理的,分离出的水通过底部的放水阀排放,杂质则在积聚较多时,排空油柜进行人工清除。

如果将如图 9-1 所示的沉淀柜进行改进,当含有水和机械杂质的油不断由注油口加入,其速度能保证分离过程的完成,那么沉淀柜将能实现连续的分离工作,使净油由净油口排出,分离出的水由污水口排放。

为了保证油不会从出水口排走(跑油),必须保证上层净油与水之间的油水分界面保持在左侧隔离板下边缘以上一定距离。在出油口高度不变的情况下,油水分界面的位置受油的密度和出水口高度的影响。当油的密度增加时,要保持该分界面位置不变,就需相

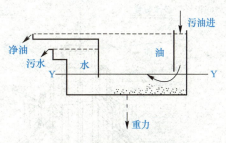

图 9-1 重力连续分离示意

应增加出水口高度,否则分界面将移出左侧隔板下边缘,造成跑油;反之,则应降低出水口高度,否则分界面上移,有效分离距离缩短,降低分离效果。

2. 分离筒离心分离原理

如图 9-2 所示为分油机分离筒离心分离原理示意。由图左侧分离筒径向截面可以看出,分离筒内部基本结构与图 9-1 所示的沉淀柜相似。当分离筒以 6 000～8 000 r/min 的速度高速旋转时,分离筒内的油、水、机械杂质会因密度不同而在离心力差的作用下使油分布在最内层、水在中层、机械杂质在最外层,达到水、机械杂质与油分离的目的。当需要净化的油不断地由分离筒中心孔道引入分离筒内,油、水、杂质就会连续不断地获得分离,使净油由净油口排出,而水则由污水口排出。

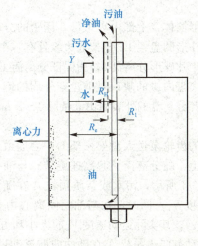

图 9-2 分油机分离筒离心分离原理示意

与沉淀柜重力分离一样，内层净油与水之间存在一油水分界面，所不同的是该分界面是一与转轴同心的圆柱面。其直径R_e（即位置）的大小，在出油口直径R_1不变的情况下，与油的密度和出水口直径R_H（实际分油机称为重力环内径）大小有关。油的密度越大，R_H应越小，否则R_e增大，分界面外移而造成"跑油"；反之，油的密度越小，R_H应越大，否则R_e减小，分界面内移而造成分离效果下降。

3. 分油机的基本结构与工作原理

分离筒是分油机的核心工作部件，它是利用离心分离原理来工作的。实际的分离筒内部工作空间由数十片碟形分离盘将其分隔成许多瓦片状的分离通道，大大提高了分离速度和效果。如图9-3所示为分离筒的基本结构图。

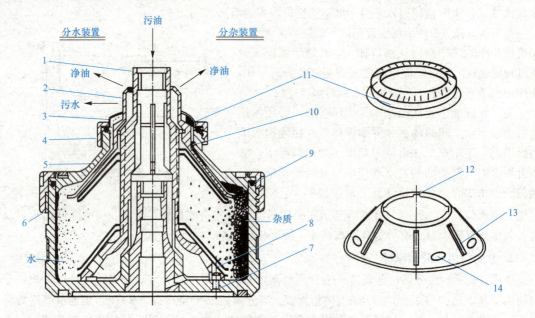

图9-3 分离筒基本结构图

1—盘架；2—颈盖；3—重力环；4—小螺母；5—分离筒盖；
6—大螺母；7—盘架定位销；8—分离盘；9—橡胶密封环；
10—分杂密封环；11—重力环；12—缺口；13—定距筋；14—分配孔

分离筒本体为有底的圆柱形筒体，上部由大螺母6压紧的分离筒盖5与其配合形成内部工作空间。筒内装有一个倒置漏斗形的盘架1，盘架底边缘处有一个盘架定位销7使其与筒体底部连接。盘架上由下而上装有数十片碟形分离盘8，为保证分离筒工作时的动平衡，装配时必须按分离盘编号顺序装入，并使分离盘内缘的缺口对准盘架外周的键条，以保证分离盘上的分配孔轴向对正形成油的分配通道。各分离盘的外表面由6条厚1～2 mm的定距筋条构成分离盘之间等距的瓦片状的分离流道。

待净化的油由分油机自带的齿轮泵送入盘架颈部的中心通道进入分离盘下部，经分配孔通道或分离盘外缘进入各分离流道，随分离筒一起高速旋转。与油一起进入分离流道的水或杂质在这里实现与油的分离。如图9-4所示，污水或杂质颗粒A在随油一起进入分离流道后，在油的携带作用下具有向前运动速度V_1；同时，在与油之间离心力差的作用下，克服油的黏滞阻力，具有向外运动的径向速度V_r；其实际运动速度V_a的大小和方向将是V_1和V_r的向量和。由于V_a的方向逆时针偏离油的流动方向，颗粒A在随油向前流动过程中（按图中数字由小到大为序）将向上方的分离盘内表面偏移，有可能在未流出流道前就会抵达内表面。由于油在流道中向前的流动速度在流道高度方向呈抛物线分布,在分离盘上、下表面处为零,因此,抵达分离盘内表面的颗粒 A 失去了油流携带作用的影响,在离心力差的作用下克服盘面和油的阻力沿分离盘内表面下滑向外移动,最后离开分离盘外缘而与油分离。

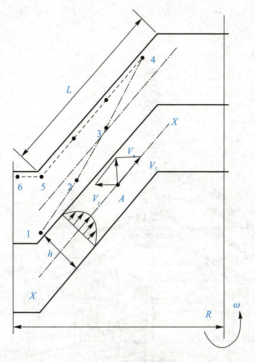

图 9-4 分油机工作原理

分离盘最上一片与分离筒盖之间装有颈盖 2,其外表面与分离筒盖内表面之间的间隙是被分离出的污水的排出通道。而颈部的内表面与盘架之间则构成了净油的排出通道,其出口内径不能改变。分离筒盖上端口由小螺母 4 将重力环 3 固定,重力环内径可通过更换不同内径的重力环而进行调整,以满足不同密度的油的需要,一般每台分油机配有 7 只不同内径的重力环。

实际的分油机采用分离盘片将分离筒分离空间隔成许多相同的流道,不仅如上所述,在水或杂质与油的分离过程中消除了油流的携带作用,同时由于流道高度非常小,微小颗粒也非常容易抵达分离盘内表面,大大提高了离心分离速度和效果。

二、典型分油机的结构和工作过程

目前,船舶上广泛采用碟片式离心分油机,按排渣方式进行分类如下:

人工排渣型:分离出的杂质需定期停机、拆开分离筒予以清除,国产的 FYR-5D 型、RY-15 型属此类型。由于这类分油机需停机人工排渣,分离量较小,因此仅用于杂质含量较小的润滑油和轻柴油的净化。

自动排渣型:分离出的杂质可在不停机,但需停止进油的情况下,手动操作控制阀或由时序程序控制系统控制分离筒排渣口启闭,定期进行排渣,国产 DZY-30(或 50)型属此类型。

部分排渣型:分离出的杂质可在不停机、不停油的情况下,由自动控制系统进行周期性、瞬间启闭排渣口,部分地排出分离筒内杂质和水,国产 DBY-30 型属此类型。

碟片式离心分油机的结构主要由分离筒、机架、传动装置、输油系统、排渣控制装置、自动控制系统等组成。另外，还有转速指示器、制动器等附属机构。

1. DZY-30 型分油机

DZY-30 型分油机可以在不停机的情况下，通过操作人工控制阀或由时序程序控制系统控制实现自动排渣，如图 9-5 所示。

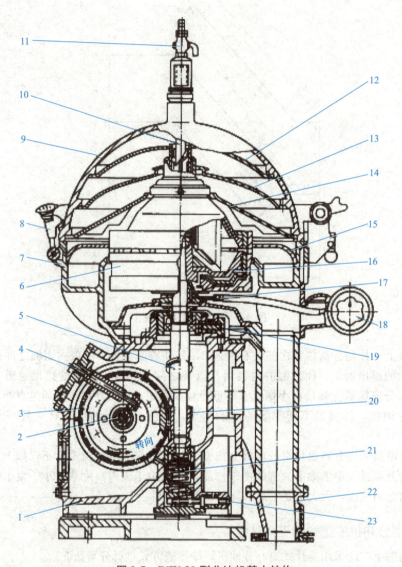

图 9-5　DZY-30 型分油机基本结构

1—底座；2—水平轴；3—大螺旋齿轮；4—转速计数器；5—直立轴；6—分离筒；
7—本体；8—手轮压块；9—集油器；10—进油导管；11—进油旋塞；12—上隔板；
13—中隔板；14—下隔板；15—排污挡板；16—活塞；17—配水盘与分离挡板；18—控制阀；
19—缓冲弹簧；20—小螺旋齿轮；21—直立轴轴承弹簧；22—排污接管；23—调节螺杆

图 9-6 所示为 DZY-30 型分油机分离筒结构图。分油机分离出的杂质绝大部分聚集在分离筒内周壁上，极少量会黏附在分离盘下表面，自动排渣就是在分离筒依然高速旋转时能将这些杂质清除出分离筒。分油机工作时，分离筒内的流体具有非常大的离心力，一旦失去筒壁

的约束将会以极高的速度喷射出去，筒内流体高速向外流动时对筒壁及分离盘下表面的冲刷和携带作用将完成杂质的自动排放过程。因此，DZY 型分油机分离筒本体四周都设有能控制其启、闭的排渣口。启、闭排渣口由分离筒本体 1 和分离筒底 22 之间的活塞 2 上、下移动来完成。

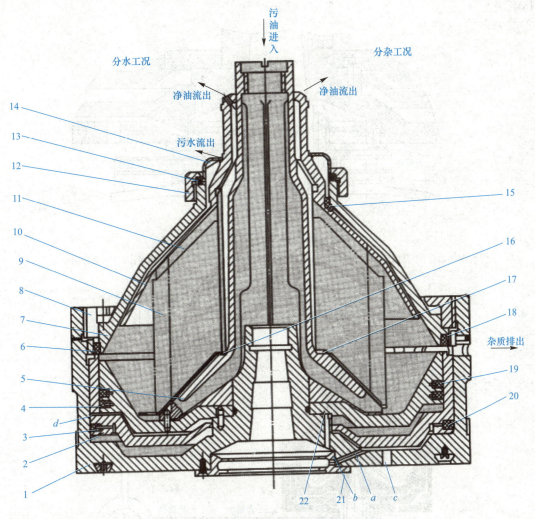

图 9-6　DZY-30 型分油机分离筒结构图

1—分离筒本体；2—活塞；3，4—橡皮环；5—盘架；6—主密封环；7—分离筒盖；8—主锁环；
9—分离盘；10—颈盖；11—无边分离盘；12—重力锁环；13—顶密封环；14—重力环；15—橡皮环；
16—有孔底分离盘；17—无孔底分离盘；18—定位块；19，20—橡皮环衬簧；21—分流挡板；22—分离筒底

活塞和分离筒底的外周表面分别装有密封橡皮环 3 和 4。为增强密封性能，橡皮环内侧分别设有橡皮环衬簧 19 和 20，并有小孔向橡皮环底部引入由离心力产生的高压水，将橡皮环推向密封面。这样，分离筒底与活塞、活塞与分离筒本体之间分别形成了上、下两个环形空间，活塞上、下移动就是依靠活塞下部或上部环形空间引入工作水而产生的离心压力的推动。工作水的引入由固定在机身上的配水盘和随分离筒一起旋转的分流挡板及分离筒本体上的通道完成。其结构如图 9-7 所示。工作水来自高位水箱，通过人工控制阀与配水盘连接，如图 9-8 所示。下面以人工控制阀控制为例，说明自动排渣控制系统的工作过程。

· 263 ·

(1) 密封。密封是指活塞上移，封闭排渣口的过程。将控制阀转至"密封"位置时，工作水由控制阀送至配水盘密封水接口，经孔 e（图 9-7）、分流挡板内腔、分离筒本体底部孔 a 进入活塞下部环形空间，直至孔 c 以外的空间充满工作水；活塞在下部离心水压的作用下向上移动，关闭排渣口。活塞上部的水则经孔 d（图 9-6）和活塞与分离筒本体内壁的间隙，从排渣孔排走。

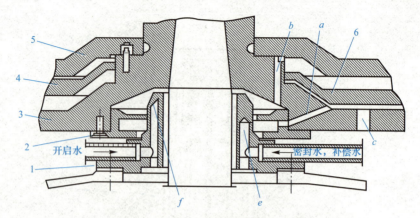

图 9-7　DZY 型分离筒结构图

1—配水盘；2—分流挡板；3—分离筒本体；4—活塞密封位置；5—分离筒底；6—活塞开启位置

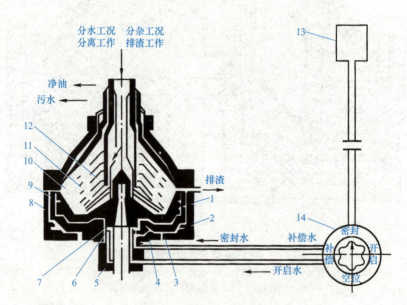

图 9-8　自动排渣控制系统

1—盘架环；2—活塞环；3—泄水孔；4—进水孔；5—配水盘；6—分流挡板；7—进水孔；8—泄水孔；9—活塞；10—污渣区；11—水封区；12—分离区；13—高置水箱；14—控制阀

(2) 补偿。密封完成后，控制阀转至"补偿"位置，它是分油机分油工作位置。此时，控制阀的阀口由密封位置的大口转至小口。通过控制阀进入活塞下部的水量明显减少，以补偿活塞下部工作水因泄漏等原因造成的不足，防止分油机分油过程中活塞因工作水量减少，离心水压作用面积减小而下落，打开排渣口。

(3) 空位。控制阀转至"空位"位置时，由控制阀控制的所有通路都被截断，互不相通。该位置是分油机停止工作的位置。

(4) 开启。开启是活塞下移,打开排渣口排渣的过程。当控制阀转至"开启"位置时,工作水由控制阀送至配水盘开启水接口,此时,密封(补偿)水通路被截断。送至配水盘开启水接口的工作水经孔(图 9-7)进入分流挡板上部,在离心力作用下迅速通过孔 b 进入活塞上部空间。因孔 d(图 9-6)直径很小,节流作用较强,工作水会迅速充满活塞上部空间。由于活塞上部环形空间面积远大于下部环形空间的面积,在上、下离心压力差作用下活塞下移,打开排渣口排渣,完成自动排渣过程。活塞下部的工作水经孔 c 从排污道排走。

自动排渣后,可将控制阀转至"空位"停机,或再次转至"密封""补偿"等位置,进行重复排渣操作或恢复分油机分油工作。

2. DBY-30 型分油机

DZY 型分油机实现了不停机自动排渣功能,但排渣前需停止进油,并向分离筒注入热水(提高冲洗效果)把分离筒内的油驱赶排净。DBY-30 型分油机增加了部分排渣新技术,能在不停油的情况下,全自动周期性地在瞬间(0.1 s)启闭分离筒排渣口,从中排出预定的部分杂质和水(一般为分离盘外边缘以外容积的 70%),达到排渣工序少,油、水消耗少,有效工作时间长等目的。

如图 9-9 所示为 DBY-30 型分油机分离筒部分排渣控制原理图。分离筒内控制排渣口启闭的活塞 10 的下部环形空间有两组泄水孔,靠外边缘一组为完全排渣泄水孔 3,向内约 1/2 处的一组为部分排渣泄水孔 9。两组泄水孔的启闭分别由全排和部分排导圈上的作用滑块 4 和 8 控制,以控制活塞下部环形空间中工作水的作用面积,使活塞下移或上移,启闭排渣口。

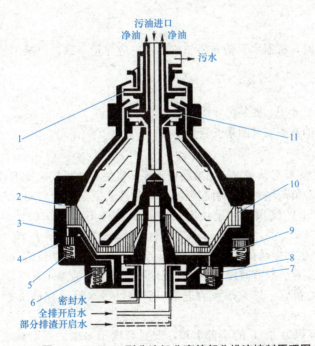

图 9-9　DBY-30 型分油机分离筒部分排渣控制原理图
1—水扩压叶轮;2—排渣口;3—完全排渣泄水孔;4—完全排渣作用滑块;
5—弹簧;6—平衡水孔;7—弹簧;8—部分排渣作用滑块;
9—部分排渣泄水孔;10—活塞;11—油扩压叶轮

分离筒正常分离油时,密封水进水管总是与高置水箱接通,活塞下部空间充满了工作水,排渣口 2 处于关闭状态。进行部分排渣时，污水出口阀关闭，冲洗水进水阀开启，向分离筒注入相当于排污量的热水，使油水分界面向内移动，以保证排渣口打开时排出的只是污渣和水，且部分排渣结束时不破坏油水分界面。停供密封水约 15 s，部分排渣开启水通过配水装置引入部分排渣作用滑块 8 的上腔，其产生的离心水压力克服弹簧力使部分排渣导圈及作用滑块向下移动，部分排渣泄水孔开启，活塞下部环形空间部分排渣泄水孔以内的工作水经被打开的泄水孔、部分排渣导圈上的平衡水孔 6 和弹簧座外侧的节流孔迅速排出。活塞因失去一部分离心水压力支撑而下移，排渣口打开，污渣和一部分污水被甩出。

排渣开始，部分排渣开启水切断，部分排渣导圈上、下作用的离心水压力由平衡水孔 6 迅速平衡，在弹簧力的作用下，部分排渣导圈上移，部分排渣作用滑块关闭泄水孔。由于密封水已供入，在离心水压力作用下，活塞迅速上移关闭排渣口，分离筒重新密封。由于部分排渣时，部分排渣泄水孔以外的活塞下部空间充满了工作水，保证了排渣口开启的时间很短。

全部排渣时先切断污油的供给，分离筒注入冲洗水驱赶净油；完全排渣开启水引入，完全排渣泄水孔 3 开启，实现活塞下移而打开排渣口，排渣时间增长，分离筒内的污渣、水和剩油全部排出，且可引入冲洗水对分离筒进行冲洗。

该分油机机盖上无集油隔层，也无输油泵，依靠在分离筒颈盖内装的两个固定的向心扩压叶轮将净油和污水输送出去。

任务实施

一、安装分油机

分油机在船上安装时，机器水平轴和船舶首尾方向应尽量一致，以减少船舶摇摆对分油机的影响。

1. 机器的安装

根据分油机的外形尺寸图、安装尺寸图和系统图分别如图 9-10、图 9-11、图 9-12 所示，并根据分油机在机舱区域的基座安装图来安装分油机。

2. 安装注意要点

(1)供分油机安装的底板必须平直。如果底板不平，将使分油机底座变形，造成摩擦联轴节的错位、偏移，导致启动负荷增加，并引起强烈振动，甚至完全不能启动。因此，油分离安装后必须保证摩擦联轴节上的摩擦筒与抛块座的中心线偏移不大于 0.08 mm；端面歪斜不大于 0.15°。

(2)为防止分油机产生的振动传递给周围机器，或船舶的自身振动传给分油机，应在分油机底座与基础之间安装减震器。装有减震器的分油机地脚螺栓今后应加锁紧螺母。

(3)与排污道相连的接管，以及油泵的进出口管路，污水管道和冲洗管等处都应用软管连接。

(4)必须配有一只容积为 35 L 的高置水箱，安置高度指水面到控制阀之间的距离，应有 2.5～3 m；必须保证控制淡水的洁净，以免铁锈、泥沙和其他杂质进入控制阀，堵塞控制水通路并使活塞上下失灵。

(5)配备油加热器，供待分离的油料加热之用。

(6)装备热淡水管道，供冲洗水和水封之用。

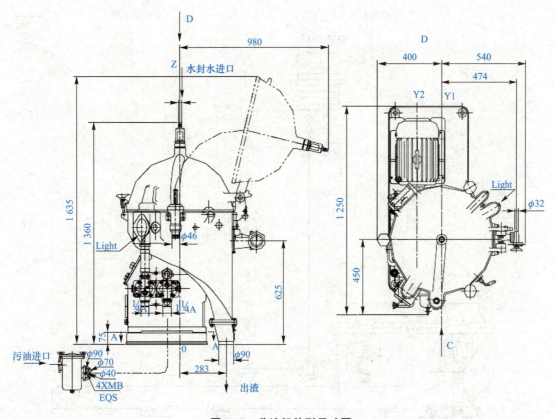

图 9-10 分油机外形尺寸图

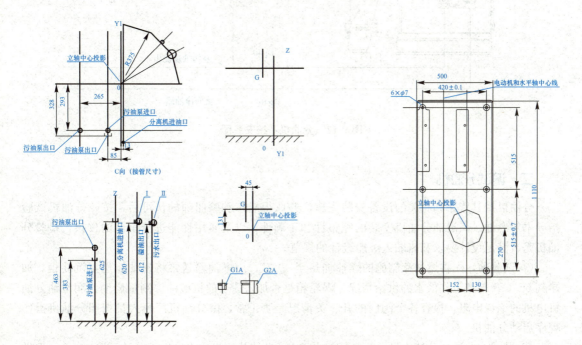

图 9-11 分油机安装尺寸图

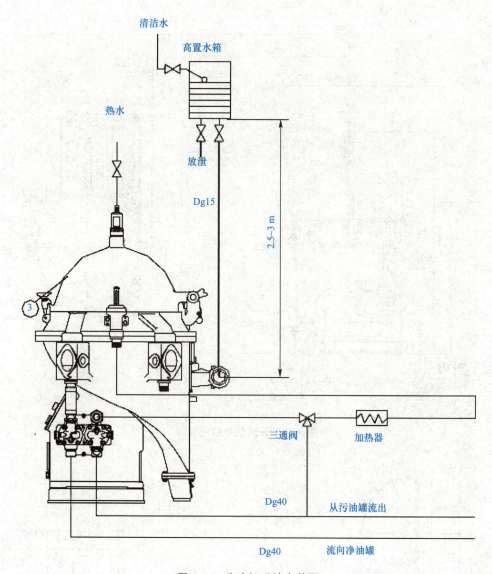

图 9-12 分油机系统安装图

二、调试分油机

分油机及其管路和相关的设备安装完毕,并取得船东和验船师的认可后,按照分油机试验指导书对燃油、润滑油分油机安装的完整性和正确性,以及实用性能进行全面的校核,检验分油机是否满足设计要求和船舶入级船级社的规范。

(1)试验前,先将燃油存储舱的燃油加热至 40 ℃,用燃油输送泵将燃油输送至沉淀柜,加热到 65 ℃。检查工作淡水的供给情况、涡轮箱是否加入适当的机械油。测量燃油、润滑油分油机电机的绝缘电阻。检查各个阀门的开、关情况是否正常,由分油机厂家人员按照分油机操作程序启动分油机。

(2)燃油、润滑油分油机做分离效用试验 2 h,燃油分油机应先做轻油分油试验 0.5 h,后做重油分油试验。分油机控制箱面板上的信号应与分油机运行工作一致。对分离后的油需取样检查,检查分离效果。分油机运转时,应无振动、异常发热等现象,否则应立即停机,查明原因,消除问题后方能再开机。

(3) 检查工作水，压缩空气，分离油，润滑油各系统应无漏泄。

(4) 分油机工作的自动控制、自动排污按产品技术条件进行调整和试验。

(5) 分油机电动机的电源应急切断装置，做效用试验。

(6) 分油机效用试验时，对油温、电动机转速、启动电流、工作电流、油泵工作压力、分油机流量及排渣时间等数据需做好记录。

(7) 试验检查分油机在分离异常时（如油中带水、渣中带油、跑油、排渣柜高位），报警及三通转换阀动作的功能。

(8) 做分油机的串联试验。

(9) 试验结束后，应检测电动机及其控制设备的热态绝缘电阻，其值应不小于 1 MΩ。

(10) 记录试验中的各项技术参数，记录表格见表 9-1。

表 9-1　分油机试验记录表

序号	名称	单位	测量值	额定值
1	分油温度	℃		
2	电动机转速	r/min		
3	分油机的振动	mm/s		
4	排渣间隔时间	h		
5	油泵工作压力	MPa		
6	分油机分离量	L/h		
7	启动电流	A		
8	工作电流	A		

拓展知识

一、分油机的运行

由时序程序控制系统的自动排渣分油机或部分排渣分油机都有较完善的检测监测自动控制功能，既能完成由启动前的检查到停机的全部操作和控制，也能够转至人工操作。下面以人工操作为例说明分油机的一般操作过程，见表 9-2。

表 9-2　分油机运行步骤

流程	步骤
启动前的检查	(1) 检查制动器是否松开，止动器是否退出到位，分离筒有无卡阻现象； (2) 检查机身下部齿轮箱中的润滑油是否在油位刻度线范围，油泵处的油杯润滑油是否足够； (3) 待分离油的加热温度是否达到要求，高置水箱水量是否足够，控制阀是否处于"空位"等

续表

流程	步骤
启动和运行	（1）经检查确认正常后，启动电动机，注意观察，有异常声音或振动应停车检查。为了保证齿轮泵良好的润滑和冷却，分油机不宜长时间空转。 （2）在达到额定转速，并确认正常的情况下，对人工排渣型分油机，可进入分水或分杂工况的相关操作；而对于自动排渣型分油机应进入封闭分离筒排渣口的操作。将控制阀转至"密封"位置，待指示管或排污道有水流出时，再将其转至"补偿"位置，封闭排渣口的操作完成。 （3）分油机进行分水工况时，分离筒无须建立水封，可缓慢开启进油阀开始进油，并观察净油观察口或流量计，调整分油量。 （4）分油机进行分水工况时，应打开机盖上部的冲洗水阀，向分离筒注入水封水，至污水口有水流出时关闭；缓慢开启进油阀开始分油，检查污水口是否滑跑油的情况，有则立即停止进油，重新建立水封后再进油；观察净油口的油流量或流量计的情况，调整分油量。 （5）排渣操作首先应关闭进油阀，打开冲洗水阀，向分离筒注入热水以驱赶排出筒内的净油，待污水口有大量水流出时说明驱赶排油结束，关闭冲洗水阀；将控制阀由"补偿"位置经"空位"转至"开启"位置，此时可听到活塞下移和排渣的声音；排渣结束后，可停机，也可重新"密封"，再次冲洗或继续分油工作
停机	（1）人工排渣分油机待注水驱赶净油后即可停机。 （2）自动排渣分油机至排渣结束后将控制阀转至"空位"后即可停机。 （3）注意关闭电源、加热器等。重油、燃料油输送管路无伴热管时应在停止分油前进行换轻油操作，待轻油充满管路后再进行排渣、停机操作，防止下次运行困难

二、分油机常见故障及原因分析

分油机常见故障及原因分析见表9-3。

表9-3 分油机常见故障及原因分析

故障现象	可能原因及排除方法
出水口跑油	（1）比重盘内口径不当； （2）进油量过大； （3）分离筒内积聚污物太多，排渣口脏堵； （4）配水盘故障，水封建立不起来； （5）加热不够，进口油温太低； （6）高置水箱水位过低导致托盘没有托起等。 虽然原因很多，但大多是由排渣口脏堵引起的，只需将分油机进油阀关闭，手动排渣1~2次，故障多能排除

续表

故障现象	可能原因及排除方法		
分油机出现异常振动和噪声	(1)分离筒分离盘装配不正确，锁紧螺帽没拧紧。 　　分油机的异常振动，若是突然发生的，很可能是内部某个部件损坏，如减振弹簧失效或断裂，齿轮损坏，滚珠轴承损坏，立轴底部滚珠破碎或弹簧失效等；相反，若分油机的异常振动是逐步加大的，而且也不是很剧烈。可能是分离筒内太脏。 (2)减振弹簧损坏或者缓冲橡皮圈损坏。减振弹簧损坏和缓冲橡皮圈因为分离筒位置离底部很高，重心也高，同时由于分油机转速很快，立轴的中部，一般都设置一个减振弹簧盘，盘内有8根刚度很大的不易损坏的减振弹簧。当某个弹簧失效或者折断时，应同时全部换新。若不能及时更换，可加塞垫片或适度调节弹簧座螺母，以起到临时减振作用。这样做并不可靠，应尽早换新全部减振弹簧。 (3)立轴自身磨损，以及底部滚珠损坏。 (4)分离筒内太脏，导致分离筒重心偏离。 (5)齿轮间隙过大或者干摩擦。分油机齿轮间隙过大，齿轮箱滑油不足导致齿轮干磨，中间滚珠轴承损坏等，都能引起分油机振动。若联轴器上的摩擦片失效，不仅引起振动，还会发生跑油现象。 (6)滚珠轴承损坏等。 　　总之，避免异常振动和噪声的措施，是定期清洁检查，正确装配，正确操作，认真监护，及时发现故障前兆		
分油效果不佳	(1)油中含水	①水封水不足，或者是水封受到破坏：重新启动分油机； ②比重环口径太小：更换比重环； ③油温过低：调节进口油温； ④进口油中水分太多：沉淀油柜放残水	
	(2)排水中含油	①进口油量过大：适当调小油量； ②比重环口径过大：更换比重环	
	(3)油中渣滓分离不干净	①重油太脏：降低分离量，必要时可循环分油； ②排渣间隔时间太长：减小排渣间隔时间； ③进口油量太大：降低分离量； ④进口油温过低，油黏度大：适当调高油温	
油泵供油不足	分油机上的油泵一般都是自带式齿轮泵，它的容量一般都大于分油机的额定工作流量，很少会出现油泵供油不足。 　　遇到油泵供油不足，首先听油泵有没有不正常的声响，再从声音判断是吸空还是油泵故障。若是吸空，可能是油温太低，或沉淀柜没有加热，油的黏度太大，需调节油温。油泵的故障主要是齿轮磨损，内部间隙超出规定范围，齿轮泵转动轴/销断裂，油泵安全调节阀失灵或者有漏气等，可解体更换部分或全部部件，排除故障		
分油机不能启动	分油机不能正常启动，很少但也有发生，多是由于振动和摇摆，使电线的接头脱落。当然，如果马达卡死，分油机也不能正常启动		
不能定时排渣	不能定时排渣，原因多为定时器损坏。电磁阀失灵或卡死也会导致分油机排渣功能紊乱，甚至分油机一直不排渣，应该检修电磁阀		
分油机还没到正常转速就跳电	由于分油机装配不正确，启动之后分油机运行负荷过大，超出定时器规定的时间后，出于对马达的保护，分油机会自动跳电。应该重新装配分油机		

学生活动页

工作任务	安装、调试船用分油机					
学生姓名		班级学号		组别		任务成绩
任务描述	接受船用分油机的安装与调试任务，熟悉船用分油机结构，遵照安装工艺要求和调试要求进行船用分油机安装与调试					
场地、设备	轮机综合实训室、船用分油机系统					
工作方案	根据任务要求，确定所需要的知识、设备、工具，并对小组成员进行合理分工，制定分油机安装、调试任务的详细方案					
分油机安装、调试步骤	1. 分油机安装步骤					
	2. 分油机调试步骤					
	遇到问题			解决问题		
	1.					
	2.					
	3.					
	4.					
	5.					
签字	任务完成人签字：　　　　　　　　　　　日期：　　年　　月　　日					
	指导教师签字：　　　　　　　　　　　　日期：　　年　　月　　日					

练习与思考

1. 试说明分油机是如何将油、水及杂质分离的。
2. DZY-30型分油机的结构及工作原理是怎样的?
3. 按排渣方式进行分类,分油机有哪些类型?
4. 分油机工作时的密封水、补偿水、开启水各有什么作用?
5. 安装分油机要注意哪些要点?
6. 分油机出水口跑油的原因有哪些?

参考文献

[1] 郑学贵. 船舶辅机安装与调试[M]. 北京：北京理工大学出版社，2015.
[2] 陈立军. 船舶辅机[M]. 大连：大连海事大学，2019.
[3] 向阳. 船舶辅机[M]. 武汉：武汉理工大学出版社，2015.
[4] 张心宇. 船舶辅机[M]. 北京：人民交通出版社，2007.
[5] 徐合力. 轮机实操与评估[M]. 武汉：武汉理工大学出版社，2006.
[6] 潘新祥. 船舶辅机[M]. 大连：大连海事大学出版社，2012.
[7] 胡启祥. 船舶辅机[M]. 哈尔滨：哈尔滨工程大学出版社，2007.
[8] 韩厚德. 船舶辅机[M]. 北京：人民交通出版社，2009.
[9] 谭仁臣. 船舶辅机与轴系[M]. 哈尔滨：哈尔滨工程大学出版社，2017.
[10] 试验作业区作业指导手册[Z]. 广州中船龙穴造船有限公司，2011.